唐博 著

着唐博

历史

唐宋转型

GUANGXI NORMAL UNIVERSITY PRESS
广西师范大学出版社
·桂林·

GENZHE TANGBO XUE LISHI   TANGSONG ZHUANXING

跟着唐博学历史　唐宋转型

图书在版编目（CIP）数据

跟着唐博学历史. 唐宋转型 / 唐博著. —桂林：广西师范
大学出版社，2021.5
ISBN 978-7-5598-3672-4

Ⅰ．①跟… Ⅱ．①唐… Ⅲ．①中国历史－唐宋时期－通俗
读物 Ⅳ．①K209

中国版本图书馆 CIP 数据核字（2021）第 052273 号

广西师范大学出版社出版发行

（广西桂林市五里店路 9 号　　邮政编码：541004）
　网址：http://www.bbtpress.com

出版人：黄轩庄

全国新华书店经销

广西民族印刷包装集团有限公司印刷

（南宁市高新区高新三路 1 号　邮政编码：530007）

开本：880 mm × 1 240 mm　1/32

印张：10.75　　字数：270 千字

2021 年 5 月第 1 版　　2021 年 5 月第 1 次印刷

定价：150.00 元（全三册）

目录

引言

　　隋唐宋元，纵贯八百年。隋朝的昙花一现，盛唐的文治武功、两宋的积贫积弱，以及蒙古铁蹄，都给人们留下了深刻印象。然而，如何把握这段历史的基本特征，将其学深学透，找到历史的智慧和奥秘，提炼出历史发展规律？《跟着唐博学历史：唐宋转型》做出了有益尝试。

　　我们对这段历史的基本特征做出了最精炼的概括，那就是"唐宋转型"。可以说，"转型"是这八百年的主题。

　　所谓"转型"，可以从三个维度来理解：

　　——政治维度。分权与集权的拉锯与较量，就是这八百年转型的政治主轴。隋文帝、唐太宗、唐玄宗、宋太祖、宋高宗，始终在为加强专制主义中央集权而不懈努力。不过，他们努力的着眼点有所区别。

　　隋唐更侧重君相权力的再分配，其典型案例就是建立三省六部制，但随着社会发展的需求不断增加，宰相权力再次从分散走向集中，至唐玄宗时期形成一主一副的双相体制，甚至出现李林甫、杨国忠之类的专权宰相。

　　宋元时期更重视央地权力的再分配，宋太祖充分吸取唐后期藩镇割据的教训，将地方治理权力一分为三，相互牵制，弱化了地方抗拒中央的能力，也削弱了地方政权抗御战争和灾荒的能力，形成所谓"三冗"问题，但到元朝，地方权力再度集中于行中书省。

无论是君相权力分配，还是央地权力分配，不同阶段此消彼长的动态演变从未停歇。

当然，在分权与集权的博弈中，新的现象应运而生——女性在政坛崭露头角，异军突起，形成了不可忽视的女强人群体，并出现了中国历史上唯一的女皇帝，其背后蕴含的民族融合和性别认同的要素，值得认真分析研究。

——经济维度。从外向到内敛的变化。唐代给人们最突出的印象就是"开放"，比如，对各国各民族文化和人民的包容，扩大陆上丝绸之路和海上丝绸之路的辐射范围，这些使唐王朝成为那个时代全球向往的圣地。隋末农民战争实现了社会各阶层利益关系的整体洗牌，这也有利于以均田制为基础的一系列经济制度的长期推行。

宋代面临的内外形势与唐朝不同，一方面是时刻面临北方民族的侵扰，有亡国危险；一方面是由于没能在土地占有、生产关系和社会阶层上进行重新洗牌，加上朝廷奉行不抑土地兼并的政策，导致权贵阶层形成巩固的既得利益集团，对任何可能危害其利益的改革，都以维护"祖宗家法"的名义极尽阻挠，政治风气日趋保守，使得经济政策也总体偏内敛。

同时，两宋的版图面积比唐朝小，又失去了对河西走廊的控制，陆上丝绸之路基本中断，这倒是给海上丝绸之路的繁盛提供了客观条件。

两宋时代也有开放的一面。比如开封和临安（今浙江杭州），一改长安、洛阳相对封闭的坊市布局，形成商业区和居住区混搭并存的开放型城市布局；比如王安石变法在指导思想上的超前和大尺度。相对来说，两宋时代的生活情趣更丰富，商业更发达，社会富庶程度也更高。从科技发展水平看，四大发明有三个在两宋时期走向成熟，这也是宋代赖以自豪的成就。

——文化维度。唐宋文化的典型代表，就是理学和文学。前者其实是新儒学概念下，对儒家思想的发展和延伸，并最终成为明清时代的正统思想；后者则是经历了诗、词、剧交替崛起的过程，这样的演变也是文学艺术层次不断提升，表现形式由小众走向大众、由精英走向市民的体现。

文化发展植根于社会现实，而在这些现实中既有奇葩，也有日常。我们选取了一些看似"日常"的历史现象，却演绎出各领风骚的特色。无论是所谓"明君"，还是所谓"女神"，抑或是那些未解之谜和窝里斗，都在书写着这个时代的最强音——"转型"。

当然，在叙事的过程中，我们并没有忽略五代十国。这个阶段转瞬即逝，却有承上启下的功能。从某种意义上说，五代十国是唐后期诸多社会问题交织演变的结果，也是两宋时期高层政治偏好的主要来由。

三个维度，是对隋唐宋元时代的宏观认识，有助于把握这一历史时期的规律和特征。在这些线的背后，紧跟着一个个历史故事和段子，有熟悉的，也有陌生的。熟悉者，换个讲法，换个套路，甚至换个视角；陌生者，直接就是新内容、新思维、新主人公。这些都有助于拓展知识面，达到举一反三的启发目的。

唐博

2020年8月18日

第一专题

分权与集权：政治的转型

宫廷斗争、君相斗争和央地斗争，分属三个不同的层面，却反映了同样的问题：一切权力究竟归谁？

宫廷斗争，既有儿子之间的博弈，也有父子之间的博弈，还有夫妻之间的博弈。剑锋所指，就是皇权。政变的间隙，或许夹杂着说不出的亲情、友情和爱情，但在权力面前，情为何物，可忽略不计。

君相斗争和央地斗争，就是要保证最高统治者对朝廷决策权和地方治理权的全面掌控。为此，三省六部制、双相制、二府三司制代表不同的方向，先后应运而生；藩镇由军区转化为军政一体的综合战区，地方官行政权力被彻底弱化，为藩镇割据局面的形成打下了基础。

那么，唐宋时代的宫廷斗争是如何博弈的？改写历史的"女人"和"政变"究竟有什么关系？为了打赢君相斗争和央地斗争，唐宋时代的帝王们都想了哪些高招？

第一章

宫斗：改写历史的"女人"与"政变"

　　影视剧《甄嬛传》和《芈月传》里的风云诡谲，让观众切身体会到古代宫斗的残酷与冷血。原来，当皇帝并不安逸，每天提心吊胆，处处小心，生怕遭人暗算。即便如此，在极盛辉煌的隋唐时代，这样的宫斗依然屡见不鲜，甚至不断上演子弑父、弟杀兄、侄杀姑、夫杀妻等光怪陆离的宫廷政变。每次政变，都离不开女性话题；每次政变的"主创"人员，都少不了女性角色。隋唐时代的女性，在中国政治生活的前台更活跃，更有激情。

　　也许，这正是隋唐盛世背后的政坛真相；也许，这正是隋唐盛世特有的时代风貌。

　　这些政变的结局，无一例外地将中国的命运带入了大时代的急转弯，从而一次次改写剧本，实现变轨。隋唐时代的大历史，或许就是由这些大大小小的政变勾勒而成的大变局。

　　谁能想象，这几百年的变局，会肇始于隋文帝晚年的一念之差。

一、喋血仁寿宫

　　仁寿四年（604年），长安（时称"大兴"，是隋文帝新建的都城）

西北的仁寿宫（位于今陕西省宝鸡市麟游县）。

这是隋文帝杨坚最流连的一处避暑胜地。这种流连或许是发自内心的，令他不惜将用了二十年的"开皇"年号放弃，而改用"仁寿"为年号。

没错，开皇年间，隋文帝开创了中国历史上几百年未有的伟大事业。他北击突厥、南平陈朝，开疆拓土，实现统一。他轻徭薄赋、鼓励农垦、整饬吏治、健全制度，朝廷府库充盈，社会稳定。对这一切，他很满足。因此，从使用"仁寿"年号的那一刻起，他有些倦怠了，觉得只要踏实守成，颐养天年，就可以让杨家的江山千秋万代，让自己永远长寿。

他需要让自己的晚年过得舒服一些。

仁寿宫的汤池和美人，可以实现他的这个梦想。

不过，某次去仁寿宫避暑，竟然有人冒死阻拦。这人名叫章仇太翼，是个江湖术士，典型的封建迷信传播者和贵族灵魂"拯救者"。

以往，隋文帝对这位"高人"的言语深信不疑，可这次不然。他的心早已飞向了那片清爽世界，浑然不管别人的态度是点赞还是拍砖。

术士急了，抛出一句"是行恐銮舆不返"的狠话。如今，隋文帝身体倍儿棒，看不出有什么疾恙，说什么这趟有去无回，这不是在诅咒皇帝吗？

老迈的隋文帝被激怒了，将术士关进了监狱。为了不影响自己的好心情，隋文帝决定，等避暑回来，再将这个"信口雌黄"的术士杀了。

可是，他没有等到"期还而斩之"的那一天。这是他人生中最后一次避暑。没有想到，这次避暑，会以极为惨烈的血腥场景结束。同时结束的，还有他六十四年的人生旅程。更没有想到的是，让他"突然死亡"的幕后主谋，竟然是他的嫡次子、皇太子杨广。

曾经，杨广的名声是不错的。据《资治通鉴·隋传三》载，杨广不仅是灭陈战争的前线统帅，战功煊赫，而且"美姿仪，性敏慧，沈深严重；好学，善属文。敬接朝士，礼极卑屈；由是声名籍甚，冠于诸王"，一副谦谦君子的光辉形象。纵观中外历史，越是挑不出毛病的人，越可能具有毁灭性的大毛病。可是，当局者迷，大家都觉得杨广很靠谱。

杨广本没机会当太子。在他通向权力巅峰的道路上，有两个人帮了大忙：

第一个人，就是原来的储君杨勇。按照汉族王朝的传统，嫡长子杨勇当太子，没有异议。受隋文帝的指派，他经常参预政务，多有建言，执政能力尚可，执政经验也有积累。可是，作为老大哥，杨勇的脾气似乎直了些，宽厚而率性，无论优缺点都不加掩饰。

灭陈战争，杨勇坐镇后方，自然没有战场历练，军功和人气比不得杨广；和平年代，他热衷奢华，喜欢排场，广结外臣，妻妾众多，这与隋文帝生平节俭的品质又格格不入。

可以说，杨勇是真汉子，却不会来事儿。在官场的漩涡里，这样的人一般很吃亏。

第二个人，就是独孤伽罗。这是隋文帝的结发妻子，也是当朝皇后。她是北周重臣独孤信的女儿，鲜卑族，名门之后。不过，在北周的宫廷斗争中，独孤信做了刀下鬼，这使刚结为伉俪的杨坚和独孤伽罗头顶的贵族光环黯然失色。然而，他们相濡以沫，熬过了艰难岁月。杨坚曾发誓，爱独孤氏一辈子，"誓无异生之子"。随着时间的推移，这段誓言变成了独孤皇后的小心思：不准丈夫触碰别的女人，更不许他纳别的嫔妃。

独孤皇后果然强悍，她不仅把控了夫君的私生活，还把手伸进了夫君的事业里。正如《隋书·后妃传》所载："功参历试，外预朝政，内擅宫闱，怀嫉妒之心，虚嫔妾之位，不设三妃，防其上逼。"

对于这些，杨坚只当是女人的小性子。他深信：在媳妇面前装怂，吃亏是福。于是，作为"妻管严"的模范丈夫，杨坚当之无愧。

于是，在隋文帝的日常生活中，就出现了《北史·后妃传》中所描述的场景：

> 帝每临朝，后辄与上方辇而进，至阁乃止。使宫官伺帝，政有所失，随则匡谏，多所弘益。候帝退朝而同反宴寝，相顾欣然。

老夫老妻，如胶似漆。此情此景，作为嫡次子，还是晋王的杨广当然看在眼里。出镇扬州总管后，每次即将离京赴任，他都要到母后的宫里辞别。谈到动情处，母子俩潸然泪下。据《资治通鉴·隋纪三》载，杨广时而抱怨时任皇太子的大哥杨勇："臣性识愚下，常守平生昆弟之意，不知何罪失爱东宫，恒蓄盛怒，欲加屠陷。每恐谗潜生于投杼，鸩毒遇于杯勺，是以勤忧积念，惧履危亡。"这些言语，将独孤皇后对杨勇的成见挑了起来。

原来，杨勇置独孤皇后安排的太子妃于不顾，宠幸起别的姬妾。尤其是昭训云氏，不仅生了一堆儿子，而且恃宠而骄，干预朝政。这令嫉妒心超强的独孤皇后很不满。

让父母都不喜欢，杨勇离倒霉的日子不远了。

不久，杨勇就被扣上了结党营私的帽子，亲信被一网打尽，自己也丢掉了太子宝座。不过，毕竟是亲儿子，这一遭顶多是职业生涯遭到重创，还不至于丢了性命。

杨广取而代之，成功上位。

隋文帝万万没想到，他一辈子知人善任，却在接班人的选拔问题上看走眼。

仁寿宫的避暑之行，注定是不愉快的。七月，隋文帝就病倒了。接下来发生的几件事，使隋文帝对先前更换太子的做法颇有悔意。

因为，杨广露出了本性。

——急于抢班夺权。杨广致信尚书左仆射、越国公杨素，请教如何处理隋文帝后事，以及自己登基事宜。杨素是隋文帝身边的一号权臣，权倾朝野，亲信遍布，这也让他得罪了许多大臣。于是，杨素就紧紧抱住杨广这棵大树。杨广有问，杨素必答。

可是，这次杨素的回信却被信使鬼使神差地误送到了隋文帝手上。隋文帝见信大怒：好小子，你老爹还活着，正是需要你尽孝的时候，你却开始算计你老爹的遗产了，什么东西啊！于是，隋文帝传旨宣杨广进宫，打算当面责骂。

——急于接管后宫。独孤皇后病逝后，隋文帝的私生活终于解放了。他把南朝陈宣帝的女儿陈氏和丹阳美女蔡氏带在身边侍寝，分封为宣华夫人和容华夫人，享受老夫少妻的鱼水之欢。就在这个节骨眼上，陈氏向隋文帝哭诉自己外出更衣时，险些遭到杨广非礼的情况。

其实，杨广对美色的爱好，绝不亚于杨勇。不过，他善于隐忍，善加掩饰，对于那些受他宠幸而怀孕的女子，能藏就藏，能打胎就打胎，反正别让父皇母后知道。在他心里，这个节骨眼上，事业比传宗接代更重要。不过，眼下母后已经不在人世，父皇又病入膏肓，他那颗坏心眼终于按捺不住了。于是，宣华夫人陈氏就成了他的"菜"。

这两件事，让隋文帝恍然大悟。他拍床大骂："畜生何足付大事！独孤诚误我！"

当年，正是独孤皇后的坚持，使隋文帝下定决心废黜杨勇，改立杨广为太子。如今的一切，是他万万没有想到的。不光是他，或许独孤皇后也没想到。

隋文帝杨坚一辈子省吃俭用，勤勉为政，才有了隋朝今日的繁盛。作为政治家，他不希望这份事业毁在儿子辈手里。作为帝王，他最痛恨欺骗。

杨坚突然发现，杨勇虽然奢侈、好色、摆排场，但都流露在外，是真性情，只要善加批评引导，一切都有纠正的可能。而杨广呢？太能装了。越是这样，丑陋的本性越不可能改掉，反而会在一定时候报复性爆发，给国家和民众带来更大的灾难。

因此，杨坚对太子之位的归属做出了新的决断：换回杨勇。

于是，一道圣旨传了出去：召兵部尚书柳述、黄门侍郎元岩进宫。当着这两个人的面，病榻上的隋文帝颤巍巍地喊出了"召我儿……勇也"的话语。

可是，一切都太迟了。

杨广真是"影帝"级政客。十几年如一日地表演，如今即将收功，当然不会坐失好局。在杨素的配合下，杨广矫诏逮捕柳述、元岩，派遣太子宫的军队封锁仁寿宫。

杨广并没有亲手杀害隋文帝。或许，面对老父亲和最高权力这道二选一的题目，他还有些良知，下不了这个狠手。于是，刽子手的责任就落到了右庶子张衡头上。这个跟东汉科学家同名的家伙奉命进入皇帝寝宫，打着侍疾的名义支走了隋文帝身边的侍从。不久，隋文帝就驾崩了。

隋文帝是怎么死的？如今，当事人早已不在。胡三省在《资治通鉴注》里引用的两则资料，虽然都认为隋文帝是死于张衡之手，但死法有所不同。唐人马总《通历》认为，"张衡入拉帝，血溅屏风，冤痛之声闻于外"，大概是刀劈斧砍，情状甚惨。唐人赵毅《大业略记》认为，隋文帝是被张衡毒死的。

隋文帝的死因，早已成了历史之谜。除了杨广政变弑君的说法，还有纵欲过度、幽禁贫病等说法。作为亡国之君，杨广在唐代的文献史料里被更多地妖魔化，从而背上了强奸犯、杀人犯、暴虐狂等一系列恶名。一个全面、客观、真实、可信的权力交接过程，由于文献所限，如今我们已经很难完全复原。

不管怎么样，杨广继位后，先是矫诏逼迫杨勇自尽，将杨勇的儿子们杀的杀，发配的发配。功臣宇文弼、贺若弼、高颎等人也被处死。如果再考虑到汉王杨谅和贵族杨玄感的反叛，一切似乎都在暗示，杨广的继位并非令人信服，这场权力交接的背后有着不可告人的秘密。

杨广赢了。他得感谢独孤皇后。在中国历史上，女性掌权的案例并不罕见，但像隋唐时期这样，接连出现多位强势女主，并能决定最高权力归属的场面，或许不太多见。独孤皇后几乎以一己之力、一己之念，帮助杨广完成了看似不可能的角色大挪移。她的作用不应被忽视。

杨广赢了。他的上位，改变了隋朝决策层治国理政的原则和风格。从此，好大喜功取代了勤俭持家，称霸东亚取代了固守故土，无休止的劳役和征战取代了轻徭薄赋。这个根本禁不起任何折腾的传统农业帝国，短时间内搞出了多个世界第一工程（比如大运河、东都洛阳、江都扬州），举行了多次大规模远征（三征高句丽、出击突厥），把隋王朝带入了万劫不复的深渊。

杨广赢了。他赢得的，只是皇位，却输掉了杨家王朝。父亲杨坚和母亲独孤皇后辛苦打拼的家底，经他十几年倒腾，几乎败得精光，重演了秦朝二世而亡的悲剧。

二、迷倒六个帝王的萧皇后

大业十二年（616年），江都（今江苏扬州）。

这是隋炀帝继位以来，带领百官第三次来到这座运河重镇、江北陪都。歌舞升平的场景，当然令隋炀帝喜笑颜开，但多数人都清楚，此时的隋王朝，在农民起义的冲击下，在三征高句丽失败的灰霾气氛笼罩下，已经有些撑不住了。大臣们开始离心离德，小宫女们也在盘算着饭碗和前途。对她们来说，皇上是主心骨，皇上是靠山。最好的办法，莫过于让皇上知道真相，请皇上带她们脱离险境。

小宫女们太天真了。隋炀帝的正妻萧皇后听到了一位宫女的禀报："在外听说人人都想要造反。"她的反应，是让这位宫女直接跟隋炀帝汇报。可是，这位宫女有去无回，丢了性命。因为隋炀帝听罢大怒，冒出一句："这不是你该说的话！"

或许，跟隋炀帝过了三十多年日子，萧皇后早就洞悉夫君刚愎自用的性格。当有宫女禀报"宿卫们三三两两地商议谋反"，萧皇后的反应竟出奇的冷静："大势已去，无法挽回，何必禀告呢，徒令陛下增添烦恼！"

两年后，将军宇文化及等人发动兵变，刺杀隋炀帝。萧皇后虽然没能保住夫君的性命，却用血和命的代价，保护了更多说真话的身边人。也正是因为她的智慧，使杀红眼的宇文化及对她放下了屠刀。于是，萧皇后带着皇室子孙，被乱军裹挟，去到了聊城。纵然颠沛流离，好歹保住了性命。

需要说明的是，萧皇后由于没有在历史上留下真名，我们姑且参照《隋唐演义》的说法，称其为"萧美娘"。

萧美娘确实是奇女子。她出身名门，来自政治世家兰陵萧氏。"两朝天子，九萧宰相"，这个家族在南朝时代达到了巅峰。[①] 只是梁武帝萧衍末期，南方发生了侯景之乱，南朝经此折腾，一蹶不振，北方宇文氏建立的西魏趁火打劫，占领江陵，扶持跟南朝梁分庭抗礼的西梁傀儡朝廷。萧美娘的父亲萧岿，就是西梁政权的皇帝。不

---

① 南朝齐和梁的缔造者萧道成和萧衍，都是出自兰陵萧氏。

过，萧美娘生于二月，在江南风俗里被视为不吉。于是，自私小气的父皇，就把萧美娘送给六弟东平王萧岌收养。

好景不长，寄人篱下还不到一年，萧岌夫妇双双患病去世。可是，父皇那儿再也回不去了。怎么办呢？还好，舅父张轲危难中伸手，把萧美娘接了下来，继续抚养。无奈，张轲家境平平，为了解决温饱问题，贵族出身的萧美娘也得自己动手，操持起家务，丰衣足食。因而，跟一般的公主相比，萧美娘多了几分地气，少了几分脂粉气。

开皇二年（582年），刚刚接管北周政权的隋文帝杨坚，给次子杨广物色媳妇。选妃的目标，就是西梁的贵族。谁让萧氏的公主出身高贵呢！可是，选来的西梁公主候选人，几经占卜，全是凶兆，唯有萧美娘是吉兆。杨广二话不说，就把萧美娘迎进了晋王府。

在很多人的印象中，隋炀帝是好色之徒。其实，在晋阳（今山西太原）的晋王府里，杨广和萧美娘相敬如宾，夫唱妇随。杨广成婚才一年，据说隋文帝杨坚做梦，梦见有天神从天而降，说将会投胎于杨家。原以为只是个梦呓，没想到不久后就传来了萧美娘怀孕的消息。于是，萧美娘被接回首都大兴，妥为安置。

萧美娘在三年时间里，先后诞育两子一女，延续了杨家的香火。而对于杨广来说，她发挥的作用，还远不止传宗接代。

作为南征陈朝的全军统帅，杨广在拿下建康（今江苏南京）后，坐镇江南，拉拢当地世家大族和佛教高僧。萧美娘既是西梁皇室出身，又因当年南朝梁武帝萧衍而笃信佛教，这些背景都为杨广的攻心战略加分不少。

杨广貌似朴实，实则对最高权力充满渴求。他想跟心腹郭衍商量争储大事，却又怕被朝廷耳目捕捉到结党营私的蛛丝马迹。幸好萧美娘从小接受贵族教育，懂得医术，才能以给郭衍之妻看病的借口，把郭衍夫妇堂而皇之地接到江都，跟杨广碰面。独孤皇后曾多次派宫女前来晋王府，名为慰问，实为打探虚实。萧美娘心知肚明，主动跟这些宫女同吃同住，借机美言，给独孤皇后留下好印象。

对于萧美娘的贤惠，大家有目共睹。隋文帝说她"好学解属文，颇知占候"。就在她病重期间，杨广专门请来僧侣大师，建斋七日，为她虔诚祈福。待其病愈，又大肆庆祝。可以说，萧美娘用她的实际行动，为夫君赢得了事业，也为自己赢得了尊重。

仁寿四年（604年），杨广如愿以偿，登上皇位。萧美娘也成了六宫之主。这年，她三十八岁。

萧美娘比杨广大两岁，却显得更懂事些。杨广失德，且刚愎自用，萧美娘虽想劝诫，却不敢直言，只能拐弯抹角、婉言规劝。她期待夫君能够回心转意，少滥用民力，少征伐四方，少施行暴政，让天下夫妻不再天各一方，让所有家庭不再骨肉分离。可是，她的声音是那样无力，隋炀帝根本听不进去。

也许是意识到末日不远，隋炀帝曾有一次坐在镜子前，端详镜中的自己，良久不语，忽然对萧美娘慨叹道："好头颈，谁当斫之？"意思是说，这么好的一颗脑袋，将来会被谁砍下？

也许，隋炀帝在夸赞自己魅力十足的大脑袋，也许，隋炀帝隐隐感到了一丝不安。

遗憾的是，无论自夸还是不安，都没有转化为改弦更张的动力。而萧美娘，也只能眼睁睁地看着夫君走向灭亡。

隋炀帝死于政变，宇文化及将萧美娘等人挟持到聊城。没过多久，盘踞河北的起义军首领窦建德带兵攻城，宇文化及大败，丢下萧美娘，弃城而逃。于是，这位昔日皇后，又落入窦建德之手。

　　萧美娘很清楚，隋朝走到这步田地，跟窦建德等"反贼"不无关系。然而，寄人篱下之时，对于一个弱女子来说，除了保命，还能说什么？

　　没过多久，萧美娘竟然得到了一个爆炸性消息：窦建德决定释放她。不过，这并不意味着萧美娘可以随意选择去处。她将被送到一个新的地方：塞外。在那里，杨广的堂妹，也就是萧美娘的小姑子，正在等待她。

　　没错，这位当年被派去突厥和亲的义成公主，如今作为东突厥处罗可汗的妻子，在塞外说话还是有分量的。因为这层关系，处罗可汗不仅派人恭迎萧美娘出塞，而且威逼窦建德放人。当时，任何一位割据中原的军阀，都不得不对突厥敬让三分。窦建德只好"忍痛割爱"。

　　处罗可汗死后，颉利可汗上台，萧美娘继续留在东突厥。

　　身处乱世，萧美娘辗转于几大政治力量之间，竟安然无恙。难道她真的天生神力？非也。有三个因素格外重要：

　　一是隋炀帝皇后的身份，使她具备迎立杨姓子弟为新帝的合法资格，谁控制了她，就相当于得到了继承隋王朝衣钵的正统性。这在当时各大军阀眼中，还是挺有分量的。

　　二是隋炀帝的传国玉玺。这枚刻有"受命于天　既寿永昌"的缺角玉玺，据说来自战国时代的和氏璧，是秦始皇以来证明王朝法统的信物。谁拥有了它，谁就拥有了指点江山的合法性。宇文化及、窦建德、处罗可汗、颉利可汗，都对它觊觎已久。眼下，这枚宝贝在萧美娘手里。但她是皇后，没人敢明抢，只能连同皇后一起控制，养起来。

三是萧美娘的容貌。虽然时近暮年，菊老荷枯，但年轻时代的美艳依稀可见。所以，杨广死后，萧美娘委身于这些军阀，用美貌迷乱了他们，也留住了自己的性命。

对于萧美娘的传国玉玺，还有个人惦记良久，他就是唐太宗李世民。只是由于唐朝初建，国力虚弱，打不过突厥，这才作罢。

贞观三年（629年），北方草原遭遇暴风雪，恶劣天气带来的饥荒，加上高层内部斗争带来的离心离德，使东突厥面临垮台的危险。唐太宗抓住时机，兵分多路，进攻塞外，将东突厥攻灭。偏居塞外的萧美娘也被请回长安。当回到这座隋朝故都之时，物仍是，人已非。尽管朝廷礼遇有加，但她早已不复当年的皇后风采。

贞观二十一年（647年），年逾八旬的萧美娘在长安善终。唐太宗还算厚道，把她厚葬于扬州的隋炀帝陵。2013年，萧美娘的陵墓被发现，出土大量文物，令人们大开眼界，也让与她有关的那段风云际会的故事重见天日。

在隋唐时代的后妃中，她的足迹最远，经历最复杂，既有位极皇后的无上荣光，也有寄人篱下的悲切黯淡。可是，她始终宠辱不惊，在乱世中坚毅地活着，并且用小女子的一己之力，改变自己命运的同时，也在施加着对朝代更迭的影响。

三、风雨骆宾王

月夜的杭州灵隐寺，万籁俱静。

唐代诗人宋之问徜徉在这静谧的氛围里，不由得诗兴大发，吟出了"鹫岭郁岧峣，龙宫锁寂寥"的诗句。可是，就此卡壳，怎么也续不上后两句了。

纠结之间，只听一位老和尚从旁喃喃道："何不以'楼观沧海日，门对浙江潮'续之？"宋之问听罢，大为惊叹：不仅对仗工整，而且语意连贯，意境悠远，正是他想要的！本想次日跟老和尚再切磋几句，却发现老和尚不见了。

老和尚究竟是谁？宋之问多方打听，终于获悉了答案：骆宾王。

这是一段传说，真假难辨，但至少说明：骆宾王大名鼎鼎，老百姓念念不忘。不过，骆宾王的一生，却不像老百姓印象中那么离奇，更多的只是怀才不遇。

"骆宾王"，不是朝廷封号，而是真实姓名，语出《易经·观卦》里的"观国之光，利用宾于王"。冠以这样的名号，看似托大，实则恰如其分。

论能耐，骆宾王是"神童"。七岁能诗，脍炙人口的《咏鹅》诗即出自其手：

鹅鹅鹅，曲项向天歌。白毛浮绿水，红掌拨清波。

七言诗和边塞诗方面的成就，使他跻身"初唐四杰"行列，跟王勃、杨炯、卢照邻比肩，诗作是四人里最多的。

论事业，骆宾王很窝囊。尽管唐代不似东晋时期"上品无寒门，下品无士族"，科举考试为庶族人才的脱颖而出提供了阶梯，可是，科举录取人数毕竟有限，而骆宾王为人豪放不羁，根本不是坐得住考场、耐得住寂寞之人。于是，他只能委身强人幕府，在道王李元庆、姚州道大总管李义军的司令部里当差办事，写写画画，做个默默无闻的小文员。虽然也曾纳入编制吃皇粮，当过奉礼郎、侍御史之类的中低级职务，可他实在缺乏做官所需要的圆滑，一直仕途不顺。

俗话说，"物极必反"。有时，倒霉到了一定的程度，可能就会峰回路转。

骆宾王生活的唐前期，高层的政治斗争一刻未停，而斗争的焦点，就是"女人"和"权力"。武则天，先后嫁给唐太宗和唐高宗父子，政治手腕高超，政治势力强劲，成为唐高宗时期宫斗的胜利者。

为了这一切，武则天不惜杀死亲生的太子李弘，把另一个亲生儿子李贤从太子大位赶下台。同时，她还构陷托孤重臣（比如长孙无忌、褚遂良），扫清通向权力巅峰的潜在荆棘。

她赢了。弘道元年（683年），唐高宗李治病逝，太子李显继位，即唐中宗，宣布次年改元嗣圣。武则天以母后的名义临朝称制。亲生儿子登上九五之尊，自己的事业也达到了新高度，这是多少母亲梦寐以求的家庭事业双赢的好结局啊！可是，武则天不满足。嗣圣的年号尚未用满一年，唐中宗就被赶下台，废为庐陵王，全家放逐到湖北房陵，名为"就藩"，实则"监视居住"。

武则天为唐高宗生了四个儿子，眼下只有李旦还算身家清白，这时就被抬出来当皇帝。可李旦只是傀儡，武则天已经在为改朝换代铺路。

朝廷巨变，"唐宗室人人自危，众心愤惋"。武则天有所察觉，便先下手为强，派人到巴州（今重庆市）逼死谪居于此的李贤。毕竟，李贤心有不满，又是唐宗室反对武则天的一面旗帜，也许干掉他，反武的气氛会作鸟兽散。然而，这样做非但不能杀鸡儆猴，反而激起了忠于李唐皇室的实力派更多的反抗。

徐敬业，又名李敬业，是唐初名将李勣（又名徐世勣，也就是《隋唐演义》里的徐茂公）的孙子，眼下从眉州刺史贬为柳州司马。郁闷之余，就会找同样降职失意的官员借酒浇愁。这些人里，既有跟自己一样的"官二代"，也有像骆宾王这样的出身寒微之人。

席间，大家一致认为，导致自己官运不济的主要原因，就是武则天打压李唐皇室，让他们跟着背黑锅。因此，大家"各自以失职怨望，乃谋作乱，以匡复庐陵王为辞"。于是，一场"以下犯上"的战事爆发了。

打着匡扶唐中宗的名义，徐敬业从扬州起兵，迅即集聚了十几万人。不过，这群野心家只满足于割据江南，以为"金陵王气犹在，大江设险，可以自固"，并未渡淮北上，直取洛阳，而是逡巡长江下游，攻城略地。格局如此之小，武则天当然没有将其放在眼里。果然，徐敬业战略失误，满盘皆输。

虽然徐敬业鼠目寸光，但他的麾下并非全是庸才。有一人身处记室之职，不靠刀枪靠文笔，脱颖而出，得到了武则天的青睐。他就是骆宾王。

《为徐敬业讨武曌檄》，是骆宾王写作生涯的巅峰之作。这份气势磅礴的文书不光传遍州县，而且传进了皇宫。武则天叫人读给她听。内侍不敢不从，只好硬着头皮读。可是，不管檄文里的语言如何尖利刻薄，武则天不为所动，从容平静，边听边跟大臣们议论，甚至被檄文中优美的文笔吸引了。

当听到檄文里"一抔之土未干，六尺之孤何托"，"请看今日之域中，竟是谁家之天下"的语句时，武则天竟拍案叫绝，问左右"谁为之"。当得知檄文是骆宾王所撰，武则天不由感慨："宰相之过，安失此人？"意思是说，这样的人才，怎么让他流落？这是宰相的过错啊！这一刻，爱才之心压倒了被羞辱的怒火。这一刻武则天表现出的高姿态和豁达胸怀，在鲁迅先生的《捣鬼心传》里得到了高度肯定。檄文对武则天的谩骂，从另一角度理解，也是对武则天传奇一生的赞赏。

徐敬业输了，骆宾王下落不明。《资治通鉴》说他与徐敬业同时被杀，《朝野佥载》说他投江而死，《新唐书》说他"亡命，不知所之"。

那么，骆宾王为什么会出现在灵隐寺？

原来，根据孟棨《本事诗》的记载，当宋之问获悉作诗的老僧正是骆宾王时，他惊讶不已，忙问个中隐情，得到了这样的结论：

> 当（徐）敬业之败，与（骆）宾王俱逃，捕之不获。将帅虑失大魁，得不测罪。时死者数万人，因求戮类二人者，函首以献。后虽知不死，不敢捕送。故敬业得为衡山

僧，年九十余乃卒。宾王亦落发，遍游名山。至灵隐，以
周岁卒。

正是由于追击徐敬业和骆宾王的将帅手下留情，找了两个容貌
相似的替死鬼，才保全了两人的性命，成全他们削发为僧，得以善
终。骆宾王遍游名山大川，最后落脚灵隐寺，一年后就病逝了。或
许，徐敬业和骆宾王的漏网，也是武则天默许，有意放条生路。

迅速平定徐敬业，使武则天避免了重蹈南北朝割据混战的局
面。尽管武周代唐经历了战火和血腥，但国家未出现大动荡，经济
社会持续发展，为开元盛世打下了良好基础。从这个层面看，武则
天不简单。

天授元年（690年），当武则天已位九五之尊，实现女皇梦想之
际，或许那篇《为徐敬业讨武曌檄》仍言犹在耳，余音绕梁，令这
位女政治家难以忘怀。

下面，我们就来共同回顾，看看骆宾王是怎样描述武则天的：

伪临朝武氏者，性非和顺，地实寒微。昔充太宗下
陈，曾以更衣入侍。洎乎晚节，秽乱春宫。潜隐先帝之私，
阴图后房之嬖。入门见嫉，蛾眉不肯让人；掩袖工谗，狐
媚偏能惑主。践元后于翚翟，陷吾君于聚麀。加以虺蜴为
心，豺狼成性。近狎邪僻，残害忠良。杀姊屠兄，弑君鸩
母。人神之所同嫉，天地之所不容。犹复包藏祸心，窥窃
神器。君之爱子，幽之于别宫；贼之宗盟，委之以重任。
呜呼！霍子孟之不作，朱虚侯之已亡。燕啄皇孙，知汉祚

之将尽。龙漦帝后，识夏庭之遽衰。

敬业皇唐旧臣，公侯冢子。奉先帝之成业，荷本朝之厚恩。宋微子之兴悲，良有以也；袁君山之流涕，岂徒然哉！是用气愤风云，志安社稷。因天下之失望，顺宇内之推心。爰举义旗，以清妖孽。南连百越，北尽三河；铁骑成群，玉轴相接。海陵红粟，仓储之积靡穷；江浦黄旗，匡复之功何远！班声动而北风起，剑气冲而南斗平。喑呜则山岳崩颓，叱咤则风云变色。以此制敌，何敌不摧？以此图功，何功不克？

公等或家传汉爵，或地协周亲；或膺重寄于爪牙，或受顾命于宣室。言犹在耳，忠岂忘心。一抔之土未干，六尺之孤何托？倘能转祸为福，送往事居，共立勤王之勋，无废旧君之命，凡诸爵赏，同指山河。若其眷恋穷城，徘徊歧路，坐昧先几之兆，必贻后至之诛。请看今日之域中，竟是谁家之天下！移檄州郡，咸使知闻。

这是一篇对仗工整、立论严正、文笔挥洒、声色俱厉的奇文，体现了唐前期的新文风。檄文开篇先声夺人，以"伪"字冠于武则天姓氏之前，用儒家思想中的忠君爱国理念，将其置于被动境地；接着历数武氏罪恶，昭告天下，强调讨伐行动师出有名，从而发挥宣传鼓动之功。难怪武则天会感叹说，骆宾王的文章固然了不起，但徐敬业的武功未必匹配得上。赏识之情、惜才之意溢于言表。

慷慨激昂地出恶气，并不能掩饰檄文本身的缺陷。文章中攻击、谩骂居多，却没有骂到点上。骆宾王揪住所谓狐媚惑主、窥窃神器的嫌疑大加挞伐，却没有在武则天的政治业绩上大做文章，加以贬损，显然缺乏政治智慧。

那是一个人心思定的时代，大家都看业绩。武则天统治期间，中国社会整体稳定，经济持续发展，冷不丁冒出这样的檄文，自然得不到广大群众的响应。其实，徐敬业打着维护李唐皇权的旗号，代表的是上层贵族、特权阶层的势力，而武则天大量提拔新贵和寒门士大夫，给普通人提供了出人头地的机会。人心向背，高下立见。

骆宾王留给历史的，没有创新，没有"革命"，没有所向披靡，只有雄壮的檄文。仅此而已。

四、大明宫的刀光剑影

神龙元年（705年），神都洛阳。

女皇武则天患病已经两年了。常在身边伺候的，不是宰相，不是宦官，而是男宠张易之、张昌宗兄弟二人。或许，女皇觉得身边的两个美男子听话好使，就干脆将"政事多委易之兄弟"。男宠弄权，横行朝野，气焰嚣张。一些朝臣气愤不过，在无法见到武则天本人的情况下，只能跟男宠斗法，矛盾日趋激化。

曾何几时，女皇剑锋所指，李唐宗室纷纷倒下，一蹶不振。如今，年逾耄耋的武则天，实际控制力跟身体状况一样，都在逐渐衰退。或许，她根本不知道朝堂上剑拔弩张的气氛；或许，她即便知道，也无力干预。因为，于公于私，她都不想开罪任何一方。

正月二十日，朝臣抢先动手了。宰相张柬之等人发动政变，杀死张易之、张昌宗及其党羽，集体逼宫，请女皇退位，扶立太子李显（唐中宗）第二次登上皇帝宝座。

八十二岁的武则天，在春寒料峭中离开权力中心，不久病逝于洛阳上阳宫的仙居殿。死后去帝号，称则天皇后。在她的墓碑之上，一个字都没留下。个中含义，成为后世史学家热议的话题。

女皇之死，只意味着武周王朝的终结和李唐王朝的复辟，并不意味着持续半个世纪女主干政局面的结束。唐中宗接手的这个政权，仅以最高决策层论，就有四大势力及其利益需要平衡：一是以武三思为代表的武氏集团，二是韦后和安乐公主为代表的女眷集团，三是以张柬之为代表的功臣集团，四是以太子李重俊为代表的皇储集团。

四个集团的矛盾错综复杂，摆平它们绝非易事。遗憾的是，唐中宗并不是解决矛盾的高手。二十多年前第一次登基不久就被武则天废掉的经历，当庐陵王颠沛流离的外迁生活，没有磨砺出他坚毅的品格，反倒磨平了他奋斗的棱角。对于这四个集团，他竟采取了和稀泥的帝王平衡术。

在那段不堪回首的幽禁岁月里，是发妻韦氏一直陪伴左右，不离不弃。因此，唐中宗复位后，对韦皇后分外照顾。岳父韦玄贞追赠上洛郡王，岳母追赠上洛郡王妃。允许韦皇后和安乐公主参预朝政。

可是，韦皇后是个权欲熏天的女人，岁月的风霜，没有催老她的容颜，反倒催起她效法武则天当女皇的萌动之心。

本来，随着武则天去世，其侄子武三思已经式微，韦皇后却又把他抬出来，保为宰相。于是，两大集团结为联盟，把持朝纲。

他们对功臣集团明升暗降，张柬之等人虽然因拥立之功封王，但被削去相权，紧接着又被打发出京，在一年内先后被诛杀。功臣集团全军覆灭。

他们对皇储集团加以迫害，存心找茬，希望取而代之。安乐公主作为韦皇后和唐中宗的亲生女儿，从小娇生惯养，虽然没什么政治头脑，但也有"女皇梦"，一直叫嚣取太子而代之，当皇太女，成为皇位接班人。

时下，太子李重俊虽是唐中宗之子，但不是韦皇后所生，受到韦皇后的排挤。武三思也经常公开羞辱李重俊，呼之为奴。李重俊忍无可忍，矫诏发动兵变，诛杀武三思等人，武氏集团遭遇毁灭性打击。可是，兵变最终失败，李重俊被杀，皇储集团也被摧毁。

仅仅两年间，唐中宗复位以来最高决策层形成的四大集团，仅剩女眷集团犹存。而韦皇后和安乐公主，成了这一系列火并的受益者。她们非但没有收敛，反而将李重俊兵变的善后追责扩大化，把串通李重俊发动兵变的恶名扣到了太平公主和相王李旦身上。

太平公主是武则天的女儿，"沉敏多权略，武后以为类己，故于诸子中独爱幸"，既有政治威望，也有个人势力，权力欲和谋略都极强。

相王李旦是唐中宗的弟弟，武则天的亲生儿子。当年唐中宗第一次下野后，李旦继承了皇位。武则天称帝后，李旦又被降格为皇嗣。尽管李旦也是命运多舛，但在当时李唐皇室的王爷里地位最高。韦皇后要想打开通向最高权力之门，是不可能绕开这两位实力派人物的。

正是由于这兄妹俩在朝中人缘好、实力强，因而许多大臣极力苦谏，使唐中宗没再深究李重俊兵变的幕后指使。这事就算到此为止，不了了之。然而，李旦和太平公主却因此结成了利益共同体。

就这样，朝廷中形成了相王—太平集团和韦皇后—安乐公主集团对立的局面。

也许是因为对武则天执政的场景记忆犹新，多数秉持"大男子主义"传统思维的大臣，对女主干政现象表示抵触，不希望再出现"武则天二世"。可唐中宗每次临朝听政，韦皇后都要从旁陪坐，甚至直接发言。此外，韦皇后的私生活也不太检点，跟大臣宗楚客眉来眼去。这些做法难免招致朝臣们的非议。

景龙四年（710年）五月，许州司兵参军燕钦融上书朝廷，公开指出"皇后淫乱，干预国政，宗族强盛，安乐公主、武延秀[①]、宗楚客图危宗社"。面对唐中宗的召见问对，燕钦融神情自若，侃侃而谈。唐中宗沉默了，而宗楚客却假传圣旨，公报私仇，将燕钦融杀害。显然，女眷集团在决策层似乎可以主宰一切了。

直至此时，唐中宗可能才意识到大权旁落，开始有意拉拢相王—太平集团，准备封相王李旦为皇太弟。虽然唐中宗还没跟自己的结发妻子和亲生女儿翻脸，但韦皇后集团的处境着实有些不妙。

景龙四年（710年）六月初二，唐中宗突然死去。他的死因已经是历史悬案。有文献说，他是被韦皇后和安乐公主合谋毒死的。理由是，韦皇后只有抢先干掉夫君，才能扭转不利处境，避免相王—太平集团坐大。有文献说，唐中宗大概是得了心脑血管疾病，患病身亡。

---

① 武延秀是武则天的侄孙，安乐公主的丈夫。

夫君驾崩，皇位空悬，这不正是韦皇后期盼已久的大好机会吗？可是，她没有登基做中国历史上第二位女皇，原因就在于忌惮相王—太平集团的实力。在跟朝中大臣经过激烈争论后，太平公主和上官昭容（上官婉儿）以唐中宗的口吻草拟了一道遗制："立温王（李）重茂为皇太子，皇后知政事，相王旦参谋政事。"

　　这是两大集团相互妥协的产物。李重茂年仅十五岁，既是唐中宗的幼子，继位名正言顺，又处于未成年状态，不宜独立掌权，便于韦皇后和相王李旦辅佐朝政。在辅政权力的分配上，尽管韦皇后的"知"要比李旦的"参谋"高半格，但基本上是平分最高权力版图，相互制衡，都有腾挪空间。

　　看得出来，这样的设计煞费苦心，但又很不稳定。因为两大集团并非合作关系，而是势同水火。果然，宰相宗楚客等人率先发难，单方面撕毁遗制，请韦皇后临朝称制，剥夺了李旦的参政权。韦皇后的堂兄韦温作为禁军首领，调集重兵进入长安，宣布全城戒严，以保卫皇亲国戚生命财产安全为名，包围相王府、太平公主府，严密监视府内动向。

　　军权和政权在握，使韦皇后有了底气，这才公布唐中宗的死讯。其后便是李重茂登基，改年号唐隆，韦皇后临朝称制，大权独揽。表面看来，韦皇后大获全胜，朝着女皇宝座又进了一步，但她面临的风险，一点都不比以前小。

　　韦皇后并没有改变武则天后期以来吏治腐败、财政匮乏、民生凋敝、边防吃紧等问题，反而有所放纵和扩大，这是不得人心的。她并没有武则天的胆识和才干，也没有像武则天一样为称帝经营几十年的底子，急匆匆地跳出来想当女皇，无异于缘木求鱼。韦皇后集团自身又骄奢淫逸，社会观感不佳，不得人心。

因此，看起来长安城气氛紧张，但真心跟随韦皇后的政界军界人物并不多。挑动这些不稳定因素形成反韦合力的，是临淄王李隆基。

李隆基是李旦的第三子，唐中宗继位后被排挤到山西潞州。身在他乡，使他躲过了李重茂兵变后的一系列政潮，也使他远离权力中心，在潞州结成了自己的小圈子，并在长安广布眼线，随时打探朝廷动向。因此，当唐中宗去世后不久，李隆基就力排众议，带亲信离开潞州，潜回长安，秘密联络太平公主，发动兵变。而这一切，都是背着他的父亲相王李旦进行的。为的是万一失败，避免李旦受到牵连。

李隆基动员了一批禁军下级军官反正，掌握了禁军指挥权。接着包围皇宫，逮捕韦皇后、安乐公主、武延秀、上官婉儿①等人，连夜处死。一夜之间，韦皇后的党羽被收拾净尽，展现了李隆基部署周密、行事果断的政治风格。

韦皇后的统治只维持了半个月。在李隆基和太平公主的支持下，相王李旦取代李重茂，第二次登上皇位，这就是唐睿宗。可是，武则天后期以来的宫廷恶斗，并没有就此终止。

唐睿宗在位仅仅两年就宣布退位，其重要原因之一，就是作

---

① 上官婉儿虽然经历过宫廷斗争的多次风浪，却没能在这场政变中保全自己。李隆基称帝后，下令将上官婉儿的诗文编成文集二十卷，请大臣张说作序，传至后世。尽管文集后来失传，但张说的序言和上官婉儿的部分诗篇尚存，成为研究这位唐前期著名才女的宝贵文献。

为反韦联盟成员的太平公主和李隆基姑侄两人在权力分配上的矛盾激化。

跟韦皇后不同，太平公主是李唐宗室，即便当了女皇，也不会更改国号。相比而言，这样的"女主干政"更容易令忠于李唐王朝的朝臣们接受。可是，太平公主这次的对手不是韦皇后，而是思维更缜密、手段更凶狠的亲侄子李隆基。后者将作为太子和皇帝的执政优势发挥到极致，不失时机地再次发动宫廷政变，剿杀太平公主集团，成为这场为期八年的宫廷斗争最后的胜利者。

太平公主的败亡，是唐代宫廷政治史的一个分水岭，既标志着女主干政局面在唐王朝的终结，唐代历史上再无女强人抛头露面，武则天留下的强人基因画上句号，也标志着武则天晚年以来八年之久的宫廷乱局，至此收场。没了障碍的李隆基，可以放心大胆地改年号为开元，积极推行新政，重用贤能，将盛唐伟业推向顶峰。这就是开元盛世。

可是，随着时间推移，盛世浮华背后，危机影影绰绰。这危机，仍旧跟"女人"和"政变"脱不开干系。

五、生离死别马嵬坡

倚天把剑观沧海，斜插芙蓉醉瑶台。

这是笔者平生最喜欢的两句歌词。狂放不羁、豪情万丈，却又柔情似水、飘逸潇洒，写出了大丈夫、真英雄的真性情。

这位大丈夫、真英雄，就是唐玄宗李隆基。两句歌词虽短，却用语精妙，堪称对他传奇一生的最佳概括。

曾记否，力挽狂澜，挽李唐于危难之际；曾记否，励精图治，开太平于开元盛世；曾记否，沉湎酒色，纵兵祸于渔阳鼙鼓；曾记否，油尽灯枯，恨绵绵于马嵬坡前。

马嵬坡，是风流天子唐玄宗一生的痛。在这里，他与爱妃诀别，从而失去了恋人；在这里，他与太子分道，从而失去了皇权。尽管一切都是被迫而为，但这些苦酒都是他自己亲手酿下的。成也三郎，败也三郎。

唐玄宗是靠政变登上皇位的，早年身在潞州，混过社会，了解基层疾苦，继位后便先后选用姚崇、宋璟等贤相辅佐治国，推动开元年间吏治清明，社会稳定，经济发展，国势强盛，出现了“开元盛世”的良好局面。对于如此“丰功伟绩”，唐玄宗既志得意满，又有些遗憾。他发现，在自己身边，似乎缺了点什么。

有太子，有贤臣，有忠心耿耿的宦官高力士，还缺什么呢？没错，缺女人。

六宫粉黛万千，他怎么可能缺女人呢？没错，作为李唐皇室公认的“情种”，唐玄宗虽然嫔妃不少，膝下也有许多子女，但对于真正的宠妃，他是格外挑剔的。颜值当然很重要，但他更看重才艺。在这方面，大概只有武惠妃称心如意。唐玄宗对这位武氏家族的后裔宠爱有加，为此还酿成了三皇子事件，险些改立武惠妃之子寿王李瑁为太子。

不过，由于对武氏代唐的历史教训有所忌惮，他虽然废黜了王皇后，却没有将武惠妃扶上皇后宝座。皇后之位一直空悬，直至他离开权力之巅。

真正的改变，发生在开元二十五年（737年）。

这年，武惠妃因病去世。其后，唐玄宗郁郁寡欢，什么样的后宫佳丽，都难以勾起他曾经的激情。此时，一个叫杨玉环的女孩突然闯进了他的生活。

就在唐玄宗已过而立，正在励精图治的开元七年（719年），杨玉环出生。这么说来，杨玉环与唐玄宗相差三十多岁，算是隔代了。

杨玉环的高祖父杨汪，是隋朝的上柱国、吏部尚书。作为弘农杨氏的代表人物，他不仅出自关中地区的世家大族，还跟隋朝皇室沾亲带故。这样看来，杨玉环是官宦世家的大户小姐。

不过，在隋唐交替之际，杨汪死于李世民的剑下。其后，杨家就衰落了。到父辈，基本就只是个小官而已。父亲杨玄琰曾任蜀州司户，叔父杨玄璬曾任河南府士曹。更糟糕的是，杨玉环十岁那年，父母双亡，她只能告别巴蜀，来到洛阳，寄居杨玄璬家里。这样看来，所谓"官二代"的出身，徒有其名。

幸运的是，杨玄璬膝下无子，待杨玉环如己出，给她提供了良好的教育环境。在洛阳，杨玉环领略到两种不同的教育内容。一种是实实在在的"才艺"，是硬实力，使她精通音律，擅长歌舞，尤其热衷琵琶；另一种是达官贵人的朋友圈，是软实力，使她有机会跻身一些名流聚会之所，从而提升交际层次，客观上也塑造了她高贵典雅的气质。当然，天生丽质的容貌、温柔如水的性格，也是她得以为人称道的固有资质。

这样来看，杨玉环可谓才艺双全。难怪白居易在《长恨歌》里赞叹："天生丽质难自弃，一朝选在君王侧。"

在洛阳，杨玉环迎来了人生命运的重大转机。

开元二十二年（734年），唐玄宗举行了他人生里最后一次东巡洛阳。以前到洛阳来，是因为长安闹饥荒，从江南调运粮食，成本太高，迫使他不得不当"逐粮天子"，带着文武百官到洛阳找饭吃。这次不同。他来洛阳，专为武惠妃的事而来：给武惠妃的女儿咸宜公主办婚事，给武惠妃的儿子寿王李瑁找媳妇。在众多候选者里，杨玉环因高贵的出身和漂亮的颜值脱颖而出，成为寿王妃。一年后，这对同为十七岁的年轻人举行了盛大婚礼。李瑁英俊文静、低调沉稳，杨玉环活泼好动、能歌善舞，两人个性互补，生活甜蜜美满。

可是，他们没想到，五年之后的骊山聚会，却改变了他们的人生轨迹。

开元二十八年（740年）十月，唐玄宗率领皇子皇孙、内外命妇到骊山泡温泉。这是唐朝皇帝在冬日里的最大爱好和保留节目，而且泡温泉本身也有舒筋活络的功效。在这次类似皇室集体度假的娱乐活动中，唐玄宗不知动了哪根经脉，突然对杨玉环动了心思。然而，心动归心动，如果公公对儿媳妇有什么非分之举，那就是丑闻了。

可是，既然已经动心，作为皇帝的唐玄宗，当然要继续为所欲为，把心动进行到底！

皇帝一意孤行，身边就有人出了主意，就是效法当年唐高宗迎娶武则天的做法。武则天（武媚娘）原本是唐太宗的才人，儿子迎娶父亲的遗孀，总归是丑闻。于是，唐高宗就安排武则天先到感业寺当一段时间尼姑，作为过渡，在感业寺幽会，然后找机会让武则天还俗。这样就可以掩人耳目，清除父皇遗孀的名声。唐高宗和武则天都笃信佛教，因而可以让武则天委身尼姑庵。唐玄宗时代道教兴盛，于是堂堂寿王妃可以突然自请到太真观当道姑，理由是参加唐玄宗的生母窦太后去世五十周年祭祀活动。

就这样，杨玉环由寿王妃变成了女道士，而太真观为了祭祀方便，就设在宫里。于是，太真观就成了唐玄宗和杨玉环幽会的掩体。一年后，杨玉环索性脱去道姑的冠带，直接住进皇宫。又过了四年，她被册封为贵妃。由于自王皇后被废黜以后，唐玄宗没再立过皇后，因而杨贵妃的地位堪比皇后，至少也跟先前的武惠妃不相上下。

有人说，唐玄宗强抢儿媳妇的做法，与乱伦何异？其实，用儒家信条和现代伦理认定的乱伦，在那个年代还真不好说。唐王朝建立前，中国北方经历了十六国和北朝割据的局面，少数民族南下占据中原，少数民族的生活习惯也在影响着北中国的人们。父纳子妻、子纳父妾的事情，在北方少数民族中并不鲜见。而李唐皇室自身就是汉族和鲜卑族混血的结晶，他们的行为方式深受北方少数民族影响。可是，无论用时代背景还是用家族背景来解释，都无法掩盖唐玄宗这一做法的荒淫。凭借专制皇权，便可物欲横流，也暴露了封建君主专制制度的痼疾。

最悲剧的，其实还是寿王李瑁。母妃去世已经让他在争夺皇储大位的较量中失去了保护伞，如今美满的婚姻又被父皇生生拆散，真是悲催到家。李瑁在唐代历史上没有做出像样的业绩，只是以悲剧性的形象了却一生。

"长安回望绣成堆，山顶千门次第开。一骑红尘妃子笑，无人知是荔枝来。"杜牧的这首诗，反映了唐玄宗为博得杨贵妃欢心而不惜滥用民力的腐败表现，当然也体现出这位曾经励精图治的君王，已经满足于"霓裳羽衣曲"的莺歌燕舞，满足于盛世华章的恢宏亐灿烂。"春宵苦短日高起，从此君王不早朝。"他可以日日夜夜拥美人高枕无忧，但当时的唐王朝正在发生骤变。

一方面，社会矛盾在累积，唐王朝曾赖以强盛的制度，诸如均田制、租庸调制、府兵制等，随着土地兼并的节奏加快而逐渐名存实亡。另一方面，随着唐王朝周边政治环境的恶化，边疆战事连绵，使得唐朝边境军镇的兵力远多于中央，造成了头轻脚重的危险局面。最危险的当属北方，安禄山身兼平卢、范阳、河东三镇节度使，控制唐朝三分之一的边防驻军，形成尾大不掉之势。

如果对安禄山善加笼络，或许唐王朝的危机不至于来得那么快。雪上加霜的是，杨贵妃的专宠，使得杨家一门显贵，鸡犬升天。堂兄杨国忠平步青云，直至取代李林甫成为宰相。杨国忠不仅权势熏天，形成了"四方赂遗，辐辏其门，唯恐居后，朝夕如市"之势，而且一反李林甫笼络边将的做法，把对李林甫的清算扩大到跟他关系亲密的边将身上，安禄山首当其冲。

因此，从某种意义上讲，安禄山是被"逼反"的。或者说，从杨国忠身上，他找到了造反的口实。天宝十四载（755年），蓄谋已久的安禄山以"清君侧"为名，起兵造反。

以"清君侧"为名的地方叛乱，在中国历史上发生过多次，比如七国之乱。或许唐玄宗还以为自己能重演汉景帝平定七国之乱的那一幕。可他已经年逾古稀，中原地区几十年未闻战事，防务松懈，叛军强渡黄河，迅速攻占东都洛阳。

叛军看似气焰正盛，但很快就陷入了腹背受敌的境地。前有潼关天险，陇右、河西节度使哥舒翰率领长安拼凑的八万将士，据险固守，叛军无法得手；后有朔方节度使郭子仪率唐军攻略河东，颜真卿等河北义军揭竿而起。安禄山的范阳根据地有断线失联的危险。

就在平叛战争发生了有利于朝廷的新变化时，唐玄宗似乎被暂时的优势冲昏了头脑。他不愧是玩政治的高手。哥舒翰坚守不战，便被他和杨国忠怀疑为拥兵自重。也许，他真的被那些武夫悍将吓着了。于是，在杨国忠的怂恿下，唐玄宗传旨哥舒翰，乘胜出关，击退叛军。

遗憾的是，唐玄宗这辈子虽然发动过两次成功的宫廷政变，却从未真刀真枪上过战场。这个不懂打仗的人，忽略了对自身实力的清醒认识。殊不知，哥舒翰的八万将士，多为临时拼凑，守城已经勉为其难，出击则是驱羊入虎口。结果，哥舒翰部全军覆没，长安东面的门户洞开。唐玄宗和杨国忠用军事上的昏招，救了安禄山，也坑了自己。

潼关的"平安火"再也没有点起，长安城已乱作一团。唐玄宗摆出一副御驾亲征的姿态，却在"渭城朝雨"之中，悄悄地离开京城，向西南方向逃去。随同他撤走的，除了几千禁军，还有杨家兄妹、皇子公主、亲信大臣，以及宦官高力士等人。那些住在宫外的皇亲国戚，根本没来得及通知。几天后，当他们回过味儿来，不是四散奔逃，便是被尾随而至的叛军俘获、杀害。

唐玄宗的逃命团队一路向西，人困马乏，狼狈不堪，经过了一天一夜的急行军，总算来到了兴平县的马嵬驿。估摸着叛军一时半会儿还追不上来，这些人终于可以歇歇。就在这个节骨眼上，禁军出状况了。

禁军将士，以陈玄礼为首，早就对杨国忠的专权跋扈、不懂装懂和倒行逆施表示不满。大家一致认为，国家落到这步田地，禁军将士吃这么多苦，跟杨国忠的乱作为有很大关系。既然叛军打出了"清君侧"、诛杨国忠的旗号，那它肯定是有道理的。于是，在陈玄礼等人的纵容下，禁军哗变了。杨国忠出面制止，反而被乱刀砍死。杨家亲属也惨遭不幸，几乎被灭门。

如果到此为止，唐玄宗大概也不会说什么。毕竟，连自己都朝不保夕，谁还管得了宰相的死活。可是，杀了杨国忠的禁军依旧不依不饶，要求惩办杨贵妃。

这就奇怪了。国家倒霉，跟一个女子何干？

禁军的呼声并非没有道理。诛杀了杨国忠却放走杨贵妃的话，将来唐玄宗回到长安，杨贵妃重新成为六宫之主，是否会替兄报仇？果真如此，这些挑事的禁军将士恐怕在劫难逃。为今之计，没有是非曲直，只有斩草除根。

禁军将士群情激愤，唐玄宗顿足捶胸，也徒唤奈何。危难关头，再执着的情郎也保不住心爱的妻子。就这样，一条白绫，杨贵妃成为安史之乱的牺牲品。马嵬坡，成了她短暂人生的最后一站。

杨贵妃死后，禁军将士们才安静下来，大队人马继续向成都开拔。太子李亨则离队而去，奔赴朔方，未经唐玄宗许可，直接称帝，肩负起指挥全国平叛的大计。至此，唐玄宗从权力之巅黯然滚落。

《红楼梦》里有云：

置之于万万人中，其聪俊灵秀之气，则在万万人之上，其云邪谬不近人情之态，又在万万人之下。若生于公侯富贵之家，则为情痴情种，若生于诗书清贫之族，则为逸士高人，纵再偶生于薄祚寒门，断不能为走卒健仆，甘遭庸人驱制驾驭，必为奇优名娼。

唐玄宗，大概就是这类奇人。

说到底，酿成安史之乱悲剧的，正是这位奇人。可怜的杨贵妃，只是他的挡箭牌和替死鬼。

斯人已逝，唐王朝最辉煌的时代也落下了帷幕。尽管残唐仍维持了一个多世纪，但已是四分五裂，疲态尽显，不复开元盛景。

关于"女主干政"，还想多说几句：

隋唐时代，正处于中国历史上第二次民族大融合的历史时期（第一次是春秋战国时期）。无论是隋文帝，还是唐高祖，都是流淌着鲜卑族血液的汉人，受少数民族风俗的影响很深。在草原上，"男主外女主内"的生活模式，使得女性在家庭生活中拥有说一不二的地位。如此一来，社会风气便呈现对女性的开放持包容与宽松的氛围。加上鲜卑族受儒家传统思想与女性观念的束缚较少，因而隋唐时代对女主干政的事就防范不严。这些"主内"的后妃们，便有了走向前台、参与政务的热情。

跟两宋相比，隋唐时代的嫔妃，在参政问题上有着截然不同的表现。

——档次。能够干预朝政的女性，大概只有皇后、贵妃这个等级，比她们级别低的嫔妃，基本没有干政的机会和能力。

——地域。关陇、山东和江南，是隋唐时代干政女主的主要"生源地"；而宋代能达到"干政"这个层次的后妃本来就不多，而且在出生地域分布上向南移，主要分布在江浙、安徽、四川等地。

　　——出身。隋唐时代的干政后妃，几乎全部出身门阀士族、官宦世家或者军队权贵；而宋代干政后妃多出自中低级别官员，甚至普通百姓家庭，更下沉，更接地气。

　　——风格。隋唐时代的后妃手伸得更长，干政的涉及面更广；而宋朝的后妃基本秉持"祖宗之法不宜轻改"的态度，主张墨守成规，反对变法改革。由此可以看出，隋唐女主主动干政的意识很强烈，宋代嫔妃则表现得很内敛。

　　——靠山。寡母当国，总还是基础不牢，搞不好地动山摇。因此，女主再强悍，也要男人帮。只不过，隋唐时代的后妃主要靠外戚，宋代后妃主要靠宰相为首的官僚集团。

　　——政绩。无论唐宋，能够从后宫脱颖而出，从侍寝者变成执政者的女性，都是同龄人里的佼佼者。她们才华横溢，她们意志坚定，她们毅力强大。登上政治舞台后，她们都励精图治，兴利除弊，有所作为，为社会稳定和经济发展做出了贡献。不仅超越了同时代的平庸皇帝，还有人以皇帝为傀儡，甚至自己做起了皇帝。[1]

　　一部女主干政史，便是一部窥见唐宋转型冰山一角的真实写照。

---

① "隋唐宋嫔妃参政效果对比"出自硕士学位论文《唐宋干政后妃比较》（崔宋著，南京师范大学）。

这几本书值得读一读：

1.〔唐〕魏徵等：《隋书》，北京：中华书局，2008年。

2.〔后晋〕刘昫等：《旧唐书》，北京：中华书局，1975年。

3.〔宋〕欧阳修、〔宋〕宋祁：《新唐书》，北京：中华书局，1975年。

4.〔宋〕司马光编著，〔元〕胡三省音注：《资治通鉴》，北京：中华书局，1956年。

5.山右历史文化研究院编：《大唐创业起居注：外七种》，上海：上海古籍出版社，2016年。

6.〔唐〕骆宾王：《宋本骆宾王文集》，上海：上海古籍出版社，2017年。

7.〔英〕崔瑞德编：《剑桥中国隋唐史：589—906年》，中国社会科学院历史研究所、西方汉学研究课题组译，北京：中国社会科学出版社，1990年。

8.韩昇：《隋文帝传》(第2版)，北京：人民出版社，2015年。

9.姜正成主编：《用情专一：独孤皇后》，北京：中国财富出版社，2014年。

10.骆祥发：《骆宾王全传》，上海：上海人民出版社，2010年。

11.蒙曼：《武则天》(修订版)，桂林：广西师范大学出版社，2015年。

12.刘后滨：《巍巍无字碑：武则天的治国谋略》，北京：华夏出版社，2000年。

13.许道勋、赵克尧：《唐玄宗传》(第2版)，北京：人民出版社，2015年。

14.闫守成、吴宗国：《唐玄宗的真相》，北京：北京大学出版社，2009年。

15.何国松主编：《杨贵妃传》，长春：吉林大学出版社，2010年。

第二章

宰相肚里能撑船：三省六部的嬗变

隋朝和秦朝，都是分久而合，实现大一统的封建王朝；都开创了新制度，影响绵延千年；都滥用民力，搞了许多大工程，四处开疆拓土，武功达到极盛，但文治平平，建树不多；都务实解决农民土地和生计问题，官府积累了巨额财富；都注重短期效应，忽视国力承受能力，导致二世而亡，沦为短命王朝。种种迹象，何其相似！

作为两千年君相斗争史的重要时期，隋朝开创了三省六部制，对皇帝与宰相之间的权力划分，以及宰相自身的权力结构，都做出了全新安排。中国君主专制制度以此为标志，进一步走向成熟。

不过，三省六部制并非隋文帝凭空独创，也有其历史沿革，让我们娓娓道来。

一、房谋杜断：隋唐宰相制度的滥觞

隋大业十四年（618年），中国正在经历惊天巨变。

江都，隋炀帝死于宫廷政变，隋王朝名存实亡。长安，贵族李渊取代由他扶立的傀儡皇帝，即位称帝，改国号为"唐"，开启了唐王朝二百九十年的风云历程。

虽然如愿以偿地当了皇帝，但李渊面临的天下形势很严峻，工作任务也很艰巨。外有群雄割据，突厥进逼，内有朝纲重建，百废待兴。唐初的内外建设，被封为秦王的李世民发挥了很大作用。而李世民仰仗的，正是他府中的猛将幕僚。

在李世民的诸多幕僚中，有个名叫杜如晦的读书人，曾任秦王府兵曹参军。作为想在仕途有所作为的读书人，这样的职位只是一个跳板。杜如晦果然获得了升迁的机会，即将调任陕州总管府长史。换作一般的领导，当然希望自己培养的人才走遍四方，既能拓展自己的影响，又能彰显自己的识人用人眼光。可是，就在杜如晦赴任之际，李世民犹豫了。

因为，杜如晦太有才了。李世民的另一核心幕僚房玄龄就说过，杜如晦有辅佐帝王之才，秦王要经营四方，离不开他。于是，李世民上书父皇，把杜如晦留在身边，改任秦王府属官。房、杜两人各具特色。面对浩繁的军务，杜如晦从容应对，迅速分析决断。《旧唐书·杜如晦传》记载，"时军国多事，（杜如晦）剖断如流，深为时辈所服"。房玄龄替李世民觐见唐高祖李渊，奏报公务，连李渊都感慨，虽与李世民远隔千里，但跟房玄龄谈事好像跟李世民面谈一样。房玄龄在想办法、拿主意方面很有建树。

房玄龄和杜如晦，作为李世民的左膀右臂，跟随秦王旗帜，南征北战，运筹帷幄。当李世民通过玄武门政变登上皇位两年后，这两位谋士升格为宰相，分别担任尚书省左、右仆射。

这是一个优势互补、搭配得当的领导班子。房玄龄、杜如晦身为尚书省的"班长"，将事务性工作交给尚书省左右丞负责，而把更多精力投放到搜求贤能、量才授官、搭建尚书省制度框架等重大工作中去。房玄龄根据唐太宗"量才授职""任官惟贤""务省官员"

的原则，对所有京官进行了重新审核优选，裁汰冗员，留下精干人员六百四十人。

跟很多机构一二把手相互掣肘不同，房玄龄和杜如晦相互配合，前者善于出主意，后者善于下决断，遇事商量，相互配合，同心辅政。历史上称赞"笙磬同音，惟房与杜"。

不过，这样齐心协力的局面只维持了一年多就因杜如晦因病去世而告终。即便如此，"房谋杜断"仍然作为高明的用人搭配体系，成为历代流传的佳话。事实证明，在一个人才众多的群体中，个体优势固然重要，合理的群体结构更不可缺。"全才"难得，"偏才"却不少。如何将"偏才"组合好，发挥更大的"全才"功效，是一个亘古至今的大课题。显然，唐太宗给后代的领导者树立了榜样。

细心的读者可能注意到，房玄龄和杜如晦作为宰相，其职位名称并不是秦汉时期的"丞相""御史大夫""大将军""大司马"，而是"尚书仆射"。那么，他们供职的"尚书省"是怎么回事？

尚书省形成于东汉，是秦汉时代君相斗争的衍生物。汉武帝为了防止丞相专权，就在宫廷内部设置"中朝"，让大将军领衔，弄了一帮从地方征召的"贤良""文学"，也就是平民读书人，齐集中朝，给皇帝当顾问，协助皇帝处理军国大事。而九卿之一的"少府"，由于掌管皇室产业，跟皇帝走得近，其属官尚书和中书，就被皇帝顺便安排去向丞相转达奏章，以沟通中朝和以丞相为首的外朝，相当于给皇帝当秘书，负责跑腿。于是，丞相的决策权逐渐被架空。①

---

① 〔宋〕洪迈《容斋随笔》卷第十二："中书、尚书令在西汉为少府属官……在东汉亦属少府……虽居几要，而去公卿甚远……魏晋以来，浸以华重，唐初遂为三省官长，居真宰相之任。"

负责传递公文的尚书，办事频率高，因办事而掌握的权力也逐渐加大，到东汉时期，逐渐演变为一个常设机构，就是"尚书台"，下设三公曹、吏曹、民曹、客曹、二千石曹、中都曹等六曹尚书，俨然把触手伸向国家政治生活的方方面面。至此，尚书台就实现了"逆袭"，从皇帝秘书机构，变成了真正意义的中央最高行政机关。南朝宋时期，尚书台更名尚书省。

这样，尚书台就取代了丞相的很多权力，而变得权力膨胀。由于它管的事务性工作太多，也就因事坐大，演变为新的"丞相"。魏晋时期，皇帝又开始处心积虑地设法限制尚书台权力的扩张。中书省和门下省应运而生。

三国魏文帝曹丕，是逼迫汉献帝让位而上台的，对皇权的渴求自然强烈。他当然容不得尚书台坐大，便把汉武帝时期另一个跑腿的少府属官，也就是"中书"，给抬了起来，设立中书省，掌管机要，发布政令，其主官是中书令。这样，尚书台发布政令的职权被剥夺了。

南北朝时期，北周统治者又把作为侍从皇帝左右的顾问人员，也就是侍中，给提拔起来，进入核心决策团队，让他组建一个新的机构，叫门下省。这样，原本尚书令干的事，现在中书令和侍中也来掺和一下，尚书令专权的难度自然就加大了。

不过，看起来这三个高官的职责似乎有些重叠和混乱，具体办事时难免推诿。其实，隋朝建立前，这三个高官只是在不同时期各自发挥重要作用，从未并驾齐驱过。

隋文帝即位后，在总结历代经验教训的基础上，决定改进中央权力运行模式，重新梳理尚书省、中书省、门下省的职责，再加上秘书省和内侍省，组成了新的国家中枢机构——"五省"。其中，秘书省掌管图书典籍，内侍省由宦官领衔，掌管宫廷服务，其他三省则成为国家政令和决策的核心机构。它们各有明确分工：

尚书省仍是中央最高行政机构。主官为尚书令，副官为左、右仆射。如尚书令空缺，则左、右仆射主持工作。尚书台时代的六曹进行了功能整合，主官为尚书，副官为侍郎，编组为吏部、户部、礼部、兵部、刑部、工部，分别掌管组织人事、财政经济、礼教外事、国防军队、法律刑狱、营造工程等领域工作。

中书省在隋朝改称"内史省"。不过它可不是给皇帝写私房秘史的，其职责依旧是发布政令，主官是内史令。或许感觉到名字有歧义，唐代又改回"中书省"和"中书令"。从某种意义上，中书省的功能接近国家立法机构。不过，跟现代西方的议会还是差别很大。

门下省早已不是在皇帝跟前伺候听命的侍奉者了，其职责包括审查诏令、签署章奏。也就是说，尚书省处理的文件，只有门下省审核认可，才能到中书省变成诏令发出。如果有不妥，哪怕到了中书省发布诏令的环节，门下省也有权驳回。显然，门下省的主官侍中，发挥的作用不可小觑。

有一个例子很能说明问题：唐宪宗时期，曾任岭南、河东节度使的王锷，利用职权，聚敛大量资财，通过贿赂朝中重臣，谋求兼任宰相。经过多方打点，皇帝在重臣们的劝说下，传旨中书省："王锷可以兼任宰相，应该立即草拟诏书报来。"

时任门下省给事中的李藩，恰好跟中书舍人权德舆在中书省，看到已经草拟好的委任诏书。李藩直接就用笔涂掉了"兼任宰相"

四个字，在旁边注明"不可"。权德舆大惊失色：纵然认为不可，也应该另外写奏章说明情况，怎能涂改诏书呢？

李藩给出了一个令人吃惊的理由：王锷是个贪官，不能让他上位。现在天色已晚，哪有时间写奏章说明情况，要是过了今天，就没法阻止他上位了！

毕竟，中书省是草拟和发布诏书的机构，给事中作为门下省的官员，有权封驳他认为不合适的诏书公文。王锷苦心追求的宰相梦，就这样搁置了。对此，皇帝也是无可奈何。

中书省和门下省，切割了原属尚书省的政令发布和审核的职权。这样一来，尚书省就成了彻头彻尾的执行机构。于是，相权一分为三。隋唐时代的"群相制"，由"三省六部"始。

虽然"房谋杜断"传为佳话，但在两人共事的短暂岁月里，房玄龄和杜如晦，也只是作为执行机关的尚书省的负责人而已。他们的名气再大，也只是执行门下省审核、中书省发布的诏令，即便有意见建议，即便皇帝认可，也必须过门下省的审核关。这样，群相相互制约，皇帝大权在握。

然而，这样的三省六部制度，真就可以实现权力制衡吗？

二、中书门下：从三权制约到中书独大

表面看来，执行、审核和发文，三个环节相互制约，但在具体实践中，"三省"的运作还是有些问题的：

第一，群相制能否避免权臣当道？

事实证明，中国人玩弄人脉关系的能力是很强的，即便是相权

一分为三，有能耐的高官依旧能将三个宰相结为统一战线，实现大权独揽。对于皇帝来说，这依旧是个麻烦。更重要的是，尚书令、中书令、门下侍中，都是多年媳妇熬成婆的官场老油条，熬到这个分儿上了，人家如果没硬伤，就算皇上不喜欢，也不能轻易撤换。

这么一来，想集权的皇帝碰到了难题。

唐太宗的解决办法，就是在将这些"老同志"留在三省长官大位的同时，提拔一批资历浅的年轻干部，让他们进入决策层，不取代"老同志"，而是享受相应的待遇。

贞观八年（634年），大臣李靖患病，请求辞去尚书右仆射职务。唐太宗对他非常倚重，当即拒绝，要求他"疾小瘳，三两日一至中书门下平章事"，意思是说，病痛稍有好转，每三两天，就要到中书门下去处理政务。"平章事"由此得名。唐高宗登基后，"同中书门下平章事"由临时差遣变成了一种头衔。无论原任何职，只要带上这个头衔，就等于跻身宰相行列。

此外，由于尚书仆射、中书侍郎、黄门侍郎等职位，分别作为尚书省、中书省、门下省的副职，级别上是从二品或正三品，因此，唐太宗、唐高宗提拔的年轻干部，就冠以"同中书门下二品"或者"同中书门下三品"的头衔。渐渐地，他们顶着这样的头衔，却在做着三省主官的具体事务，就把尚书令、中书令和侍中的实权给顶掉了。

于是，尚书令、中书令和侍中，虽然名义上还是位高权重的宰相，但职权逐渐虚化，变成了地位崇高的虚衔。"同中书门下三品"和"同中书门下平章事"，成为担任宰相必备的兼任头衔。只不过，唐太宗、唐高宗至唐玄宗时期，较多使用"同中书门下三品"；而到唐后期，"同中书门下平章事"又重新登台亮相，成为常见头衔，简称"同平章事"。更有趣的是，"同平章事"或者"平章政事"这样的头衔，在两宋和元朝竟然演化为中书省的实职，成了名副其实的宰相。

与隋朝和唐初相比，贞观年间及其以后的群相制发生了变异。尚书令、中书令和门下侍中依然存在，但被高高供起。"同中书门下三品"的头衔成了真宰相的标配。即便是中书令、尚书令，想真正掌握宰相实权，也要冠以这个头衔。此种局面，虽然名实不符，但对皇帝有利，最大限度地降低了权臣当道的风险。

第二，办事效率能否显著提高？

相权一分为三，制约有了，但扯皮的事也相伴相生。门下省封驳中书省的政令，中书省就用消极怠工来对抗，如此一来，尚书省接不到活，无事可做。扯皮带来的副作用，就是国家机器停摆，这不是皇帝希望看到的现象。因此，"三省"必须有个议事协调机构。这个机构，名叫"政事堂"。

众所周知，门下省的封驳权很厉害，几乎是一票否决。因此，唐初的政事堂就设在门下省，三省长官们在此开会议事，确保政令不被封驳，或者及时纠正，然后呈报皇帝裁定，顺利发出。这样一来，政事堂就具备了三省合署办公和宰相办公会议的性质，成为唐前期最高行政决策机构。

为了办事方便，政事堂也有比较复杂的内设机构，包括吏房、枢机房、兵房、户房、刑礼房，对接尚书省的六部。

参加政事堂会议的官员，最初只是三省最高长官，后来又增加了一些其他官员。这些其他官员为了获得参会资格，一般要顶着

"同中书门下三品""同中书门下平章事"的头衔，也就顺理成章地享受了宰相的待遇和事权。

不过，门下省"风光"的岁月并不久。唐高宗永淳年间，门下侍中裴炎升任中书令，级别提了，衙门换了，他还想主持政事堂工作，就让政事堂跟着他一起搬家，从门下省挪到了中书省。这样，门下侍郎再去政事堂开会，就算是"客场作战"，怎好意思在中书省的家门口，把中书省即将发布的诏令给堵回去？于是，中书省权力迅速扩张，成为一家独大的最高决策机构。门下省的一票否决权受到了严重冲击，三省的"三权制约"局面遭到破坏。

中书省的坐大绝非偶然。

随着内战的结束和盛世的出现，到唐高宗武则天时期，国家出现许多新的社会问题。比如均田制、府兵制逐步瓦解，租庸调制运行陷入困境。这种情况下，中书令和门下侍中的工作量越来越大，但他们研究制定的法令，却又无法绕过尚书令、尚书仆射直接指挥尚书省的六部去执行。

还有一些具体问题，朝廷没有专门对口的官署，只好因事设官，派出大量临时的差遣官。有些难题具有长期性和复杂性，这些差遣官一时撤不掉，就逐渐固定化，衍生出与三省六部制不同的新行政体系。

差遣固定化，在中国官制演变的历史上屡见不鲜。比如明朝的巡抚，本是临时差遣，结果变成了固定职务；原本只是查案子、肃风纪，结果倒成了一省最高长官，把以前省里的最高长官，比如布政使、按察使等，都摁在了手下。

差遣固定化的问题，就是与既有行政体系的冲突。由于差遣官由皇帝授权，有时甚至可以跨越常规通道，直接向皇帝或宰相报告。这样的个案多了以后，就会演变成通例，导致中央行政体制的巨变。

中书令无法指挥六部，差遣固定化，这些新问题都使"三权制约"的既有体制难以招架。为了提高办事效率，只能走"三省合一"的路径。

开元十一年（723年），中书令张说就奏请将政事堂改名为"中书门下"，继续下设吏、枢机、兵、户、刑礼等"五房"。至此，中书门下就成为中书令管辖的办事机构，独立于三省之外。中书门下可以直接指挥六部和各地执行政令。从此，中书省将三省的权力集于一身，由"坐而论道"变成"参总庶务"。至于尚书省和门下省，大权旁落，基本形同虚设。

在反复调整姿态的君相斗争中，宰相不断改换身份，但依旧处在强势地位。

第三，如何搭配宰相人选？

相权强势在所难免，皇帝无法削弱，只能把宰相人选安排好，搭配好。唐玄宗时期，随着中书省坐大，群相制逐渐演变为双相制。中书令是老大，侍中是副手。唐玄宗的选人标准，重在配合，而非制约。

比如中书令姚崇，善于权变，号称"救时宰相"。他提出的"十事要说"，成为开元初期拨乱反正的施政纲领。不过，唐玄宗为这位强势宰相配备的副手，却不是同样强势的老搭档宋璟，而是人称"伴食宰相"的卢怀慎。说他"伴食"，并非强调其白吃干饭。其实，卢怀慎为官清廉，乐善好施，去世时家贫如洗，连棺材都买不起。

尽管创新精神不足，但为人忠厚低调，心胸豁达，不争风吃醋。他很少批文件，从不贪功。大事都由姚崇定，他只在默默地"陪吃饭"而已。用这样的绿叶衬托，红花才更鲜艳。

后来，唐玄宗选用的宋璟和苏颋、张嘉贞和源乾曜这两对宰相，也基本符合这种主从分明、红绿搭配的理念。当然，他还有意识地控制宰相的任期，一般三四年就换，以适应不断变化的国家形势需要，避免宰相专任，造成专权和腐败。

双相和谐共处的局面，维持的时间并不长。就说唐玄宗时期，从开元中叶起，宰相张说和张嘉贞、杜暹和李元纮、萧嵩和裴光庭、萧嵩和韩休、张九龄和李林甫、李林甫和杨国忠，都曾在共事搭档期间相互挖坑。当然，这些人毕竟各有才干，底线尚存，加上皇帝还算强势，其争斗还控制在一定范围内。到安史之乱后，皇帝昏聩，宦官专权，藩镇割据，就连宰相队伍也不安生，朝堂之上便发生了长达半世纪之久的牛李党争。

三、牛李党争：两败俱伤的窝里斗

元和三年（808年），长安举行制举考试。

科举考试始于隋朝。唐代的科举考试在沿袭隋朝的基础上有所发展，通常分为常科和制举。前者是常设考试，包括秀才、明经、进士、明法等五十多种。其中以进士科最为重要。唐朝许多宰相都是进士出身。后者是特别考试，是皇帝临时设置的考试科目，用于选拔特殊人才。考试的时间和具体科目都是皇帝特别设定，从不固定。

三年前考中进士的牛僧孺和李宗闵，就在这次制举中脱颖而出，被考官相中，考卷送达御前。他们考高分的依据，就是凭借一腔血气之勇，指摘朝政，针砭时弊。在考官看来，他们勇气可嘉，锐气十足，字字珠玑，句句在理。

然而，这样的试卷和见解，却得罪了当朝宰相李吉甫。毕竟，弊政一旦坐实，作为宰相的李吉甫难辞其咎，他当然压力很大。于是，这位容不得别人揭短的老宰相，就在唐宪宗跟前进了谗言，说牛僧孺和李宗闵之所以考高分，是因为他们跟考官有私交。唐宪宗刚上台不久，对贪腐现象恨之入骨，听罢这话，脸很快就沉下来了。结果，考官们纷纷降职，牛僧孺和李宗闵也被"斥退"，不得叙用。

当朝宰相打压普通人，这种事在"官大一级压死人"的政坛没什么稀奇的。不过，李吉甫这么做，却招致朝野哗然，大臣们都为牛僧孺、李宗闵等人鸣不平，指责李吉甫嫉贤妒能，陷害贤才。唐宪宗迫于舆论压力，只好将李吉甫外放淮南节度使。

这次风波带来了两个结果：其一，针对当朝宰相该不该打压普通人，朝廷内部分成了两派，有支持李吉甫的，也有支持牛僧孺的，为后来的牛李党争埋下了伏笔。其二，牛僧孺、李宗闵虽然仕途受到挫折，却博得了官场的一片同情，为日后东山再起积累了资本。

元和九年（814年），李吉甫去世。没了升官通途的拦路虎，牛僧孺终于可以一展才干，扶摇直上，做到了监察御史、礼部员外郎，相当于中央部院的司局级干部。

唐宪宗死后，唐穆宗继位。长庆元年（821年），礼部主持进士科考试，已经升任中书舍人的李宗闵，其女婿苏巢等人被录取。前宰相段文昌向朝廷陈情，说考试不公，录取过程中有猫腻。

对此，唐穆宗询问翰林学士李德裕、元稹等人的意见。他们对段文昌的说法深以为然。于是，朝廷下令重新考试。结果原先录取的十四人里，只有三个人达标。这样一来，就坐实了录取不公的坏名声。李宗闵等人受到牵连而降职。

于是，李宗闵对李德裕等人怀恨在心。此后，两人各结派系，势同水火，相互排斥。

李德裕何许人也？他就是李吉甫的儿子，算是唐后期官二代里比较有作为的。

牛僧孺、李宗闵一派和李德裕等人仇恨的种子早就种下了。冤冤相报何时了？

著名史学家陈寅恪认为，牛僧孺出身科举，那么牛党就代表进士出身的官僚；李德裕出身官二代，那么李党代表山东士族出身的官僚。也就是说，牛党是庶族地主，李党是门阀士族。看起来似乎是那么回事。

不过，如果细数这两个派别的组成人员，会发现无论是牛党还是李党，都既有考出来的，也有官二代。因此，出身并非两派的根本差异。

派别领头人的出身不同，其领导的派别，对文化传统的态度也有很大差异。比如唐武宗时期，李德裕为相，牛党遭到排斥。出身官宦之家的李德裕，主张讨平藩镇，在讨平叛乱、击败回鹘、主持灭佛等方面，做出了优秀的政绩。相比之下，牛党要逊色一些。

牛李党争，是权力之争。权力面前，没有是非，只有倾轧。只要牛党说行，李党肯定说不行；只要李党在台上当权，牛党肯定被贬官外放。

太和五年（831年），吐蕃维州守将悉怛谋投降唐朝。安史之乱后，吐蕃成为唐朝在西部边陲的劲敌，不仅抢占了安西和北庭两大都护府的广袤辖区，截断了丝绸之路，还曾攻陷长安，烧杀抢掠，毫无唐初文成公主和亲时的和谐友好态度。因此，有吐蕃守将献城投降，对于唐朝来说是莫大的胜利。当时被贬官在外，担任西川节度使的李德裕立即发兵，接管维州。当朝宰相牛僧孺则反其道而行之，把悉怛谋绑了起来，送回吐蕃。这一做法，当然是坑苦了悉怛谋。在牛李两党的大臣眼中，派别利益是高于朝廷利益的。

宰相掐架，唐朝皇帝当然得出面协调。劝过架，也曾用调离的方式把双方隔开。可总归不是那么回事。就算牛僧孺、李德裕都到外地为官，但他们的党羽已经遍及朝堂，掐架依然继续。

《新唐书·李宗闵传》记载，李德裕与李宗闵曾同朝为相。唐文宗曾问李德裕："而知朝廷有朋党乎？"李德裕的回答令他震惊："今中朝半为党人。"听了这话，唐文宗倒吸一口凉气：如果真想去除党争，难道要去掉一半的大臣吗？如果少了一半高官，这工作还怎么做？难怪他会发出"去河北贼易，去此朋党难"的感慨，认为牛李党争比藩镇割据还麻烦。

皇皇大唐，为何会出现如此严重的党争局面呢？至少有三个原因。

第一，群策群力化为独断专行。唐太宗以"纳谏"闻名，说明在唐初，皇帝对宰执大臣还是比较客气的，允许他们说话，讲究群策群力。三省六部制也为这样的群言局面奠定了制度基础。可是，武则天搞特务政治、韦皇后干政、中书门下坐大、门下省封驳权弱化……唐中叶的这些变化，使得官僚集团内斗加剧，决策权集中，导致"民主"色彩淡化，独断专行增多。加上皇帝追求享乐，不理朝政，使得李林甫、杨国忠等人有机会专权跋扈。官僚集团内部的"民主"与"监督"缺位，为牛李党争提供了政治土壤。

第二，商品经济改写官场玩法。平定安史之乱，耗费了唐朝大量财力物力。唐肃宗、代宗以来财政状况不稳定，使得以户部和转运使为代表的中央和地方财政部门的权力不断膨胀。藩镇割据局面的形成，也使朝廷失去了对地方官僚集团的控制。唐后期，尽管不复开元盛世的繁华，但经济并非裹步不前。黄巢起义军攻陷广州，一把大火就烧毁了两千多家店铺，足以说明当时城市商品经济还在不断发展。商品经济的很多原则，比如追求利润最大化等，都无一例外地渗透到官场的尔虞我诈之中，推动了官僚集团内部的争权夺利。

第三，皇权削弱助长党同伐异。藩镇割据局面虽然尾大不掉，那些节度使还是抱有"出将入相"的念头。因此，他们要想在地方上坐得稳，就必须广结奥援，尤其是结交京官，相互利用，壮大声势。节度使们在地方各有矛盾，抢地盘的事时有发生，他们在京城找的靠山自然也不可能是同一伙。与此同时，皇帝政令不出长安城，威信扫地，甚至连自己的位子都难保，使得党争更加有恃无恐。

有两个问题，是必须提及的。

第一，唐后期，宦官势力膨胀，打压了以宰相为代表的官僚集团。于是，官僚集团跟宦官的斗争一刻没停。由于中书省衙门位于皇宫南侧，大门朝南开，宦官控制的衙署，特别是部分禁军的衙门，都在皇宫北侧，故而史称"南衙北司之争"。唐肃宗时代，宦官李辅国进入最高决策层，宦官鱼朝恩曾作为平叛大军的前线总指挥，掌管了神策军的指挥权，使之由边防部队演变为禁卫军，宦官在"南衙北司之争"中占据绝对主动。唐文宗时期，官僚集团发动"甘露之变"，打算彻底消灭宦官集团，然而政变谋划不周，反倒是宦官完胜。此后，官僚集团对宦官只有俯首帖耳的份儿。牛李两党，在朝堂上看起来慷慨陈词，气势汹汹，其实背后都有各自依附的宦官势力做靠山。

第二，牛李党争，虽然都称为"党"，但跟现代西方政党完全不同。它没有党纲，没有党员名册，没有政治理想，没有党纪党规，甚至连完整的组织形式都不存在。充其量只能算是不正规的政治派别，类似于今天所说的"团伙"。虽说一派上台后会打压另一派，但顶多是贬官外放，不会抄家害命。或许，这就是牛李两党仅有的政治底线吧。

唐宣宗即位后，李党倒台，牛党得势。然而，就在唐宣宗上台的第一年和第三年（847年和849年），牛僧孺和李德裕先后病故。这场党争，也就随之落下帷幕。他们的身后，留下的是朝堂上宗派斗争的烂摊子，加剧了政治腐败和统治危机。无论做什么，都有人在拆台。这不是在干实事，这是在相互捣乱，是一个王朝走向衰败和没落的真实写照。

四、二府三司：相权的再度分割

陈桥兵变，黄袍加身，"点检做天子"。赵匡胤为中国政坛导入了新的大宋模式。

牛李党争和藩镇割据，是唐朝走向崩溃的重要因素。宋太祖赵匡胤对此印象深刻。因此，唐宋政治的转变，绝不仅仅意味着赵匡胤从后周将军到大宋皇帝的身份变化，更有权力运作模式的深刻变革。具体而言，就是要在中央决策权的分配上做文章，既要让皇帝的工作不那么辛苦，又要将大权集中在皇帝手里。

转变的一天，终于来到了。

这日，宰相范质等人进宫见皇帝。按照隋唐五代的规矩，宰相见天子商议国家大事，皇帝必须命令宰相坐下来面议。当君臣落座，皇帝赐茶之后，范质和几位大臣起身奏事。等他们跟皇帝问对完毕，回到各自的座位，准备坐下，发现刚刚还在的椅子被搬走了。无奈之下，大家只好躬身垂手，站在此前摆椅子的位置上，直至这次召见结束。以后，再也没有宰相敢跟皇帝"坐"而论道了。

除了椅子，范质还失去了另一个足以展现宰相威严的政治待遇。

以前，宰相给皇帝奏事，可以口述面议，从范质这里开始，就改成缮写公文呈报皇帝。范质是这样跟宋太祖解释的："撰文奏事，才能体现臣子们秉承圣意、免除妄庸的过失。"宋太祖欣然接受，从此公文奏事越来越多，跟皇帝面议的机会越来越少。

这两个故事，只是宋太祖加强专制集权，将皇权凌驾于相权之上的缩影。出现这样的情况，既跟范质作为前朝老臣，对赵匡胤的权威有所敬畏有关，当然也离不开赵匡胤拆分相权带来的影响。总之，在皇帝面前，宰相不再理直气壮，逐渐变得唯唯诺诺。或许，这就是唐宋转型的一个侧面。

至于拆分相权的制度体现，具体来说，就是宋太祖发明的"二府三司制"。

宋朝宰相主持的中央最高行政机关，名叫中书门下，议事机构叫政事堂，这些看起来跟唐朝没什么不同。可是，宋朝的宰相，权力比唐朝小得多，反映在三方面：

第一，军权全面剥夺。唐朝的中书门下，下设五房，其中就有兵房，也就是说，它管的面很宽，包括军事。宋代的中书门下只管民政，不管军事。国家军事指挥权被切出来，放在枢密院。以后，凡是涉及军队事务，由枢密院单独奏报皇帝，宰相不得过问。

第二，财权彻底分离。唐朝的党争之所以如火如荼，争夺的焦点之一，就是财权。毕竟，财权事关民生，管钱管物。宋太祖设了一个新衙门，名叫"三司"，下设度支、户部、盐铁三个司，将财经事务统统纳入管辖；以三司使作为长官，地位仅次于中书门下的宰相，人称"计相"。这样，财权也跟宰相说再见了。

第三，宰相人数众多。唐玄宗以来，中书门下只有一个领导，就是中书令；门下省还配备侍中，作为事实上的副相。双相制维持了很长时间。宋太祖不然，他在中书门下设立了很多领导干部职位。老大是宰相，还有一堆都叫"参知政事"的老二。一个老大，一群老二，共同议政，相当于对宰相分权了。

这是一套奇特的顶层设计：枢密院和中书门下，再加上三司，文、武、财三权分家，互不统属，分别向皇帝奏报。以前尚书省里的六部，兵部和户部的大权被分了出去，归三司领导，只剩下四部仍由中书门下领导。而唐代中书门下原有的五房中，兵房和户房也名存实亡。至于中书令、尚书令等三省长官，更是沦为荣誉虚衔。

对于宰相权力的分割，这才只是第一步。接下来，宋太祖赵匡胤还有更狠的杀招。

据《宋史·职官志》载，按照宋代的官制，有官，有职，有差遣。其中，"官以寓禄秩、叙位著，职以待文学之选，而别为差遣以治内外之事"。说白了，"官"是表明身份地位的，"职"是展现文化素养的，只有"差遣"才是正经办事的。比较奇葩的是，作为办实事的"差遣"，包括宰相在内，都只能算是临时工，"非别敕不治本司事"。

不光权力被分割，身份还给搞成了临时工，宰相的地位在宋朝真是大不如前。

难道宋太祖极力削弱相权的做法，就一定是克服"牛李党争"弊病的好办法吗？

其实也不尽然。短期内矫枉过正，确实能起到"乱世用重典""响鼓用重锤"的效果，但时间久了，其自身的毛病也会逐渐浮出水面。二府三司制的问题也成堆。

一方面，三权分割，分别向皇帝负责，使得相权被大大削弱。无论是宰相，还是计相，抑或是枢密使，都要对皇帝唯唯诺诺，谨遵圣旨办事，完全听命，不敢造次，打压了创新，依赖于因循，渐渐变得明哲保身，不思进取，形成了中央皇帝老大、地方强干弱枝的局面，导致大臣没主意，地方官府积贫积弱，无力应对突发事件。

一方面，衙门多了，机构冗杂，浪费公帑，而且互相掣肘，综合性事务就变得难以协调，导致行政效率降低。比如打仗派兵，枢密院有权发兵，却没有统兵权；将领带兵，却没有发兵调兵权，而且将领经常被调来调去，搞得兵不知将，将不知兵。军阀造反的风险降低了，军队战斗力也降低了。

当靖康之变后徽、钦二帝北上受辱之际，当看到养兵百万竟在战场上一哄而散之际，不知他们是否对这样的顶层设计感到后悔，不知他们是否对祖宗家法倍感懊恼呢？

这几本书值得读一读：

1.〔唐〕李林甫等：《唐六典》，陈仲夫点校，北京：中华书局，1992年。

2.〔唐〕长孙无忌等：《唐律疏议》，刘俊文点校，北京：中华书局，1983年。

3.〔宋〕宋敏求编：《唐大诏令集》，上海：商务印书馆，1959年。

4.〔日〕仁井田陞著，栗劲等编译：《唐令拾遗》，长春：长春出版社，1989年。

5.〔日〕仁井田陞、〔日〕池田温等：《唐令拾遗补（附唐日两令对照一览）》，东京：日本东京大学出版会，1997年。

6. 天一阁博物馆、中国社会科学院历史研究所天圣令整理课题组校证：《天一阁藏明钞本天圣令校证（附唐令复原研究）》，北京：中华书局，2006年。

7.〔元〕脱脱等：《宋史》，北京：中华书局，1985年。

8. 刘后滨：《唐代中书门下体制研究——公文形态：政务运行与制度变迁》，济南：齐鲁书社，2004年。

9. 王寿南编著：《唐代宦官权势之研究》，台北：正中书局，1971年。

10. 张国刚：《唐代官制》，西安：三秦出版社，1987年。

11. 陈仲安、王素：《汉唐职官制度研究》，北京：中华书局，1993年。

12. 谢元鲁：《唐代中央政权决策研究》，台北：文津出版社，1992年。

13. 雷家骥：《隋唐中央权力结构及其演进》，台北：东大图书公司，1995年。

14. 包伟民主编：《宋代制度史研究百年：1900~2000》，北京：商务印书馆，2003年。

15. 龚延明编著：《宋代官制辞典》，北京：中华书局，1997年。

第三章

我的地盘谁做主：再谈藩镇割据

　　隋唐和秦朝一样，都有边患。比秦朝严重的是，隋唐不仅要面对草原民族的一次次冲击，还要兼顾西南少数民族政权的反复无常，情况要复杂得多。单凭一两次骑兵突袭，单靠万里长城的消极防御，肯定挡不住圆月弯刀的无情杀戮。因此，建立强大的边防就显得很重要。

　　隋朝在边境建立了一些军事据点，比如涿郡，既是大运河的终点，又是进攻高句丽的兵站。唐朝则在少数民族区域设立了多个军镇，重兵集团分区设防，抵挡各路强人，维护盛唐疆域，伺机有所拓展。

　　然而，这样的设计貌似扎紧了稳定边陲的篱笆，但这些篱笆好像都带刺，搞不好就会一倒一片，殃及自身。困扰晚唐百余年的藩镇割据，始作俑者，就是这样的军镇。

一、渔阳鼙鼓：毁灭盛唐的内战

　　唐天宝十四载（755年）秋，幽燕大地传来警讯：安禄山举兵造反了。

　　年逾古稀的唐玄宗无法相信，这个草原民族的混血儿会造反。

在他的印象里，安禄山是个大胖子，体重300多斤，据说腹垂过膝。

在他的印象里，安禄山多年征战边疆，当地的契丹、奚等部族无不望风归顺。有安禄山在，大唐的东北边陲值得放心。

在他的印象里，安禄山是个为国效忠的痴儿，曾当着皇帝的面，声称偌大的肚皮里，只有一颗忠君之心；曾当着贵妃的面，自降身份，甘当义子。

在他的印象里，安禄山位极人臣，不但身兼平卢、范阳、河东节度使，掌握唐朝边境军力的三分之一，而且跟皇室结成儿女亲家。

然而，真真假假，将包括唐玄宗在内的长安权贵几乎全部蒙蔽了。

由于承平百年，河北州县毫无战备，叛军所向披靡，一路打到黄河北岸。派去平叛的朝廷大军系临时拼凑。那些市井游民参军的目的，只为领军饷，一到战场，腿肚子发软，撒丫子就跑。就这样，洛阳丢了。

万幸的是，两位主帅封常清和高仙芝收拢溃兵，抢在叛军之前占领潼关，总算守住了长安的门户。

对于突如其来的"扫荡"式袭击，朝廷是缺乏心理准备的。不过，毕竟瘦死的骆驼比马大。随着时间的推移，唐朝终于缓过劲来，开始反击。

朔方节度使郭子仪和新任河东节度使李光弼，分别率军从陕北、山西突入叛军根据地，直指范阳。被叛军占领的河北州县，也有类似颜真卿这样的文武全才揭竿而起，搅得安禄山后院不宁。睢阳守将张巡等人的固守，挡住了叛军蹂躏江南的步伐，确保这块财富重地还能源源不断向朝廷纳税，从而支撑平叛战争持续下去。

不到半年，叛军的形势急转直下，局促于黄河两岸的几十个州县之间，进退不得，陷入困境。尽管安禄山在洛阳称帝，国号"大燕"，但名号上的尊贵，改变不了现实的窘困。

显然，只要长安不乱，战局会逐步扭转过来，叛军不日可平。而长安不乱的前提，是潼关必须守得住。可是，潼关能守得住吗？

高仙芝和封常清戍边多年，经验丰富，知道自己的兵几斤几两，已经输成这样，就别硬拼了。潼关地势险要，易守难攻，躲在城堡里比主动打出去要有利得多。可是，唐玄宗一定要求全责备。在他眼里，洛阳是东都，丢了洛阳就是丢了盛世的脸面，是严重的政治错误。于是，两位将军的人头就成了这位风流老天子的出气筒。

前线不可无帅啊！于是，河西陇右节度使哥舒翰奉旨出马了。这是一个更强悍的边将，论战绩，论业务，论皇帝的重视程度，都不亚于封常清、高仙芝，堪称安禄山的劲敌。

不过，哥舒翰也深知自己的软肋：一是自己的状态，下半身瘫痪，卧床成了残废，无法跨马征战；二是麾下八万大兵，虽然是皇帝从长安周边和西北调来的援军，凭险固守还凑合，如果真打出去，肯定全军覆灭。于是，哥舒翰打定主意，像他的前任那样，深沟高垒，死守不战，静候全国战局的变化。

跟哥舒翰这样耗，安禄山叛军玩不起。他们担心腹背受敌，到头来连范阳根据地都回不去，甚至打算放弃洛阳，赶紧撤走。可是，哥舒翰耗得起，唐玄宗和宰相杨国忠却耗不起。安禄山跟杨国忠素来不睦。安禄山起兵造反，打出的旗号就是"清君侧"，以诛杀杨国忠为借口。战争打到这个份儿上，杨国忠的心理包袱真的很重。

杨国忠知道，战争因他而起，自己有负罪感，在朝廷的声望一落千丈。他当然渴望迅速取胜，洗白自己，稳固权势。可是，哥舒翰并非杨国忠一党，这位杨宰相对老将军一百个不放心，生怕他拥兵自重，带着军队投降安禄山，或是杀回长安"清君侧"，那朝廷真的无兵可派，无险可守了。于是，杨国忠不仅向潼关派出了监军，督促哥舒翰出兵，还忽悠唐玄宗传旨催战，说什么安禄山大军已朝不保夕，潼关守军此时出战，必获全胜。

对于哥舒翰，唐玄宗也有顾虑。唐玄宗对权力过于恋栈，生怕兵权旁落，更怕这位老将倚老卖老，不听指挥。另外，哥舒翰是少数民族。"非我族类，其心必异"的心态，加深了唐玄宗的疑虑。唐玄宗虽然人生跌宕起伏，但毕竟只搞过政变，没打过仗。因此，身处复杂局面时，他更看重政治，而非军事。于是，经不住杨国忠这么一忽悠，催促进兵的诏书就发了出去。

哥舒翰明知关外有叛军伏兵，出去肯定是个死，也明知"将在外，君命有所不受"是领兵打仗的传统信条，还是拗不过皇帝的圣旨。毕竟，他已经隐约感受到朝廷的心思"正在起变化"，上级并不信任自己。眼下已然横竖是个死，与其死于猜忌，不如出关拼命，或许还能险中求胜。于是，八万大军开出关外，寻敌决战。

不出所料，哥舒翰兵败被俘，全军覆灭，潼关失守。

接下来，便是唐玄宗仓皇出逃，马嵬驿诛杀杨国忠，杨贵妃自缢而死。皇太子李亨趁乱北上，径自称帝，是为唐肃宗，坐镇灵武，指挥全国军队平叛。

叛军占领长安后，非但没能继续追击，扩大战果，反倒陷入新一轮倾轧之中。疾患缠身的安禄山，被儿子安庆绪杀死，安禄山的部将史思明又把安庆绪杀死，史思明又被儿子史朝义杀死。在这期间，唐军和叛军互有胜负。经过几年的拉锯，直至广德元年（763年），史朝义走投无路，自杀而亡，这场旷日持久的叛乱才告平定。

"渔阳鼙鼓动地来，惊破霓裳羽衣曲。"白居易在《长恨歌》里的诗句，形象地描绘了安史之乱给唐王朝带来的灾难和痛苦。不过，回顾历史之余，我们更应探讨，安史之乱为什么会发生，安史之乱究竟给唐王朝带来了什么。

安史之乱的发生，至少有三方面的原因是不可忽视的。

其一，边境军镇的崛起。开元、天宝年间，盛世中的唐王朝有经略四方的政治和军事需求，边疆战事不断，客观上需要形成几个明确的战略方向，有专人指挥的重兵集团。于是，在唐朝边境地区的4个战略方向自然形成了九个军镇：

平卢、范阳面向东北方向的契丹和奚；河东、朔方、北庭面向正北方向的突厥和回鹘；河西、陇右、安西面向西部的吐蕃和其他部族，确保对西域的统治和陆上丝绸之路的安全；剑南面向西南方向的南诏。

这些统领重兵集团的节度使，不仅将军队的训练和指挥权合一，而且从作战需要出发，获得了调度地方行政后勤资源的权力。这样，节度使就实现了边疆军区的大权独揽。这是朝廷不得已而为之的结果。

其二，出将入相的分歧。唐玄宗当然不愿坐视军权旁落，但为了前方打赢，又不可能拆分军政大权。为了防止武人坐大，他想出的高招，就是"出将入相"，干部轮岗。高级将领打了胜仗，论功行赏，把他们调回内地，进入权力中枢，担任宰相。不管这位将军多么能征善战，一旦进入知识分子扎堆的宰相群体，就算是跳进了大染缸，很难独善其身了。这样调虎离山的办法，最大限度地降低将领擅权的概率，维持了一段时间的平衡。

然而，矛盾又来了。唐玄宗时代的宰相体制是双相制，正副搭班。像李林甫就格外倚重安禄山，但杨国忠就看不上安禄山。如果安、杨搭班，非出乱子不可。因此，杨国忠极力阻止安禄山入朝拜相，两人矛盾公开化。

其实，安、杨矛盾只是"出将入相"的做法导致分歧的一个缩影。能打胜仗的将领是稀缺的，前线急需；朝廷内部政治局面的复杂性又让将领们难以安心在长安做太平宰相。因而，"出将入相"的惯例很难长期维持。而一旦打破这个惯例，节度使继续在边疆坐大，对皇权的威胁只会有增无减。

其三，府兵制度的解体。北周以来，在长安建都的这三个王朝一直奉行府兵制度。平时军府练兵，战时将军带兵，实现训练权和指挥权分离。不过，这项类似"义务兵制度"的正常运作有个前提，就是兵源充足和士兵自带基本装备。唐代中国依旧是农业社会，均田制的实施有利于确保农民占有一定的土地，维持较大规模的自耕农数量，从而为府兵制下的唐军提供源源不断的兵源和装备。

到了8世纪，随着经济发展，贫富差距开始拉大，土地买卖（兼并）成为常态，均田制就遭到了破坏。官府占有的公地有限，不可能再做一次均田。均田制垮了，吃饭的家伙都没了，谁还有闲钱和闲工夫当兵尽义务？于是，府兵制自然也就无法维持。

就在府兵制即将垮台之际，朝廷也在探索新的征兵体制。类似

"长征健儿"这样的雇佣兵应运而生。他们不是来尽义务的，是来混军饷的。积极的角度，是军人专业化、职业化，让专业的人干专业的事；消极的角度，就是参军动机不纯，当兵的初心不是保家卫国，保卫均田成果，而是混工资拿军饷。这样的士兵，上战场能否打得赢？安史之乱的事实证明，雇佣兵太不可靠。

安史之乱确实是个转折点。不光是唐王朝由盛到衰的转折点，也可以视为唐宋历史的转折点。这样的转折，至少体现在五个方面。

其一，中原王朝全方位收缩。为了平定安史之乱，唐朝不得不将河西、陇右的驻军东调，导致西域空虚。吐蕃趁机吞并安西四镇，甚至一度攻陷长安。此后，中原王朝丧失了对西域的实际控制长达千年之久。晚唐和宋朝也没有了向类似回鹘、契丹、党项、女真等少数民族大政权主动进攻并获全胜的案例，而长期处于以守为主的态势。由于西域的沦陷，导致陆上丝绸之路基本中断，中外贸易只能仰仗海上丝绸之路。

其二，中国经济重心加速南移。安史之乱把富庶的北方祸害得一塌糊涂。亏得张巡等人的坚守，使江南免遭战火涂炭。战后，北方在藩镇割据的混乱中缓慢恢复，南方则在既有基础上继续发展。特别是长安、洛阳的多次沦陷，使许多人发现，原来首都也不那么靠谱，这就迫使更多人向南迁徙。避难的人群，反倒为南方开发提供了更充沛的人力资源。唐朝的最后一百年，之所以这个内外交困的朝廷还能支撑下去，跟江南几十个州县的赋税支撑有着直接关系。到宋朝，这一南移进程基本完成。

其三，倒逼中国经济体制改革。安史之乱把一个富庶的唐王朝打成了积贫积弱的穷鬼。朝廷急需开源节流，增加收入，渡过难关。均田制被土地兼并毁了，附着其上的租庸调制名存实亡，经济体制急需调整。唐代宗和唐德宗时代，刘晏对财政的整理，以及杨炎推行的两税法，在难以控制人口的情况下，将征税的主标调整为财产（不动产），这是中国财税史上的巨大进步，至少在一段时间内使征税更加合理规范，朝廷收入有所增加。

其四，宦官势力全线飙升。唐玄宗时代，高力士虽然权势熏天，但好歹忠君，做再大的官，也清楚自己不过是奴才。到了唐肃宗时代，宦官李辅国因拥立之功，位极人臣，参预军国大事。宦官鱼朝恩更是出任前线监军，掌握神策军的军权。安史之乱给了他们崛起的契机。当安史之乱平定之后，唐代宗猛然发现，宦官已成尾大不掉之势，即便不喜欢，自己也彻底离不开了。这个毒瘤将一直带到唐朝灭亡前夜。

其五，藩镇割据肢解唐朝版图。这是唐朝最发愁的大麻烦。安史之乱的末尾，为了尽快结束战争，唐代宗把安史叛军的几个降将安置在河北当节度使，分镇驻防。本意是考虑河北沦陷多年，治理不易，让降将来过渡性地管管，朝廷也省力。可是，朝廷这么一偷懒，降将们的自主性和自由度就大多了。可以带兵，可以截留税收，可以自行安排接班人，甚至一不高兴，就联合起来攻打长安，俨然土皇帝一般，连朝廷都奈何不了。于是，只好设置更多的藩镇来阻止他们威胁长安、洛阳。就这样，全国藩镇化，到处都是节度使。

对于唐朝的皇帝来说，前四个问题是那么遥远，一时还顾不上，而第五个问题迫在眉睫，使他们如坐针毡。朝廷与藩镇的斗争日渐白热化。

二、夜袭蔡州：重振朝纲的假象

元和十二年（817年）十月的一个冬夜，大雪纷飞。

大明宫里，大臣们都在自觉加班，皇帝也在焦急地等待。所有人的注意力都集中在千里之外的蔡州，那是淮西节度使辖区的"首府"。

几十年来，淮西就像梦魇一样，时不时给唐王朝添乱。几代皇帝都一筹莫展。

建中三年（782年），淮西节度使李希烈举兵造反，串通河北三镇和淄青镇，联合称王，抗拒朝廷，形成了强大的反朝廷联盟。

此时，唐德宗刚上台才三年，锐意进取，打算一举荡平不听话的藩镇。他深知，五镇造反，领头的是淮西。于是，他把矛头直指李希烈，并发布诏书要求各地藩镇派兵助战。可是，诏令刚刚发出就成了废纸，根本没人听话，没人派兵，大家都观望不前。无奈之下，唐德宗只好从泾原（今甘肃泾川）调兵到长安开拔，以为"外来的和尚会念经"。

这位皇帝或许还是太天真，政治经验不足。他万万没想到的是，"外来的和尚"如果管控不好，只会把经念歪。这支泾原来的大军刚到长安，便全体哗变，把他们的头头——凤翔、陇右节度使朱泚推上了皇帝宝座。两年后，李希烈在淮西称帝。于是，全国冒出了三个皇帝。

长安待不住了，唐德宗先后逃到奉天（今陕西乾县）和梁州（今陕西汉中）。这才是唐王朝最危险的时刻。

唐德宗还算幸运。造反的藩镇没什么大志向，当了皇帝就忘乎所以，相互倾轧，结果一个个败下阵来。唐德宗毕竟是"正统"，号召无心造反的藩镇勤王杀敌，总算返回长安，控制了局面。

在唐德宗的对手里，淮西节度使李希烈显然最棘手，也最奇葩。《旧唐书·本传》记载他"性惨毒酷，每对战阵杀人，流血盈前，而言笑饮馔自若，以此人畏而服从其教令，尽其死力。其攻汴州（今河南开封），驱百姓，令运木土筑垒道，又怒其未就，乃驱以填之，谓之湿梢"。这么做，完全是莽夫所为，意气短视，人心丢尽，只会坑了自己。

当吃了败仗，前途渺茫之时，恰逢李希烈吃牛肉吃坏了肚子，部将陈仙奇借医病之机，下药将他毒死。朱泚也死在了叛军内讧之中。接下来，那些原本不听话的河北三镇、淄青镇和淮西镇，纷纷宣布臣服朝廷。在唐德宗手里，国家重新恢复了统一，虽然只是形式上的。

可是，经此劫难，这位血气方刚的皇帝信心全无，转而采取睁一只眼、闭一只眼的做法，对藩镇割据的情况视而不见，见怪不怪。桀骜不驯的淮西镇，继续任由李希烈的部将掌管，每逢政变换人，朝廷只例行公事地发个委任状而已。

此时此刻，唐德宗一定会经常私下抱怨他的父皇——唐代宗李豫。正是他在平定安史之乱最后阶段的虎头蛇尾，坑了子孙后代。

广德元年（763年），绵延八年的安史之乱，以叛首史朝义的自缢而告终。其党羽纷纷投降朝廷。或许是为了团结大多数、孤立极少数的政治需要，或许是压根没有整顿河北沦陷区的自信，唐代宗对安史降将给予厚待，让他们继续担任节度使，分区治理曾被叛军盘踞多年的河北。于是，李怀仙、李宝臣、田承嗣三位降将分别就任卢龙、成德、魏博节度使，将河北由北到南一分为三，史称"河北三镇"。

唐代宗没有想到，他这样的"省事"，却种下了绵延百年的恶果。

按说，这三人应当对朝廷领情感恩，可他们自从就藩以后，就"天高皇帝远"，政治野心表露无遗。非但不把朝廷当回事，自行确定接班人，还经常联合其他节度使向朝廷发难。为了遏制河北三镇日益膨胀的势头，朝廷有必要对其他区域也实行类似的"军政一体化"管理。于是，唐朝后期的版图成了藩镇割据的天下，到处是军镇，到处是节度使掌权，这就为唐末的分崩离析和五代十国的出现埋了雷。

唐德宗死得窝囊。经历了昙花一现的"永贞革新"后，唐宪宗走上了历史前台。这同样是一个有理想、有追求的青年。由于唐德宗后期的积累，特别是两税法实施后带动了财政收入的恢复性增长，使朝廷具备了用兵藩镇、给皇帝长脸的本钱。

用兵剑南、夏州、绥州、浙西等地的胜利，给年轻的唐宪宗打了一针强心剂。不过，他更渴望拿下河北三镇，来解决朝廷的心腹之患。元和四年（809年），河北三镇之一的成德镇出了状况，老节度使王士真去世，其子王承宗自称留后。一开始，这位新人为讨好朝廷，主动献出德、棣二州（今山东陵县和惠民县）。对唐宪宗而言，这相当于在河北三镇打开了一个缺口，是好事；但对魏博、卢龙两镇节度使而言，却绝非佳音，他们必须采取措施，阻挠朝廷对成德镇的经略。

架不住魏博节度使田季安的挑拨，王承宗出尔反尔，囚禁了朝廷派去德州的刺史薛昌朝。唐宪宗发布谕旨，劝王承宗放人，遭到拒绝。既然已经翻脸，唐宪宗也就不客气了，不仅传旨剥夺王承宗的官职，而且发兵进攻成德。王师所至，气势汹汹。

面对二十万问罪之师，王承宗大可不必紧张。因为这是一支由六个军镇临时抽调的部队，其中魏博和卢龙两镇本来就跟朝廷貌合神离，不仅不肯卖力，而且与王承宗暗通款曲。而朝廷为了平衡各方利益，没有把帅印交给某镇的节度使，而是交给了皇帝的宠臣、宦官吐突承璀。结果可想而知：兵不知将、将不知兵，客场作战，不输才怪。

朝廷输了，不得不承认王承宗接任成德节度使的既成事实。唐宪宗自然很郁闷。可三年后，削藩大业又峰回路转。

元和七年（812年），魏博节度使田季安去世，因其子年幼，军中就推戴将领田弘正接掌大位。田弘正似乎跟前任完全不是一路人。他行如其名，热衷儒学，精通兵法，善于骑射，作战勇猛，但反对擅杀，深得人心。良好的教育背景使忠君观念深入他的骨髓。于是，当田弘正控制魏博后，很快就宣布臣服朝廷，遵守法纪，申报户籍，奏请朝廷任命辖区地方官。魏博的变局，相当于给唐宪宗带来了一场及时雨，为根治河北问题打开了缺口。

这回，唐宪宗没敢长驱直入，而是稳扎稳打。他深知河北三镇"水很深"，即便打开缺口，也很难迅速有所作为。于是，在继续联合魏博向成德施压的同时，他决心先捡个"软柿子"捏，以振奋士气，坚定满朝文武削藩的决心。他选中了淮西。

淮西镇地盘不大，只辖蔡、申、光三州（分别位于河南汝南、信阳、潢川），周围全是朝廷直管州县。淮西前节度使李希烈等把唐德宗欺负得够呛。皇爷爷的遭遇，唐宪宗一直耿耿于怀。恰好，李希烈被部将陈仙奇干掉后，淮西的掌门人之位几经更迭，落到了吴元济手中。表面看来，淮西内忧外患，易攻难守，一旦拿下，就可以对不听话的藩镇形成震慑。

到底打，还是不打？朝中大臣分化为主战和主和两派。宰相武元衡和御史中丞裴度等人积极主战，占据了决策话语权。于是，朝廷调集各路大军，开始围攻淮西。

魏博变局和淮西危局，令长期与朝廷为敌的淄青节度使李师道颇为紧张。他自忖实力有限，不敢与朝廷兵戎相见，便使出下三滥的招数。元和十年（815年）六月初三，李师道派出的刺客，谋杀主张削藩的朝廷重臣。宰相武元衡命丧靖安坊东门，身首异处；御史中丞裴度身负重伤。这种恐怖主义的伎俩并没有动摇唐宪宗削藩的决心。裴度伤势恢复后，继任宰相，主持平藩大计。

从面上看，这是朝廷与淮西进行的一场旷日持久的拉锯战，但由于淮西的背后，有淄青和成德的暗中支持，加上参加淮西战役的各镇节度使大多心怀鬼胎，迁延观望，使此战演变为唐朝中央政府与藩镇割据势力的战略决战，而且一拖就是四年。

面对作战不利的困局，宰相裴度决心亲临前线督战，并重用唐邓节度使李愬担任前敌总指挥。元和十二年（817年）十月，他们调整战术，发起了"擒贼先擒王"的"斩首"行动。《资治通鉴·唐纪》里的经典选段——《李愬雪夜入蔡州》，就描述了这场经典夜袭战的整个过程：

　　　　李愬谋袭蔡州。……每得降卒，必亲引问委曲，由是贼中险易远近虚实尽知之。……李祐言于李愬曰："蔡之精兵皆在洄曲，及四境拒守，守州城者皆羸老之卒，可以乘虚直抵其城。……"愬然之。……命李祐、李忠义帅突将三千为前驱，自与监军将三千人为中军，命李进诚将三千人殿其后。……行六十里，夜，至张柴村，尽杀其戍卒及烽子。据其栅，命士少休，食干糒，整羁靮，留义成军五百人镇之，以断洄曲及诸道桥梁，复夜引兵出门；诸将请所之，愬曰："入蔡州取吴元济！"诸将皆失色。时大风雪，旌旗裂，人马冻死者相望。天阴黑，自张柴村以东道路，皆官军所未尝行，人人自以为必死；然畏愬，莫敢违。夜半，雪愈甚，行七十里，至州城；近城有鹅鸭池，愬令击之以混军声。

……四鼓，愬至城下，无一人知者。李祐、李忠义钁其城，为坎以先登，壮士从之；守城卒方熟寐，尽杀之，而留击柝者，使击柝如故。遂开门纳众，及里城，亦然，城中皆不之觉。鸡鸣，雪止，愬入居元济外宅。或告元济曰："官军至矣！"元济尚寝，笑曰："俘囚为盗耳！晓当尽戮之。"又有告者曰："城陷矣！"元济曰："此必洄曲子弟就吾求寒衣也。"起，听于廷，闻愬军号令曰："常侍传语。"应者近万人。元济始惧……帅左右登牙城拒战。

愬遣李进诚攻牙城，毁其外门，得甲库，取器械。……烧其南门，民争负薪刍助之，城上矢如猬毛。晡时，门坏，元济于城上请罪，进诚梯而下之。……愬以槛车送元济诣京师……

李愬此举，看似军事冒险，其实也是做了充分准备：问话降卒，知己知彼；问计下属，明确部署；不畏艰险，做好保密。不得不佩服他的智慧和勇气。同时，打胜仗也要靠点运气：吴元济由于屡败官军，自信轻敌，反应迟钝，错失良机，招致失利。

远在长安的君臣，彻夜的等待，总算是有了丰厚的回报。

这是唐中央政府在与地方割据势力长达半个世纪的博弈中取得的最辉煌的胜利。它推倒了平定藩镇的多米诺骨牌。元和十四年（819年）二月，淄青镇将领刘悟刺杀李师道，向朝廷投降。同年，卢龙节度使刘总自请入朝，交出兵权。元和十五年（820年），王承宗病逝，其弟王承元迫于压力，上表归顺朝廷。至此，困扰唐王朝半世纪之久的藩镇割据局面，似乎基本解决了。

对于唐宪宗来说，这是一个美妙的时刻。在他统治的最后一年，恢复了国家统一。当时的史学家也把他的这场胜利称为"元和中兴"。然而，就在大家企盼唐王朝重振朝纲之际，这位建功立业的君王，竟然不明不白地死了。

唐宪宗万万没想到，自己建功立业，却会死在宦官手里。继位的唐穆宗，面对的是一个看起来四方一统，实际上严重缺钱的烂摊子。毕竟，打了十几年仗，朝廷的府库早已空空如也，就靠江南几十个州的赋税硬撑着。于是，主和派占据上风，推动唐穆宗君臣决定"销兵"，也就是裁军。

这么做，固然可以节约财政开销，但麻烦在于这些阿兵哥的退伍安置问题。朝廷压根没有做好应对几十万退伍军人的各方面准备。于是，大兵们退役即失业，衣食无着，心生怨望，便有不臣之心。更糟糕的是，朝廷派往河北的官员，大多以征服者自居，趾高气扬，骄奢淫逸，昏聩无能，不把河北士兵放在眼里，这更激起了河北将士的不满。

很快，河北三镇降而复叛，继续维系独立王国。此时的唐王朝，早已不复盛世之勇，朝廷担负不起长期战争的庞大开销，只好承认现状。不过，在与朝廷的博弈过程中，这些藩镇倒也还算收敛，时不时到长安进贡、勤王，还算给朝廷留了点面子。其原因之一，就是藩镇内部矛盾重重，节度使往往会被牙将赶下台。这种权力下移的表征，与春秋后期家臣驱赶卿大夫，卿大夫驱赶诸侯，有惊人的相似之处。

世间已无唐宪宗，藩镇依旧割据。这个毒瘤一直持续到唐朝末年。

三、白马之祸：天下唯兵强马壮者为之

天祐二年（905年），滑州白马驿。

尚书仆射、吏部尚书、工部尚书、兵部侍郎……三十多位身着紫袍，号称"衣冠清流"的朝廷高官，不管平日里如何位极人臣，风光无限，如今却在兵痞的推搡下衣衫破烂，面如死灰，颜面扫地，毫无尊严。

对大多数人来说，这不过是一座普通的驿站，但对他们而言，这或许是人生的最后一站。一夜之间，不仅身首异处，血流成河，而且遭抛尸黄河。史称"白马之祸"。

重臣凋零，皇帝就这样沦为真正的孤家寡人。而这样血腥的场面，只是朱全忠走上权力之巅的步骤之一。

朱全忠何许人也？一个名曰"全忠"的人，为什么会对大唐朝廷痛下狠手？

事情还要从三十年前说起。

安史之乱后的唐王朝，虽然风雨飘摇，但好似百足之虫，靠着前一百多年积累的家底混迹，居然死而不僵。这样的状态并不能扭转危机四伏的局面。各种兵变、民变此起彼伏，唐王朝的大厦忽忽悠悠，险象环生。

乾符二年（875年），王仙芝、黄巢领导的农民起义爆发。起义军流动作战，涤荡大半个中国，把唐王朝的财富重地搅得天翻地覆。面对汹涌的农民战争浪潮，唐僖宗束手无策，只好向各地藩镇放权，让他们自行征兵，委任将领，部署防务，堵截起义军。于是，各地藩镇各自为战，没有统一指挥。故而出现了三类藩镇：

第一类，借镇压农民起义扩充实力的节度使，画地为牢。比如杨行密、钱镠，分别以今苏南和浙东为独立王国，奠定了吴国和吴越国的基础。五代十国中的"十国"里，多数南方政权就是这么来的。

第二类，少数民族应唐朝廷邀请，"借师助剿"，因功封为节度使。比如沙陀族的李克用，就充当了驱赶黄巢的急先锋，晋升河东节度使，割据山西，成为五代十国中"五代"里后唐的奠基者。

第三类，黄巢起义军的降将，因对老东家反戈一击而坐大，成为一方诸侯。最典型的当属朱全忠。黄巢起义军占领长安后，遭到官军四面夹击。当此危难关头，麾下大将朱温眼看黄巢大势已去，便投降朝廷，对旧主反戈一击。踩在往日弟兄的尸骨之上积累的战功，使他不仅当上了宣武军节度使，以河南为根据地四处扩张，还被赐名朱全忠。

这三类藩镇并非并行不悖，而是互相挞伐，将唐末政局搅得鸡犬不宁。尤其是朱全忠和李克用，势同水火，打得昏天黑地。

中和四年（884年）五月十四日，李克用率军追击黄巢，来到朱全忠的地盘——汴州。作为东道主，朱全忠对这位强悍的沙陀族战友当然是热情款待。可是，宴席之上，李克用发酒疯，惹怒了朱全忠。

本来，朱全忠就对这位军事强人有所提防，生怕日后成为劲敌。如今，劲敌就在眼前，此时不除，更待何时？于是，怒不可遏的朱全忠连夜派兵包围了李克用下榻的上源驿，放火烧之。按说，李克用已经醉如烂泥，插翅难飞。没想到，天降暴雨，雷电交加，李克用被部下弄醒，翻墙逃走，以随从几乎全军覆没的代价捡回一条命。

事后，李克用向皇帝告状，奏请对朱全忠用兵。唐僖宗怎得罪得起两大军阀，只好出面劝架，给李克用加官晋爵，聊以安慰，对朱全忠也没敢治罪。可是，朱全忠和李克用的梁子，就这样结下了，而且一结就是四十年。

一开始，朱全忠的地盘大，实力强，李克用不是他的对手，屡战屡败。在接下来的藩镇兼并战争中，朱全忠连续占据上风，身兼宣武、宣义、天平、护国四镇节度使，成为北中国最具实力的藩镇首领。

天复二年（902年），朱全忠攻入关中，击败了同样有意"挟天子以令诸侯"的凤翔、昭义节度使李茂贞，全面控制首都长安。然而，他从来没把关中视为自己的地盘，加上长期战争，关中早已残破，无力保障几十万大军的后勤供给。为了加强对皇帝的控制，他决定迁都洛阳。

对当时的皇帝唐昭宗而言，这是一个别无选择的决定。毕竟，人家麾下有枪杆子，自己麾下只有一帮吃饭的官员。毕竟，人家在自己遭到歹人谋害，关在小黑屋里没吃没喝的艰难时刻出手相救，保住了自己的性命和皇位。于是，唐王朝开始了最后一次艰难的搬家。与盛唐时代长安缺粮，皇帝不得不到洛阳就食，当"逐粮天子"不同，这次是刀枪架在脖子上，不得已为之，而且有去无回。

唐昭宗并非听话的皇帝，他想重振朝纲，他想改变藩镇割据的局面。尽管年号是"天祐"，可天恰恰不佑唐。唐昭宗励精图治的种种迹象，令权臣朱全忠很不放心。于是，就在迁都后的同一年，唐昭宗被暗杀了。

十三岁的皇子李柷登上了皇位。

他不会再接受子孙后代的祭祀。因为，他是唐王朝最后一个皇帝。

从即位的那天起，他就生活在刀剑丛林之中，除了空有皇冠，什么事都做不了主。或许，小小年纪的他，已经预感到唐王朝的末日。他没有想到的是，自己目睹的末日惨剧，竟是一个落榜秀才出的馊主意。

这个人名叫李振。

跟皇帝同宗，按说也该是个贵族。可他的祖上其实是西域的安国人（位于中亚乌兹别克斯坦的撒马尔罕）。安史之乱爆发后，他的曾祖父安抱真因耻于与安禄山同姓，奏请朝廷改姓。唐玄宗感其忠心，便赐予国姓李。此后，李抱真多次率军平叛，为朝廷立下赫赫战功。李振出身这样的名门，当然也想像曾祖父那样建功立业。

李振的梦想，被残酷的科举考试打碎了。一次又一次名落孙山，让他深感遗憾；考场内外的舞弊现象，又让他对官僚队伍怀恨在心。终于，他投笔从戎，参加军队，凭智谋获得朱全忠的信任，成为幕僚。他也毫不含糊，为朱全忠鞍前马后，到处斡旋，办差出色。

科场上失去的功名，在血雨腥风的官场上，李振不仅捡了回来，而且翻了无数倍。各级官僚再也不敢对他颐指气使，而是竞相巴结。而李振呢？终于是"子系中山狼，得志便猖狂"的架势了。在洛阳和长安摆出一副"顺我者昌，逆我者亡"的姿态，完全根据自己的好恶进行人事任免。因此，朝臣们给他取了个绰号，叫"鸱枭"，也就是猫头鹰。据说猫头鹰闻到快死之人，就开始叫，因而被视为不祥之鸟。大家见到李振，就像老鼠见到猫头鹰那样抱头鼠窜。

朱全忠崛起后，给旧官僚们带来了冲击。他们门第高贵，受不了李振之流趾高气扬的凌辱，又不敢当面顶撞，只好忍气吞声，私下发牢骚，根本瞧不起李振这样靠朱全忠上位的新官僚。久而久之，新旧之间的矛盾便逐渐激化。朱全忠早有篡唐登基的野心，为扫除通向皇位的障碍，他觉得有必要让这些豪门颜面扫地，给自己的心腹腾位子。于是，便有了白马驿对重臣们的集体屠杀事件。

李振觉得，光杀掉这些高官，不足以平息自己当年屡试不第的愤懑，这时就对朱全忠提议：这些高官自命不凡，号称清流，应该把他们全部投入黄河，永远变成浊流！就这样，死在白马驿的高官们，连全尸也未能留下。

白马之祸，将唐帝国朝堂上的中流砥柱彻底折断。绵延一个世纪的南衙北司之争，无论是宦官，还是朝臣，都被涤荡一空。

当大臣们的尸体被浑浊的河水卷走之际，唐帝国一切的道德准则、礼法规范，也随之烟消云散。没人再扛得起这座大厦了。一切都该结束了。

两年后，也就是开平元年（907年），李柷离开了皇位，结束了唐帝国二百九十年的辉煌与没落。历史被朱全忠带入了五代十国时代。

四、政坛不倒："长乐老"冯道的为官之道

南怀瑾在《论语别裁》中有这样一段话：

> 我读了历史以后，由人生的经验，再加以体会，我觉得这个人太奇怪。如果说太平时代，这个人能够在政治风浪中屹立不摇，倒还不足为奇。但是，在那么一个大变乱的八十余年中，他能始终不倒，这确实不是个简单的人物。第一点，可以想见此人，至少做到不贪污，使人家无法攻击他；而且其他的品格行为方面，也一定是炉火纯青，以致无隙可击。

南怀瑾佩服的这个人，名叫冯道。几十年间，历仕四朝十帝，皇帝换了一茬又一茬，他却岿然屹立，走到哪儿都能吃得开，在五代十国的乱世里，绝对算得上不倒翁式的传奇人物。甚至有人说，

流水的五代，铁打的冯道。

冯道成功的秘诀，用一句话足以概括，就是"识时务者为俊杰"。每当王朝更迭的关键时期，他总能踩对点，选对边，站到恰当的队伍里，从而顺势收获红利，长期占据宰相大位，稳如泰山。

欧阳修在《新五代史》中，就对冯道这样的"三观"提出了严厉批评："予读冯道《长乐老叙》，见其自述以为荣，其可谓无廉耻者矣，则天下国家可从而知也。"

薛居正在《旧五代史》里对冯道的批评似乎更狠："道之履行，郁有古人之风；道之宇量，深得大臣之体。然而事四朝，相六帝，可得为忠乎！夫一女二夫，人之不幸，况于再三者哉！所以饰终之典，不得谥为文贞、文忠者，盖谓此也。"

在他们看来，冯道的形象，其实就是"有奶便是娘"的投机分子。冯道的所作所为，似乎与儒家伦理所倡导的"从一而终""君辱臣死"不太相符，他没有资格成为读书人的榜样。

然而，当我们看到以下几个桥段时，会否对这个老爷子刮目相看？

桥段一：早年，冯道在李克用的手下当掌书记，要说职位不低，衣食无忧，摆摆谱也很正常。可是，他就睡在一个茅草屋里，铺着稻草和衣睡觉，吃饭也搞官兵平等，不开小灶。发了军饷，就带着手下的士兵和仆人一起开荤打牙祭，压根没给自己攒家产。

兵荒马乱，欺男霸女的事在军中司空见惯，有士兵觉得冯道单身寂寞，也给他抢来几个女人。冯道推脱不掉，大概也知道自己不是柳下惠，不可能坐怀不乱，干脆把这几个女人弄到别处暂住，等寻到她们的家人，再把她们送回去。在过渡阶段管吃管住，还让冯道倒贴了不少钱。

李克用的儿子李存勖灭了后梁，建立了后唐。冯道成了这个新政权的户部尚书，相当于国家的财务总管。很不巧的是，他父亲去世了。他不仅全靠两条腿步行回乡奔丧，而且婉拒了地方父母官的厚礼。

当时，家乡正在闹饥荒，朝廷根本顾不上，也不想管，冯道就主动拿出全部家产赈济灾民。别忘了，此时此刻，他还在守丧。家产都捐了，自己就住在一间破屋子里，砍柴耕田，甚至偷偷帮别人种那些抛荒的土地。

显然，冯道生活俭朴，德行敦厚，操守清廉，爱民如子，绝对堪称道德模范。

桥段二：在给李克用当掌书记的时候，恰好两军对垒。李克用的军队久攻不下，陷入被动，帐下将军郭崇韬认为，部队里军官太多，好些都是吃闲饭不干事的，不如罢免一些。

李克用一听，这是军心涣散，军队快垮掉的节奏啊，他有些灰心，感觉前途渺茫，便赌气决定解甲归田，回太原老家，让冯道准备卸任文书。

主帅撂挑子，给身处困境的部队增添了一堆麻烦。大家都面面相觑，不知该如何是好。只见冯道虽然嘴里答应，却没有动身去准备稿子。李克用催了好几遍，他才娓娓道来，讲了三层意思：第一，自己作为掌书记，就是管笔墨的，主帅发话，哪敢不执行；第二，郭崇韬的建议如果不靠谱，大王完全可以拒绝，没必要赌气解职；第三，军中不可一日无帅，一旦主帅辞职，传扬出去，不仅军心大乱，敌人也会造谣惹事，届时会更被动。

冯道的一番话，层次清晰，有理有据，说服力强。李克用听得很受用，很快转怒为喜，收回成命。

由此可见，冯道的思维逻辑缜密，心理承受力强大，能做到处变不惊，灵活应对，把话说到主帅的心坎上。这是一名成熟的高级干部必备的基本素质。

桥段三：李存勖死后，李嗣源继承皇位，这就是后唐明宗。后唐明宗统治的八年间，社会稳定，经济恢复，是五代时期难得的好年景。对此，后唐明宗有些沾沾自喜。这时，冯道就开始给皇帝上课了。

他上的第一课，是讲故事。说自己早年路过井陉天险，怕马前闪失，便紧握缰绳，小心翼翼；到了平地以后，就觉得安全了，没什么顾虑，于是也不用太操心了，结果摔了个大跟头。显然，人们总会在险境格外谨慎，从而安然无恙，但到了顺境，往往因放松警惕而招致大祸。这是人之常情。他希望皇帝能够把这个故事听进去，不要为一时的太平和丰收而洋洋得意。

后唐明宗问他："丰收之年，老百姓的生活会不会改善呢？"得到的答复却出乎意料："谷贵饿农，谷贱伤农。"接着，他沉吟了唐代诗人聂夷中的《咏田家》，形象地展示了农民生计的不易：

二月卖新丝，五月粜秋谷。

医得眼前疮，剜却心头肉。

我愿君王心，化作光明烛。

不照绮罗筵，但照逃亡屋。

后唐明宗听罢，慨叹一声，让人将这首诗抄录下来，作为座右铭，每天都要品读。

上面的故事，见诸《新五代史》的《冯道传》。这篇传记还记载了下面一段故事：

> 水运军将于临河县得一玉杯，有文曰"传国宝万岁杯"，明宗甚爱之，以示道。道曰："此前世有形之宝尔，王者固有无形之宝也。"明宗问之，道曰："仁义者，帝王之宝也。故曰：'大宝曰位，何以守位曰仁。'"明宗武君，不晓其言，道已去，召侍臣讲说其义，嘉纳之。

有个将军偶然得了一只玉杯，杯上刻有"传国宝万岁杯"。这将军大概很讲政治大局，没有据为己有满足过把帝王瘾的小爱好，而是主动献给了皇上。

今天看来，这杯子很可能压根不是文物，只是赝品，就为哄皇上高兴，为自己升官铺路。位居九五之尊的后唐明宗，当然对这样的"祥瑞"物品表示龙颜大悦，天天捏在手里把玩，还拿出来给冯道看，美其名曰"共赏"，其实就是"炫耀"。

如果冯道识相，正常情况应该是顺着皇帝的心思，好好拍拍马屁，让皇帝开心，这事就过去了。可他偏不这么说，反而借玉杯给皇帝敲了警钟："这只不过是前世留下的有形之宝，而皇帝本来就该有的宝物是无形的。"

后唐明宗是武夫出身，大字不识几个。冯道只好进一步解释，说仁义才是帝王之宝。后唐明宗听得云里雾里，不明所以，只好咨询近侍，才算弄明白，对冯道大加夸赞，虚心采纳。

冯道很幸运，给后唐明宗这样一个五代时期皇帝里难得的明白人当宰相。后唐明宗也很幸运，有冯道这样阅尽沧桑、顾全大局的"职业经理人"辅佐。君臣合作愉快，中原百姓也总算享受了几年消停时光。

桥段四：唐明宗死后，后唐内乱，节度使石敬瑭渔翁得利，灭后唐，建后晋。

这是一个先天不足的小朝廷。为了报答契丹的军事援助，石敬瑭不仅对这个小自己十一岁的可汗自称"儿皇帝"，还把燕云十六州割了出去，导致长城防线沦陷，华北平原长期暴露于北方铁骑之下。这一祸患持续了近两个世纪。

即便如此，契丹"老爹"仍不满意。在石敬瑭死后，契丹可汗耶律德光发兵南下，攻灭后晋，在开封自己称帝，打算入主中原。

冯道倒是在两边都吃得开。不仅后唐、后晋都用他当宰相，就连契丹人也给他封了太傅的官位。在中原大乱频仍的情况下，冯道的政治待遇依旧如故。

后晋每年都要派好几拨特使到契丹，冯道也当了一次这种差使。契丹尽管对后晋来使经常呼来喝去，但对冯道是很欣赏的。耶律德光甚至打算把他留下来做官。冯道深知自己的任务是出使，不是跳槽。他的表态沉稳而又别有深意："南朝为子，北朝为父，我在两朝做臣子都没有什么区别。"既温柔地婉拒，又保全了面子，可谓有理有节。

冯道并非一根筋，对局势有颇强的调查分析能力。他把耶律德光赏赐的钱统统买成木炭御寒，做好过冬准备，也是向外界表示，准备在契丹本土待下去，跟契丹继续合作。耶律德光获悉此事，恩准他回后晋。他又是上表请留，又是拖延时日，搞得契丹人莫名其妙。好不容易离开契丹首都，他还让大家慢悠悠地，走了两个月才回到后晋。面对手下人的不解，他的回答颇有些意外："走得再快，契丹快马也会迅速追上我们，倒不如走得慢一些，让他们搞不懂我的意图。"

冯道的智慧不光表现在调查分析上，还表现在出色的演技上。

耶律德光跟他的一段对话，是这个桥段的经典镜头。《新五代史·冯道传》记录了这一切：

> 德光责道事晋无状，道不能对。又问曰："何以来朝？"对曰："无城无兵，安敢不来。"德光诮之曰："尔是何等老子？"对曰："无才无德痴顽老子。"德光喜，以道为太傅。

冯道的话语，似乎充满了辛辣和自黑，让人感到无耻，甚至令人作呕。然而，考虑到契丹以"打草谷"为名劫掠中原，烧杀无度的客观背景，能在如此环境下保全自己已属不易，遑论尊严。冯道用以退为进的隐忍术，换取了"留得青山在，不愁没柴烧"的结局。

> 耶律德光尝问道曰："天下百姓如何救得？"道为俳语
> 以对曰："此时佛出救不得，惟皇帝救得。"人皆以谓契丹
> 不夷灭中国之人者，赖道一言之善也。

冯道将耶律德光捧到比佛还靠谱的地步，用语言魅力征服了这位嗜杀的统治者，从而减少了其后的杀戮，挽救了许多性命。这样的结局再次印证了冯道能屈能伸的实用主义精神，虽然不怎么好看，但确实对自己、对民族、对国家都管用。因而，"当世之士无贤愚皆仰道为元老，而喜为之称誉"。

据《新五代史·冯道传》记载可知，对于自己的这套做派，冯道有独到的个人辩白："孝于家，忠于国，为子、为弟、为人臣、为师长、为夫、为父，有子、有孙。时开一卷，时饮一杯，食味、别声、被色，老安于当代，老而自乐，何乐如之？"他自诩"长乐老"，重在先保全自己，再保全他人；跟皇帝交流，更多的是探讨、提议，而不是争辩、苦劝。这样的大臣，这样的态度，刚愎自用的皇帝们都很受用。这也是冯道能"长乐"的关键因素。

时代在变，引领时代潮流的人在变，冯道的思维却随着年龄的增长而日渐僵化。当他迎来人生中最后一任领导——后周世宗柴荣的时候，他依然抱着"以不变应万变"的"长乐老"做派，这位领导却没当回事。

> 世宗初即位，刘旻攻上党，世宗曰："刘旻少我，谓
> 我新立而国有大丧，必不能出兵以战。且善用兵者出其不

意，吾当自将去之。"道乃切谏，以为不可。世宗曰："吾见唐太宗平定天下，敌无大小皆亲征。"道曰："陛下未可比唐太宗。"世宗曰："刘旻乌合之众，若遇我师，如山压卵。"道曰："陛下作得山定否？"世宗怒，起去，卒自将击旻，果败旻于高平。世宗取淮南，定三关，威武之振自高平始。其击旻也，鄙道不以从行，以为太祖山陵使。葬毕而道卒，年七十三……

《新五代史·冯道传》记述的这段对白，成了冯道职业生涯的绝唱。他认真评估了北汉和后周的实力，断定后周打不赢，因而坚决主张避战自保。没想到，柴荣心比天高，打仗勇猛，居然在高平把强敌打败了。趁着这股得胜的热乎劲儿，到处攻伐，屡有斩获，为北宋的统一打下一些基础。

看到年轻人厚积薄发的冲劲和势头，或许冯道终于意识到自己老了，该离开舞台了。恰恰柴荣对冯道的行事风格颇不满意，索性给他个"太祖山陵使"的头衔，让去给先帝修陵。

冯道的离去，意味着一个时代的结束。乱世中的实用主义精神，将给治世的理想主义和现实主义精神让路。

平心而论，冯道的节操固然是不够严谨，但也不至于碎满地；道德谈不上高尚，但也没那么低端。从历史的大趋势看，他还做了一些为人称道的贡献。他所展现的为官之道、立身之法，乃至在生命轨迹里找到的幸福，正是五代乱世的特殊环境造就的奇葩。

五、杯酒释兵权：矫枉过正留隐患

冯道死后没几年，后周的殿前都点检赵匡胤黄袍加身，从将军变身皇帝，就在陈桥这座普通的驿站，开启了北宋王朝的风雨历程。

赵匡胤是聪明人，经历了五代十国的乱世，他最希望做到的就是不再重蹈五代覆辙，让宋朝传之万世。为达此目的，必须做到两条：重建中央集权，结束藩镇割据。

建隆元年（960年）的一天，赵匡胤把谋士赵普找来，向他郑重提了一个问题："唐末以来几十年间，皇帝换了八姓，争战无休无止，这究竟是为什么？如果我打算结束战乱，建设持久稳定的社会，有什么好办法吗？"

赵普虽然贪财，但脑瓜好使。皇帝考虑的事，他早就站在皇帝的角度思忖再三了。赵普迅速亮明观点：乱世的症结，就是藩镇割据，君弱臣强。想要根治，办法也简单。藩镇不是权力很大吗？只要把它的权力缩小就行了。也就是"稍夺其权，制其钱谷，收其精兵"，让节度使的财权、兵权化为乌有，威胁自然解除，天下自然太平。

赵普的一席话，说到了赵匡胤的心坎上。范浚的《五代论》里曾说："兵权所在，则随以兴，兵权所去，则随以亡。"后晋的成德节度使安重荣也说了一句大实话："天子兵强马壮者当为之，宁有种耶！"兵权，成为政局转换的决定性因素；放眼宋朝武装力量，禁军无疑是战斗力最强和最靠近皇帝的部队。赵匡胤能够发动陈桥兵变，推翻后周政权，靠的就是这支部队。要想控制兵权，必须先控制禁军。

建隆二年（961年）七月初九日晚，赵匡胤把石守信、高怀德等禁军将领留下来喝酒。他喝着喝着，就开始慨叹皇帝难做，表达了对黄袍加身这幕剧情重演的担忧。他在酒席上软硬兼施，使一批禁军功臣害怕猜忌，主动交出帅印，解甲归田，去担任地位崇高、有名无实的节度使。他们可以多买歌儿舞女，日夜饮酒相欢，多置良田美宅，贪图富贵，但兵权收归中央，行政权和财权划归地方州县。将军们都成了光杆司令。这就是"杯酒释兵权"的来历。

这不是鸿门宴，而是一场双赢的晚餐。几杯酒，解决了功臣安置的历史性难题。皇帝和将军们找到了最大公约数，各取所需。皇帝得到了兵权，卧榻之旁不容他人酣睡；将军们得到了实惠，特别是最高领导人的信任，像高怀德还娶了赵匡胤的妹妹，石守信和王审琦的儿子还当了驸马，张令铎的女儿则嫁给赵匡胤的三弟赵光美，彼此联姻，千丝万缕，剪不断，理还乱，谁还敢造反。君臣互信，是维系国家长治久安的基石。这方面，赵匡胤比杀光功臣的刘邦，不知要高明多少倍。

解除禁军将领的兵权，还只是赵匡胤改革宋朝军事体制的第一步。接下来，这位新皇帝又打出了一系列组合拳：

殿前都点检，是禁军的总头目，权力很大。赵匡胤就是由此黄袍加身，登上皇位的。因此，这个职务就成了高危岗位，没人敢接盘了。于是，赵匡胤直接将其废除，将禁军的指挥权一分为三，分别由殿前都指挥司、侍卫亲军马军都指挥司和侍卫亲军步军都指挥司"三衙"统领。担任这些职位的将军，不再是经验丰富、人脉广泛的宿将，而是资历浅、威望低、老实听话的中青年将领。他们各自兵权残缺，互相牵制，调动禁军的最后决定权，一律上收到皇帝手里。

安史之乱之所以能闹大，头轻脚重的全国兵力部署状况是个重要原因。因此，赵匡胤一定要反其道行之，不断强化禁军，弱化地方军队。只要有灾荒，就向全国农村征召身强力壮的青年农民入伍，充当禁军。于是，禁军就由拱卫京城的皇家御林军，演变为国家一线常备军，而以"厢军"为代表的地方部队，不仅装备薄弱、待遇较差，兵员素质也不好，基本演化为维持地方治安和干杂活的预备役部队。到宋仁宗时期，全国一百二十五万军队里，有八十多万禁军，强干弱枝的局面终于形成。

宋太祖的军事分权改革，是他加强专制主义中央集权的一系列政治改革中的一环。他从政治、经济、军事等领域，确实根除了藩镇割据存在的土壤，打散了地方军阀可能集聚的各种资源。无论是出发点还是正面效果，都是积极的。这种"分权"和"制约"的思想，即便不能称为"三权分立"的滥觞，至少也说明宋代皇帝的治国思维走在了时代前列。

然而，"早熟"总会遇到不适，长身体和社会改革都是一样的道理。军事分权改革，虽然解决了将军拥兵自重的问题，但给宋王朝带来的中长期后遗症，却是无法克服的死结。

"杯酒释兵权"，将军不仅释放了兵权，也释放了指挥作战的主动性和主导权。战争不比"公文旅行"，战场形势瞬息万变，光靠皇帝事先授予的阵图和后方的调遣，哪跟得上节奏！北宋在跟契丹、西夏的战争中屡吃败仗，跟兵权分散、制约和最高军事决策权高度集中脱不开干系。

禁军的大幅度扩张，固然将受灾青年收入"体制内"吃皇粮，避免他们浪迹乡野，落草为寇，但如此无节制的征兵，也会让皇粮受不了。于是，为了限权，搞出一堆"冗官"；为了限兵，搞出一堆"冗兵"；两者给财政增加的负担，转变成"冗费"。尽管宋朝足够富庶，但浩大的财政支出，让这个看起来很肥的帝国变得外强中干，积贫积弱，难以自拔。

这些放弃兵权的武夫悍将，无一不是贪财好色之辈。战场上的凶悍被强制收敛，他们只能在其他方面大肆释放。于是，吏治更加腐败，老百姓就遭殃了。据《宋史》可概述如下：

——石守信"累任节镇，专务聚敛，积财巨万"。

——楚昭辅"颇吝啬，前后赐予万计，悉聚而畜之。尝引宾客故旧至藏中纵观，且曰：'吾无汗马劳，徒以际会得此，吾为国家守尔，后当献于上。'及罢机务，悉以市善田宅，时论鄙之"。

——崔彦进"频立战功，然好聚财货，所至无善政"。

——田景咸"性鄙吝，务聚敛，每使命至，惟设肉一器，宾主共食"。

——王晖"性亦吝啬，赀甚富，而妻子饭疏粝，纵部曲诛求，民甚苦之"。

——张铎在当地以权谋私，"州官岁市马，铎厚增其直而私取之，累至十六万贯，及擅借公帑钱万余缗，侵用官曲六千四百饼"。

——王全斌本来官声清廉，"轻财重士，不求声誉，宽厚容众，军旅乐为之用"。然而，"杯酒释兵权"后，他堕落了，率军攻克后蜀后，纵兵大掠，"侵侮宪章，专杀降兵，擅开公帑，豪夺妇女，广纳货财，敛万民之怨嗟，致群盗之充斥"。

也许，他们是争相表现出自轻自贱的形象，让皇帝不再怀疑他们有不臣之心。然而，"自污"的后果，就是大家争相堕落，就是这些标杆性人物带来的社会风气的异化。这无疑是宋太祖赵匡胤国家治理、军队治理的问题所在。

糟糕的是，赵匡胤定下的做法，本来是短期行为，并非长效机制，却被后世尊为"祖宗家法"。定下来容易，改起来就难了。

六、元代行省：外强中干的封疆大吏

今天中国的省，其名称的起源，跟元朝的"行省"有着割不断的联系。不过，元朝的行省，最早并非地方一级行政区划，而是朝廷中书省的派出机构，其组织形式比较类似于隋唐时代的行台，以及金朝的行台尚书省。

行省的权力很大，"凡钱粮、兵甲、屯种、漕运、军国重事，无不领之"。它的职能，囊括了"外廷之谋议，庶府之禀承，兵民之号令，财赋之简稽"。可以说，无所不包，无所不能。

不过，行省的扩权，并不意味着行省长官能像唐后期的藩镇节度使一样恣意妄为，割据地方。有两个例子，很能说明问题。

第一个例子出自《元史》。

朝廷下诏，恩赐宝钞万锭给晋王也孙铁木儿，但实际只给了八千。也孙铁木儿很不高兴，就奏请皇上，要求把数给够。元武宗就问中书省，怎么这种事都敢克扣呢？

中书省的官员答道："帑藏空竭，常赋岁钞四百万锭，各省备用之外，入京师者二百八十万锭……臣等虑财用不给，敢以上闻。"

言外之意，由于府库空虚，不敢给够。

元武宗很生气，要求户部再给一千，剩下的让陕西省来替朝廷筹措。

中书省克扣钱粮的行为有些离奇，但我们更关注的，是中书省官员这番话里提到的几个数据。

各省收来的赋税，70%都解往中央，只有30%留在地方。这种财政上强干弱枝的做法，使地方上的行中书省纵然权力再大，也只能是总揽地方大权，根本没有经济实力跟中央对抗。中央与地方在财政收入上七三分成的做法，似乎就成了以后历朝的惯例。

还要注意，留在地方的30%，只是说"各省备用"，并没有提及州县。这说明，对于仅有的这点地方留用资金，真正具有支配权的是行省。显然，行中书省确实是手握地方财权。而皇帝能够让陕西行省筹措一千锭的恩赐缺口，也说明行中书省的仓库并非空空如也。按照朝廷规定，行中书省对一千锭以下的宝钞有随意支配权，无须上报朝廷。因此，即便不算数量更加庞大的"羡余"，仅正常的财政收入，仍足以令行中书省居于当地强势。

到了元朝末年，也就是元顺帝至正五年（1345年），河南行省掾范孟等人冒充朝廷使者，假传圣旨，在行省官署杀害封疆大吏。平章政事月鲁帖木儿、左丞劫烈没有任何反抗，竟然引颈就戮，先后遇害。作为行省的一二把手，面对死亡之所以没有反抗，就是因为他们对那份"圣旨"有所忌惮，甚至是习惯于衔命，无条件服从。这样的事虽然令人啼笑皆非，但也充分说明，行省纵然大权在握，生杀予夺仍操之于朝廷，他们无法造次。

试想，在唐末藩镇割据的时代，这样的场面会出现吗？

一个看起来全能的地方当局，对中央政权如此俯首帖耳，这不正是宋太祖们梦寐以求的结果吗？

这几本书值得读一读：

1.〔宋〕薛居正等：《旧五代史》，北京：中华书局，1976年。

2.〔宋〕欧阳修：《新五代史》，北京：中华书局，1974年。

3.〔元〕脱脱等：《宋史》，北京：中华书局，1985年。

4.〔宋〕李焘：《续资治通鉴长编》，北京：中华书局，2004年。

5.〔明〕宋濂：《元史》，北京：中华书局，2016年。

6.〔宋〕马端临：《文献通考》，北京：中华书局，2011年。

7. 陈寅恪：《隋唐制度渊源略论稿》，上海：上海古籍出版社，1982年。

8. 陈寅恪：《唐代政治史述论稿》，上海：上海古籍出版社，1982年。

9. 张国刚：《唐代藩镇研究》(增订版)，北京：中国人民大学出版社，2010年。

10. 唐长孺：《唐书兵志笺正》，北京：科学出版社，1957年。

11. 谷霁光：《府兵制度考释》，上海：上海人民出版社，1962年。

12. 韩昇：《盛唐的背影》，北京：北京出版社，福州：海峡书局，2013年。

13. 张泽咸：《五代十国史》，北京：中国大百科全书出版社，2012年。

14. 邓小南：《祖宗之法：北宋前期政治述略》，北京：生活·读书·新知三联书店，2006年。

15. 李治安：《元代行省制度》，北京：中华书局，2011年。

第二专题

外向与内敛：经济的转型

唐宋之变，是中国历史上重要的经济转型的关键。三场革命共同构成了这场转型的基石。

　　——制度革命。两税法的全面推行，以及王安石变法的诸多尝试，是国家运用财政和金融手段调控经济、增加收入、实现税收合理化的有益尝试，某些思路已经具有近代要素和国家资本主义色彩，在中国财政金融史上写下了浓墨重彩的篇章。城市管理思维由刻板到包容，推进了城市商业的繁荣和市民文化的形成。

　　——交通革命。陆上丝绸之路由盛而衰，并没有阻止中国人寻求对外开放之路。海上丝绸之路的兴起和扩大，将作为陆地国家的中国带入了蓝色文明的门口，走出了一条与西方殖民主义完全不同的海上扩张之路，领先西方几百年实现了中国与世界的密切联系，引领了以中国为牵引力的世界市场的形成。

　　——科技革命。三大发明的广泛运用，以及制瓷、造船、天文观测、焦炭冶炼技术独步全球，使中国本有机会引领全球开启第一次现代能源和制造业革命的序幕。尽管在科技转化为生产力方面，中国人似乎徘徊良久，没能再进一步，但超前的科技成果，足以为中华文明的发展进步增添更多动力。

　　需要注意的是，伴随着经济领域这三场革命的，是经济视野由外向到内敛的转变。宋元以后，中国人对海洋由拥抱而恐惧，对新经济制度由欢迎到拒绝，对科技成果由开创而总结，对外部世界由知晓到陌生。唐宋时代的经济转型，则是这些变化的重要动因。而这些变化，在很大程度上左右了近代中国和中国人的命运。

第四章
制度转型

　　贞元三年（787年）十二月的一天，在长安城外打猎的唐德宗，偶入一农户家里。按说，天子驾临，百姓肯定受宠若惊。可是，这位名叫赵光奇的农民，却对皇帝一通抱怨。

　　《唐会要·行幸》记载了这段不寻常的对话。

> 　　（德宗）问曰："百姓乐乎？"
>
> 　　对曰："不乐。"
>
> 　　上曰："仍岁颇稔，何不乐乎？"
>
> 　　对曰："盖由陛下诏令不信于人，所以然也。前诏云'于两税之外悉无他徭'，今非两税而诛求者殆过之；后诏云'和籴于百姓'，曾不识一钱而强取之；始云'所籴粟麦，纳于道次'，今则遣致于京西，破产奉役，不能支也。百姓愁苦如此，何有于乐乎？"

　　赵光奇的答语，出乎所有人意料。唐德宗也百思不得其解。自己苦心推行的两税法，本该是减并杂税的善政，却让百姓负担不减反增；自己许下的"除两税外，应有权宜科率差使，一切悉停"的郑重承诺，不仅没能兑现，反而成了政府失信的证据。

一个普通人，面对皇帝，冒着杀头风险来吐槽，根子就是"政策是不坏，但执行得不正经"。"跑偏"，或许是唐宋时期诸多经济政策的通病。

一、均田制：传统盛世的发动机

均田，是几千年来广大农民的梦想。正所谓"有恒产者有恒心"。毕竟，田地意味着饭碗。相对公平、均等地占有耕地，是维系小农经济健康成长的基础。

然而，真正的"均田"是童话，土地分配不均才是传统社会[①]的常态。由此导致的土地兼并，使作为农业社会的中间阶层（即自耕农）大量减少。土地是农民的命根子，关乎吃饱穿暖的基本生存命题。一旦没了地，农民就失去了吃饭的家伙，演化出生存危机。对他们来说，此时只有两种选择：一是甘当贫雇农，终日给地主打工，收入微薄，难以糊口，永无翻身之日；二是揭竿而起，对朝廷投出不信任票。

其实，很多农民起义打出的旗号，都是"均田"。几乎所有封建王朝的倒台，土地问题是重要原因。当然，也有些封建王朝未雨绸缪，在土地问题上做了点文章。最有名的，当属北魏至隋唐推行的均田制。

均田制得以推行，得益于两个要素：一是国家占有大量耕地，二是国家控制相当人口。两者缺一不可。占有土地的前提，是荒地

---

① 这里所谓"传统社会"，主要是指在中国维系较久、渊源深厚、以农耕文化为主的封建社会，自战国至清前期。

成片，官府随意圈占储备，这种情况多半出现在战乱之后；控制人口，就是通过分配耕地招徕自耕农，获得稳定可靠的征税对象。无论是北魏前期，还是隋及唐初，这两个条件都具备。

均田制鲜明地体现了"将欲取之，必先予之"的文化内涵。按照唐朝的规定，按人头分配的土地，包括"口分田"和"永业田"。前者是典型的"两权分离"，均田农民生前随意耕种，充分享受口分田的使用权，死后还给官府，尊重官府对口分田的所有权。后者是"两权合一"，全归均田农民私有，可以世袭。官府给丁男、中男(中青年男性农民)授口分田八十亩，永业田二十亩，老人、妇女、僧道、商人授田略有减少。

国家的地不白给。拿到均田的农民，要给国家纳粮当差，提供服务。国家用租庸调制将这些服务统合起来，便于管理。

《全唐文·陆贽六·均节赋税恤百姓六条》如此记载：

> 国朝著令，赋役之法有三：一曰租，二曰调，三曰庸……此三道者，皆宗本前哲之规模，参考历代之利害。其取法也远，其立意也深，其敛财也均，其域人也固，其裁规也简，其备虑也周。有田则有租，有家则有调，有身则有庸……以之厚生，则不提防而家业可久；以之成务，则不较阅而众寡可知；以之为理，则法不烦而教化行；以之成赋，则下不困而上用足。

具体来说，每丁每年要向国家交纳粟二石，称作租；交纳绢二丈、绵三两或布二丈五尺、麻三斤，称作调；服徭役二十天，闰年加二日，是为正役，或每丁可按每天交纳绢三尺或布三尺七寸五分的标准，交足二十天的数额以代役，称作庸。三者相加，构成了唐朝财政收入的主要来源。

除了缴税服役，当兵也是均田农民的一项推卸不掉的义务。府兵制是北魏至隋唐的一项特殊的军事制度。北魏时期，朝廷对居于统治地位的鲜卑族给予了多项特权，其中一项就是，只要家里有人当兵，就可以免全家的赋税徭役。到了隋朝，这项政策扩大到所有男子，不分民族。

与以往的军事制度不同，府兵制有三个独特要素不能不提：

其一，当兵的都是均田农民，领了国家分配的土地，替国家扛枪打仗，是义务。因此，府兵制的兵，是义务兵，不是雇佣兵、职业兵。他们的本职是农民，平时种地，打仗的时候集合。这样可以节约和平年代国家养兵的庞大开销，保障农业的正常发展。

其二，府兵是权利和义务的集合体。说权利，给国家当府兵，可以免赋税徭役；说义务，当兵服役的期限从二十一岁到五十九岁，一个男人一辈子最好的年华，几乎都奉献给了国防事业。更重要的一项义务，是当兵还要自备干粮，军资、衣装、轻武器和上番赴役途中的粮食，都须自掏腰包，自己埋单。每火（十人）还要一起准备用于运输的马六匹，即"六驮马"。当然，这些自备的后勤补给，都要从国家拨发的口分田和永业田里产出。

其三，军府设置头重脚轻。这些士兵都被编排在军府（折冲府）里。唐代军府最多的时候，有六百三十三个。其中关内道二百六十一府，河东、河南、河北、陇右数量略少，其他诸道数量更少，多不过十，少止二三府。这样，就形成了"居重驭轻"，"举关中之众以临四方"的态势。

由此可见，租庸调制维系了唐王朝的财政收入，府兵制维系了唐王朝的军事安全，而这一切都离不开均田制这个经济基础。甚至可以说，大唐盛世的背后，就是均田制及其基础上的租庸调制和府兵制。

可是，均田制毕竟是小农社会的顶层设计，它无法脱离传统农业社会自身的痼疾和轮回。

无论是永业田，还是口分田，在朝廷看来，都是用来种的，不是用来卖的。可是，唐王朝还是给它们开了一个自由流转的口子。比方说，贵族官僚的永业田和赐田，可以自由出卖；百姓如果要迁居他地，或者无力丧葬，可以出卖永业田；如果向地多人少的"宽乡"迁徙（用今天的话说就是"疏解"），就可以买卖口分田，但购置土地的数量不能超过本人应占的法定额度（最多二十亩）。

开的口子虽然有限度，但只要开了，便再也关不上了。到了开元、天宝年间，口分田和永业田的转让案例层出不穷，其结果就是土地兼并。富者连田阡陌，贫者无立锥之地。失去土地的农民，便不再是自耕农了。国家再没有更多自有土地来对失地农民做一次再分配。没有了口分田和永业田作为经济基础，纳税和当兵便没了后勤保障。于是，均田制的瓦解，导致租庸调制和府兵制名存实亡。

安史之乱爆发，没了府兵制保驾护航的朝廷，面对久经沙场的塞外强兵，显得懦弱无助，花钱招募的拼凑之师在前线一触即溃，洛阳、长安先后沦陷。没有租庸调制打底的朝廷，经过八年平叛的折腾和庞大开销，几乎精疲力竭。

盛世浮华，瞬间时局艰困。摆在唐朝统治者面前的经济难题，亟待破解。

该怎么办？

二、两税法：财富分配的新思路

大历十四年（779年），唐德宗李适登基。这位年轻的君王踌躇满志，打算把祖辈留下来的烂摊子逐一拾掇好，做个"中兴之主"。可是，从哪儿入手？

兵马未动，粮草先行。想干事创业，得先有第一桶金。可是，国家赖以维系经济基础的均田制，已经不可能再恢复了。当务之急，就要为租庸调制找个替身，为朝廷财政寻找新的税源，捋顺税制。

就在这年，宰相杨炎将准备许久的税改方案和盘托出。经过半年的君臣研议，唐德宗力排众议，决定不搞试点，直接向全国推行。第二年正月，这个名曰"两税法"的新税制，连同新皇帝的第一个年号"建中"一起，在全国人民面前亮相。

杨炎的这套税改方案，就是冲着这些年的烂摊子去的，据《旧唐书·杨炎传》载，其至少做了五方面改进。

——量出制入。一反"量入为出"的传统财政原则，提出"先度其数而赋于人"。先对国家财政支出做预算，再据此核算与之匹配的财政收入。这种需求端导入的财政治理模式，开创了编制财政预算的先河。

——优化标的。"以资产为宗"，就是按土地、财产的多少来确定应纳税额。"其田亩之税，率以大历十四年垦田之数为准，而均征之。"计税简便易行，拓宽征税广度，体现公平公正。

——归并税费。将繁杂的税费简化归并为户税和地税，以居住地户籍人口和财产状况分别课税。居无定所的商人，在途经州县纳税。有利于税制简化和税负瘦身，堪称唐代版"费改税"。

——折币纳税。规定除田亩税以谷物形式交纳，其他类型赋税一律折合成钱币缴纳。使农民必须将应税物资运到市场上售卖，换取钱币缴税，同时繁荣商品经济，提高货币信用度和流通效率。

——定期纳税。一年分夏秋两次征收。"夏税无过六月，秋税无过十一月。"对于纳税人来说，只交一次即可。如有延误纳税等特殊情况，可由有关部门统筹协调。

缴税分两季，税种分两类，故名曰"两税法"。

两税法出台后，得到当时高层和后世史学家的高度评价。翰林学士陆贽就称赞杨炎"扫租庸调之成规，创两税之新制"。胡钧《中国财政史》称赞两税法"杜侵欺，均贫富，既可救一时之弊，而其简单易行，规模式廓，尤足以笼罩千年"。

从内容上看，两税法新政有利于增加国家财政收入，有利于减轻百姓负担；从战略上看，两税法是用经济手段将各地的财政自主权收归中央，能够起到对藩镇割据釜底抽薪的作用。然而，新政的实施，不仅顶层设计要符合实际，还要得到有力执行。唐德宗治下的帝国官僚体系，能否将好事办好？

农户赵光奇揭开了"皇帝的新装"。唐德宗宽容了他的直爽，还给予了"复除其家"的全家免税待遇。可是，唐德宗的心情并不舒畅。本来，他踌躇满志，苦心孤诣地推行两税法，以为这就是重整河山的灵丹妙药。为此，他三令五申"除两税外，应有权宜科率、差使一切悉停"，就是怕好经念歪。可是，两税法落地后带给百姓的并非是福音，而是更多的负担，没有给朝廷带来好名声，只留下政府失信的一地鸡毛。

赵光奇抱怨的两税之外，还有其他税费，这些只是好经念歪、善政跑偏的一个缩影。

贞元十年（794年）五月，时任中书侍郎、同平章事陆贽就发现，两税法的具体设计有重大疏漏：没有规定全国统一税额，州府掌握征税自主权，各地税负轻重差异较大，税收统计、解送工作混乱无序。凡此种种，就是给执行层面的胡作非为开了绿灯。

糟糕的是，各州府在执行时，不但将过去征税最多年份的税额定为今后的两税定额，甚至借机将苛捐杂税也并入两税。如此一来，税负地区差拉大了，一些非法摊派也被包上了"合法"的外衣。紧接着，就是逃税现象加剧，纳税人从重税区逃到轻税区，官府为了完成征税任务，便把逃掉的纳税人该交的税，摊派到待在原地没有逃税的老实人头上。这么做，只能令纳税户的逃税冲动更强烈，逃税事件更加层出不穷。

由于官府审核不严，以资产多寡为征税依据的两税法原则根本落不了地。官府的懒政，导致很多人资产变动了但税额依旧。久而久之，豪强兼并愈多、资产愈丰而税负愈轻，贫民即便失业破产，照样要按原先的额度纳税，税负反而加重。

两税法主张货币化纳税，这本是商品经济发展的助推器，在实际操作中却给纳税人平添许多麻烦。比如农民必须将要纳税的粮食布匹运到京城，不仅徒增运费，还要就地卖掉，变现纳税。由于农民无法掌控货币市场行情，在变现过程中还不得不承受通货紧缩的风险。由于经济衰退，铜钱升值，按实物计算，在货币税额不变的情况下，实际税负加重了。

如果只是客观因素带来的灾难，尚可商榷。问题是，官府居心不良，活脱脱成了一个又一个红顶"奸商"。

实物变现，对纳税人来说，有"虚估"和"实估"两种价格。前者是中央政府制定的保护价，高于当时市场价；后者是地方自行制定的官价，选取当时最低的市场价为标准。有些官府利用两者的价差，实价收购实物，再虚价卖给百姓，牟取暴利。

更有甚者，从中央到地方，借口打仗，群起加税，开征新税。两税法实施不久，便自废武功。贞元九年（793年），唐德宗大赦天下，宣布"诸司使及诸州府，除两税外，别有科配，悉宜禁绝"。各地接旨后，只当它是一纸空文。

两税法的悲剧，还不是两税法本身，而是它的发明人杨炎。曾几何时，他位极人臣，深受皇恩，成就斐然，风光无限。可是，他毕竟人在官场，身不由己，原本只是技术官僚，却陷入了无休止的派系倾轧之中。先是整死大批政敌，又把责任推卸给皇帝。当皇帝对他不再信任，不复耐烦后，他的好日子也就到头了。

就在两税法颁布的第二年，杨炎告别了宰相大位，走上了流放之路。行至岭南，他感慨良多，赋诗一首，寄托情怀：

一去一万里，千之千不还。崖州在何处？生度鬼门关。

斯人已去，这不仅仅是杨炎的悲剧。

三、王安石变法：深接地气的改革

说到王安石，一千年来，人们对他的指摘，无外乎两方面：一是变法的是是非非，二是生活习惯和治学风气。我们先谈谈"二"，再引申到"一"。

王安石的变法惊天动地，但他的日常生活确实很邋遢。

在扬州签判任上，知州知府韩琦前来视察。中央大员亲监，作为地方官，王安石当然不能放过这次难得的见面机会。可是，他急匆匆赶来，不修边幅，衣冠不整。韩琦以为他沉迷鸳鸯蝴蝶梦，睡过了头，便苦口婆心地一番教育。其实，王安石只是秉烛夜读，直至拂晓才小睡片刻。他把更多的时间用在学习，而非自我修饰之上。

进京做官以后，他的邋遢习性依旧未改。有次坐在府宅门口读书，由于衣衫褴褛，竟然被登门的客人误以为是看门人，还被使唤去屋内通禀，闹出笑话。

当然，他这邋遢的毛病倒未必总是坏事。

一次，王安石的夫人吴氏借了公家一把椅子，一直忘了归还。这种小事，王安石也不愿拉下脸来提醒夫人。于是，他要了个小心眼，自己穿着邋遢，就在这把椅子上坐了一会儿。吴夫人最看不惯自己夫君这副德行，马上就让人把椅子拿走了。

民以食为天。说到吃饭，王安石的习惯也很奇特。一次，有人告诉吴夫人，说她丈夫吃饭时不吃别的菜，只吃鹿肉丝，直至"光盘"。吴夫人听罢，笑问："你们把鹿肉丝摆在什么地方了？"大家说:"摆在王大人面前啊。"夫人笑而不语。第二天午餐时,夫人把菜的位置换了一下,王安石面前变成了一份青菜,鹿肉丝则摆得很远。结果,青菜"光盘",鹿肉丝一口没动。原来,他只吃眼前的菜,其他菜一律不闻不问。

这些异于常人的"怪癖",塑造了有血有肉的王安石。也正是生活上的"不讲究",使王安石能够全身心投入到变法事业,谱写了北宋王朝波澜壮阔的一段历史篇章。

王安石的为官履历是比较完整的。父亲王益做过临川军判官,王安石从小就受到较为正统的中低级官僚家庭熏陶,既熟悉官场基本游戏规则,又"接地气",了解民生疾苦。在科举考试高中进士后,他放弃了在京为官的机会,历任淮南节度判官、鄞县(鄞州区)知县、舒州通判、常州知州等地方官,足迹遍布大江南北,既饱览名山大川,写就不少佳句,又熟稔地方民情,洞悉社会弊病所在。因此,当他结束十六年各地宦海生涯,回到京城担任度支判官后,便有了《上仁宗皇帝言事书》。

这份万言书总结了他多年的为官经历,指出了国家积弊日深的现实,即经济困窘、社会风气败坏、国防安全堪忧,又一针见血地指出病灶所在,即为政者不懂法度。他开出的药方,则是在效法古圣先贤之道的基础上,改革制度,不拘一格降人才。

王安石的万言书,点到了北宋中叶社会问题的病灶所在。他的眼光和智慧,多少有其父亲的影子。当年父亲王益当基层官员,属地有士兵串通,准备哗变。由于城内守军人数较少,难以抵挡,官员们听说此事,都胆战心惊,唯有王益不动声色。当天夜里,他派人秘密潜入军营,将带头闹事的五个士兵抓走。一场兵变就这样流产了。王益临阵不乱、抓大放小的思维习惯，给了王安石很大启发。

虽说问题讲到了点子上，可此时上书，显然有点"不讲政治"。

北宋初年，宋太祖赵匡胤为了改变唐末以来藩镇割据带来的皇权旁落、政权更迭的局面，打出了一套"矫枉过正"的中央集权组合拳。

简单说来，就是将相权一分为三（同平章事、枢密使、三司使），军权一分为二（兵部、枢密院），禁军主帅殿前都点检的权力一分为三（殿前都指挥使、侍卫亲军马军都指挥使、侍卫亲军步军都指挥使），地方官权力一分为三（无权的节度使、实权的文官知州、管财政的诸道转运使）。

此外，赵匡胤还大量增加禁军员额，每逢灾荒年景，就招募破产农民入伍当兵；扩大开科取士的名额，增加知识分子进入仕途的机会；将禁军由皇家卫队发展成战略常备军，主力驻扎在京城附近，地方上仅有装备和待遇较差的厢军布防，只能担负维持地方治安和运输救灾等责任，从而形成头重脚轻的军事部署格局。

由此可见，赵匡胤加强中央集权的做法，就是通过分权形成权力互相制约，削弱地方割据的财经和行政基础，从而将最终决策权收归皇帝；通过分享吸纳更多资源进入统治集团，扩大统治基础，减少地方叛乱和割据的可能性。分而治之，分而享之，成为他克服国家分裂危险、走向集权统一之路的核心思路。

事情都有两面性，这么做的弊端也是显而易见的。

——分权催生了大量新机构和新官职，有的有职无权，有的职能重复，推诿扯皮现象层出不穷。当时的官职分为三类，荣誉头衔、恩荫官和差遣官。只有差遣官是办实事的，其他两类则分别属于功臣和官二代。由此形成所谓"冗官"。

——禁军大量征兵，却因防范武将而把指挥官和士兵截然分开，部队驻地频繁更换，战时临时委任元帅，临时调拨部队，临时授予阵图，要求打仗必须按阵图作战，不能随意更改作战计划。这样一来，"兵不知将，将不知兵"，不仅仗打不赢，而且由于这些士兵都是领军饷的雇佣兵，跟府兵制条件下的义务兵差异巨大，朝廷养兵负担沉重，形成所谓"冗兵"。

——每年花在养官、养兵和支付皇室奢华开销的费用，多如牛毛。相比之下，给契丹、西夏的岁币就显得很少，相当于朝廷以低廉的价格购买了多年和平。这些说不清道不明的大额支出，被称为"冗费"。

"三冗"不除，朝廷就有可能一直"积贫积弱"，直至肌体溃烂。宋仁宗庆历年间，范仲淹曾掀起一轮改革。在《答手诏条陈十事》中，范仲淹陈述了他的改革政纲，包括澄清吏治、改革科举、整修武备、减免徭役、发展农业等，涉及面广泛，也取得了诸如精简机构、科举务实、破格提拔特殊人才等积极成效。然而，革新搞了一年多，被扣上了"朋党"帽子而污名化，最终归于失败，突出体现了北宋中叶既得利益集团抵触改革的客观现实，以及变革面临的巨大阻力。

范仲淹的改革，是冲着"三冗"去的，但为什么形同昙花一现，迅速失败呢？最关键的一点，就是他在努力改变北宋君臣的思维定式：祖宗家法。宋太祖制定的一系列政策措施，被当作祖宗家法延续下来。任何胆敢做大尺度改动的，都会被视为异类。在祖宗家法的荫蔽下，很多既得利益者已经习惯原有的生活节奏，不希望新的变革打破他的宁静生活，以及剥夺他的既得利益。

范仲淹输了，却开了王安石变法的风气之先。

跟范仲淹相比，王安石是幸运的。一个有梦想、有追求、有主见的皇帝（宋神宗），一个没有迫在眉睫的内忧外患的宽松环境，给了王安石大展拳脚的足够空间，甚至允许他犯错、试错。面对"百年之积，惟存空簿"的危局，王安石挺身而出，勇敢挑起了这场11世纪中国改革运动的重担。

在宋太宗赵光义的子孙中，怯懦者居多，敢作敢为者罕见，宋神宗赵顼算是这罕见者中的一员。熙宁元年（1068年），他走上前台，梦想着革新弊政，建功立业，中兴大宋。他曾经全副戎装，召见范仲淹改革的成员富弼，希望这位当年力主改革的老臣能助自己一臂之力。可他感受到的，却是另一个富弼：不再积极进取，而是心灰意冷，墨守成规，成为既得利益者，反对皇帝富国强兵、对外开战。宋神宗颇为失望，举目四茫茫，满朝文武，竟找不到变法图强的知音。

当年，王安石的《上仁宗皇帝言事书》，呈送得很不是时候。宋仁宗不仅年事已高，进取心衰退，而且家务事缠身，无暇旁顾，处在一种得过且过的混沌状态。可是，这份万言书却给王安石打上了改革派的标签。因此，有人将他推荐给宋神宗。君臣问对，一拍即合。从政经验丰富，又是改革派，这不正是宋神宗需要的股肱之臣吗？

熙宁元年（1068年），王安石呈送了《本朝百年无事札子》，全面阐述了宋初以来国家太平无事背后的社会危机及其病灶所在，认为"大有为之时，正在今日"，期望宋神宗有所建树。次年二月，王安石调任参知政事，成为接下来变法浪潮的"总设计师"。朝廷还设立了制置三司条例司，跃于三司之上，作为变法细则的制定和指导机构，类似当年体改委或者发改委。

王安石变法的剑锋所指，就是"三冗"问题。他开出的药方，是经济上广泛开源，增加财政收入；政治上扩张机构，注入新鲜血液；军事上大胆放权，增强实战能力。概括起来，大概有三方面：

富国之法：青苗法、募役法、方田均税法、农田水利法、市易法、均输法。

——青苗法。每年青黄不接时节，由官府给农民发放贷款和贷粮，利息20%—30%。这个利率，在今天看来接近高利贷了，但在当时，远比民间放贷的利率低得多。相当于剥夺了民间高利贷的超额利润，既增加了官府收入，又减轻了贷款农民的负担。

——募役法。差役在封建社会是农民逃不掉的义务。王安石将其改为：不愿服役者按贫富等级给官府交免役钱，官府拿这个钱购买服务，雇人代役。只要不想服役，无论地位高低，身份贵贱，都要交钱。如此，不想服役的农民可以从繁重的劳役中解脱，专事农活，确保农业生产时间。同时，朝廷多了一个增收的进项。购买来的服务，权利（领工钱）和义务（服劳役）是大体匹配的，因而比农民光尽义务来服役要积极且有效率得多。

——方田均税法。对全国土地进行清理丈量，核实土地所有者，并将土地好坏分为五个等级，作为征税的依据。这样，以往大量隐瞒的土地被清理出来，官府掌握了更全面的耕地数据，财政收入显著增加。一些农民种的土地贫瘠，等级较低，纳税相应减少，得到实惠。

——农田水利法。鼓励各地垦荒、兴修水利，由当地住户按贫富等级出资资助，也可向州县官府贷款。由此，全国兴起了大兴水利工程之风，农田灌溉得到保障，有利于扩大耕地面积，发展农业生产，增加财政收入。

——市易法。朝廷在东京设立市易务，收购滞销货物，在市场短缺时再卖出。起到调节市场供需，稳定物价，促进商品流通和限制大商人行业垄断的作用。官府通过一买一卖，赚取差价，增加了财政收入。

——均输法。对宫廷需求和东南地区供应情况做全盘调研和了解，按照"徙贵就贱，用近易远"的原则进行统购统运，节约大量运输成本，减轻纳税户的运输负担，减少大商人对市场的操纵。

强兵之法：保甲法、裁兵法、将兵法、保马法、军器监法。

——保甲法。将充分调动乡民积极性，将其十家编为一保，家有两丁以上者，抽调一丁作为保丁，农忙时务农，农闲时军训。由此起到维护农村社会治安和建立全国性预备役部队的作用，也节约了养兵的大量训练和后勤保障费用。北宋末年，河南河北的保甲农户纷纷加入抗金斗争，牵制了金军铁骑对南方的进攻。

——裁兵法。整顿禁军和厢军，规定士兵五十岁必须退役。对禁军和厢军进行全面检测，作为中央战略部队的禁军，如有体测不合格者，清理出禁军，转至厢军。作为地方二线部队的厢军，如有体测不合格者，直接淘汰出局，回归原籍。这样一来，宋军员额减少了三分之一，兵员素质也有改观。

——将兵法。北宋初年制定的更戍法，令帅无常师，兵不知将，战场常有指挥失灵的事。王安石将各路驻军分为若干单位，每个单位设将和副将各一，负责军事训练。如此，兵将不再分离，有助于提升将在军中的威信，树立良好形象，也有利于在战时与士兵同甘苦，共患难，增强军队的战斗力和虎狼之气。

——保马法。改革养马模式，将官府的牧马监养马，改为由保甲民户养马。养马户从官府领养监马，或出钱自购，并减免赋税。民间饲养，数量和质量比官养更好，官府还可节约养马经费和精力。

——军器监法。设立军器监，督造兵器，严格管理，提高武器产量和质量。

取士之法：改革科举、整顿太学、唯才是举。

——改革科举。废除明经科，进士科改考经义和策论。关注考生对四书五经的理解程度，以及分析、研究社会问题的能力，重视选拔具有真才实学的人才。

——整顿太学。对太学分上舍生、内舍生和外舍生三个等级，按照程度不同因材施教。用平时考核取代科举考试，平时考核成绩优异者可不经科举直接做官。编纂《三经新义》，作为培训教材。设置武学、医学、律学专科学校，培养专门人才。

——唯才是举。提拔任用一批支持变法的中低级官员，给予舞台，让其发挥才干。

王安石变法的初衷，是要扭转北宋中叶积贫积弱的痼疾，实现富国强兵。注意，他重点关注的是国家的高积累、高税收，而不是百姓福祉。他要解决的是国家积贫积弱的问题，而不是填满老百姓的荷包。

显然，这样的变法，会在短期内实现国用富饶，但中长期效益难言乐观。更糟糕的是，变法本身也是"泥沙俱下"，可谓"萝卜快了不洗泥"，问题多多。从变法法令陆续公布伊始，变法派和反变法派的争议就从未停歇，史称"新旧党争"。

不可否认，王安石变法触动了既得利益者的"奶酪"。比如青苗法挡了高利贷放贷者的财路，方田均税法挖出了大地主隐匿的土地，逼迫他们纳税。这些做法，当然会招致守旧派的极力阻挠。当然，我们也要看到变法和变法派本身的问题。

第一，设计跑偏。既然要想办法使国家赚钱，新法就要把朝廷变成公司，变成赚钱机器。既是公权力机构，又是无所不能的无限责任公司，这样的朝廷，经济权力扩张到商业世界的各个领域。均输法给转运使操纵市场、低买高卖、牟取暴利提供了寻租空间；市易法则对各类商品流通越发垄断，连生活日用品也不放过，正常的商业秩序被破坏，商人们甚至以来开封做买卖为畏途，纷纷敬而远之，如此只能使物资供应紧缺，物价飞涨。

第二，新法变味。青苗法、募役法、保甲法等到了执行层面，成了地方官牟利的工具。不管老百姓有没有需要，只管变相摊派和强制收购，增加百姓负担。于是，新法在许多地方不得人心。熙宁四年（1071年），首都东京的百姓为了逃避保甲自断手腕。好经被坏和尚念歪了。有些糟糕现象不排除是守旧派杜撰或夸大，但变法带来的社会问题的确不少。

第三，选用非人。既然旧的官僚机构不靠谱，王安石干脆甩开旧人，起用新人。然而，那些缺乏官场历练的新人，一旦平步青云，便飘飘然，胡作非为，似乎只要支持新法便可上位。于是，新派官员鱼龙混杂，不乏吕惠卿这样的政治投机者。这样的政治集团，不仅业务能力有限，而且长期陷于官场倾轧，给变法事业带来了负面影响。

第四，王安石个性执拗。有人说，性格决定命运。这话用在王安石身上并不为过。他个性古怪执拗，固执己见，闹出不少笑话。王安石主持编纂的《三经新义》，不乏望文生义的讹误。比如把"坡"解释为"土地的皮"。有人就嘲笑他，说如果照这么解释，"滑"是否可以解释为"水的骨头"呢？然而，王安石依旧摆出一副"笑骂随你们，好官我来做"的态度，坚持推行新法。

然而，变法事业长期带病前行，总会有抛锚的时候。

熙宁七年（1074年）春，中原大旱，滴雨未下。守旧派以"天变"为借口，对王安石及其变法派开启了新一轮攻讦。新法在执行层面的弊端再次暴露，群情汹汹，民心不稳。监安上门郑侠绘制了一幅《流民图》，呈送宫中。一直支持王安石变法的宋神宗，再也顶不住各方压力，也认为"天变"非同小可，必须认真对待。连这位变法的支持者都信心动摇，变法事业的前途可想而知。

司马光《应诏言朝廷阙失状》中的指摘，曹太后和高太后（宋神宗的祖母和母亲）的哭诉，让宋神宗精神近乎崩溃。此时此刻，王安石已是四面楚歌，等待他的，只有下野一途。尽管随后不久，他又再次出任宰相，但从政环境业已恶化，变法事业难以维系。特别是皇帝"意颇厌之，事多不从"，不再无条件信任他，让王安石的处境日趋艰难。熙宁九年（1076年），王安石二度下野，退居江宁（今江苏南京），加之长子王雱病故，令他心灰意冷，从此告别了政治舞台。

王安石下台后，宋神宗重用变法派的其他官员，继续推行改革。他把年号改为"元丰"，这一时期的改革，就被称为"元丰改制"。

"元丰改制"打上了宋神宗鲜明的个人烙印。他大刀阔斧地改革官制，加强中央集权；他向边境地区用兵，打算专挑软柿子捏，结果跟西夏屡战屡败，劳民伤财，一地鸡毛。总之，"元丰改制"没有留下太多影响，便随着元丰八年（1085年）宋神宗的病逝而终结。

十岁的宋哲宗继位，高太后垂帘听政。原本她就看不上王安石和新法，现在她掌权了，自然要推倒新法，重用更加稳重的守旧派。于是，旧党代表人物司马光擢升为宰相。一场矫枉过正的"反攻倒算"开始了。新法全部被废除，无论是恶政，还是善政；新党全部被赶出决策层，无论是能人，还是庸人。哲宗的年号是"元祐"，因此这场政局剧变被称为"元祐更化"。

王安石听到这一切，长叹一声，沉默不语。几个月后，病逝于江宁。

清洗新法"大功告成"，司马光也走到了人生的终点。

如果说王安石和司马光的矛盾，只是两位时代才子在政见上的立场分歧，那么其后新党和旧党的斗争，就不再局限于政治主张，而是赤裸裸的利益之争，争的就是上位。新旧之争日益庸俗，成为派系倾轧的缩影。宋徽宗上台后，当标榜变法派的蔡京等人走上前台，变法事业已经彻底变质，原先为国敛财的工作思路，彻底蜕变为奸臣揽权和敛财的幌子。北宋的官僚政治集团，就在这样的内耗中逐渐衰颓，走向终点。

平心而论，王安石变法在一定程度上还是实现了富国强兵。

——官府开辟了更多财路，财政收入大幅提升。宋神宗时期的国库积蓄，可供朝廷二十年支出。有助于缓解冗费对财政的压力，摘掉"积贫"的帽子。大地主大商人的既得利益遭受打击，对农业生产的剥削有所减轻，税负较之以前更加公平，有助于经济发展。难能可贵的是，像市易法、青苗法等新政，带有在市场经济条件下发挥政府财政、税收等宏观调控作用的色彩，有所超前，促进了商品经济发展。

——军事领域的适度放权，特别是保甲法的推行，既有助于重塑完整健全的基层统治秩序，也建立了一支规模庞大的战略预备役部队，军人素质得到提高，原先被摒弃的"尚武"精神得到局部恢复。这为南宋初年的抗金斗争打下了良好的群众基础。熙宁六年（1073年），在王安石指挥下，熙河路经略安抚使王韶率军进攻吐蕃各部，收复河西五州，拓地两千多里，建立起防御西夏的新战线，是北宋在西线用兵的空前胜利。

——国家各领域重新建章立制。关于方田均税法，马端临在《文献通考·田赋考》中曾这样写道："自祖宗承五代之乱……而又田制不立，眂亩转易，丁口隐漏、兼并伪冒者，未尝考按，故赋入之利，视古为薄。……以东西南北各千步，当四十一顷六十六亩一百六十步为一方。……方量毕，以地及色参定肥瘠而分五等，以定税则。"没有规矩，不成方圆，王安石在为北宋的各项制度打补丁，立规矩。

平心而论，王安石变法的失败，除了三点自身痼疾，还有三个不可忽视的要素：

第一，祖宗家法。宋太祖和宋太宗制定的一系列制度，被后世皇帝认定为祖宗家法，不可轻易改动。这里既有儒家孝道放大到国家层面的意味，也有顶层思维模式日趋僵化的影响，更有既得利益者不愿改弦更张、改变利益输送模式的因素。总之，统治集团不想做原则性改变，维持现状是中短期内维护其既得利益的最佳方式。

第二，变法的基础。王安石变法，依靠的只有皇帝和一班政治投机家，这样的人事基础显然不牢靠。更糟糕的是，王安石变法的很多措施，不是经济发展内在需要的结果，而是应对以"三冗"为代表的政治危机的一种冲动。他希望国家能够包揽一切经济活动，但又逃不掉现实的政治体制，从而陷于困境，难以自拔。

第三，变法与民心。这不是一组深得人心、万众欢腾的新政。王安石变法所做的，一方面是为社会财富做加法，开源增加总量；另一方面是对分配规则做出修改。然而，当两个目的接近达成之际，他却竭泽而渔，把整个社会作为其敛财的对象，千方百计加赋，从而损害了社会各个阶层的利益。一些新政颁布过急，配套措施没跟上，造成一系列隐患，引起各方不满。事实上，但凡改革，都要壮士断腕，动一部分人的"奶酪"。最好的解决方式，就是弄清"缓而图之，则为大利；急而成之，则为大害"的道理，防止陷入欲速则不达的境地。

王安石变法失败了，但变法精神不死。尽管争议多多，王安石依然以一己之力，推动了中国11世纪社会变革的一次尝试，成为唐宋转型的重要坐标。

这几本书值得读一读：

1. 李剑农：《魏晋南北朝隋唐经济史稿》，北京：生活·读书·新知三联书店，1959年。

2. ［日］堀敏一：《均田制的研究》，韩国磐等译，福州：福建人民出版社，1984年。

3. 韩国磐：《北朝隋唐的均田制度》，上海：上海人民出版社，1984年。

4. 宋家钰：《唐朝户籍法与均田制研究》，郑州：中州古籍出版社，1988年。

5. 武建国：《均田制研究》，昆明：云南人民出版社，1992年。

6. 杨际平：《北朝隋唐"均田制"新探》，长沙：岳麓书社，2003年。

7. 郑学檬：《中国古代经济重心南移和唐宋江南经济研究》，长沙：岳麓书社，2003年。

8. 陈明光：《唐代财政史新编》，北京：中国财政经济出版社，1999年。

9. 李伯重：《唐代江南农业的发展》，北京：农业出版社，1990年。

10. 郑学檬主编：《中国赋役制度史》，上海：上海人民出版社，2000年。

11. ［法］谢和耐：《中国5—10世纪的寺院经济》，耿昇译，上海：上海古籍出版社，2004年。

12. 李锡厚：《均田制兴废与所有制变迁》，北京：社会科学文献出版社，2016年。

13. 李志贤：《杨炎及其两税法研究》，北京：中国社会科学出版社，2002年。

14. 邓广铭：《北宋政治改革家：王安石》，北京：生活·读书·新知三联书店，2017年。

15. 叶坦：《大变法：宋神宗与十一世纪的改革运动》，北京：生活·读书·新知三联书店，1996年。

第五章
科技进步

"中国"，之所以在英美国家被称为 China，跟一种叫 china 的物品密不可分。

它就是瓷器。

说中国是瓷器之国，绝对恰如其分。说景德镇是这个国度的瓷器之都，也没争议。

据叶喆民《中国陶瓷史纲要》可以综合出如下资料：

> 景德镇位于昌江畔，附近盛产造瓷的主要原料高岭土。北宋景德年间，其生产的影青瓷成为贡品，景德镇因此得名。两宋之际和元末的大规模战乱，使定窑、龙泉窑等陆续衰落，相对安定的景德镇，遂成"天下窑器所聚"的瓷都。
>
> 元代景德镇制坯、烧瓷等分工不断细化，这时创制的青花瓷、釉里红和卵白釉，至今仍享有崇高声誉。明朝在景德镇创建御器厂，其组织和分工相当细密，"共计一坯工力，过手七十二，方克成器"。宣德、成化年间制造的御窑瓷器堪称经典。嘉靖至万历年间，商品经济大发展，加之西欧等海外市场的扩大，"景瓷"销量大增。清初对

御窑厂进行了诸多改革，如匠役制改为雇募制，使康乾时代景德镇瓷业再度鼎盛。

景德镇瓷器的千年昌盛，其实是中国古代科技进步的缩影。即便在战乱不定、国耻家仇集于一身的两宋时代，科技创新依旧大步向前。

一、变异前的三大发明

火药、指南针、鸦片，在中外历史上影响巨大。然而，对于这三种物件，中国人和外国人的态度大相径庭。鲁迅在《电的利弊》[①]中就很不客气地加以评价：

> 外国用火药制造子弹御敌，中国却用它做爆竹敬神；外国用罗盘针航海，中国却用它看风水；外国用鸦片医病，中国却拿来当饭吃。

每次读到这段话，我都会汗颜。中国人是不是有点像狗熊掰玉米？掰的时候挺用心，走在时代前列；掰完以后的工作却一塌糊涂，瞻前不顾后……对于这些发明在应用中误入歧途的案例，很多人都在批评，甚至无情鞭挞，却忽视了在这些发明创制之初、变异

---

① 鲁迅的《电的利弊》，写的是中国长久以来没能解决的愚昧问题，反映了当时整个中国麻木、盲目、愚昧的社会现象。最初发表于1933年2月16日《申报·自由谈》，署名何家干，后收入杂文集《伪自由书》。

之前，曾为中华传统文化注入的正能量和新鲜血液。

先说说印刷术。

> 五代后唐时，在宰相冯道主持下，朝廷将儒家"九经"校勘后刻版印刷。宋初，国子监有书版四千。至宋真宗景德二年（1005年），书版剧增至十万。此外，朝廷的崇文院、司天监、秘书监等机构也都大量刻书。宋朝书坊遍及全国各地，所售书籍大多精雕细校。

这段史料摘要出自清末民初学者叶德辉的《书林清话》。这充分说明，创制于唐代的雕版印刷术，在五代北宋时期，已经日臻成熟。即便在北宋中叶活字印刷术发明后，雕版印刷术仍在相当长时间内，成为印刷业的主流技术。

雕版印刷，就是在一定厚度的平滑木板，粘贴抄写工整的书稿，使稿纸正面与木板相贴，印在木板上的字就成了笔画清晰的反体，雕刻工人用刻刀将木板上没字迹的部分削掉，字体凸出的阳文就应运而生。这与碑刻上呈现的字体凹下去的阴文不同。印刷之时，在凸起的字体上涂上墨汁，再将纸张覆盖在其上，轻轻拂拭纸背，字迹就跃然纸上了。

从某种意义上，雕版印刷就是碑刻拓印的衍生产物。换句话说，雕版印刷在中国的源流，可以追溯到秦汉，甚至更早。

唐咸通九年（868年）印刷的《金刚经》，是现存世界上最古老的雕版印刷作品。这份发现于敦煌的艺术精品，现藏于大英博物馆，它是中国印刷文化的骄傲。

雕版印刷在印刷史上有着"活化石"之称。扬州是中国雕版印刷术的发源地。

如今，雕版印刷已经纳入世界非物质文化遗产名录，凝聚了中国造纸术、制墨术、雕刻术、摹拓术等几种优秀的中国传统工艺，从文化传承的角度，这是一门民族特征鲜明的传统技艺。不过，它仍然不够实用。

一方面，刻板费时费力费料；另一方面，存放大量书版会占用大量空间；此外，刻板一旦有讹误，不容易更正，必须毁板重刻。因此，雕版印刷的文化传播效率，还是不能令人满意。

于是，活字印刷术应运而生。

毕昇是北宋中叶的一介布衣。历史文献上对他的籍贯和生平没什么介绍。至于他的职业，学界曾有不少争议，但作为雕版印刷工匠的可能性最大。毕竟，只有对这个职业足够熟悉，从业经验足够丰富，才会对雕版印刷术的缺陷深有感触，从而推动新的发明创造。

毕昇的活字印刷术是木活字和胶泥活字，前者只是将雕版上的字逐一雕刻，使之重新组合，反复使用；后者则比木活字更耐用。显然，毕昇的发明绝非空穴来风，而是站在前人肩膀上的创新。虽然只往前多走了一小步，却改变了世界，开辟了全球文化传播的新时代。

再说说火药。

恩格斯在《德国农民战争》中曾对火药的发明给予了高度评价："现在已经毫无疑义地证实了，火药是从中国经过印度传给阿拉伯人，又由阿拉伯人和火药武器一道经过西班牙传入欧洲。"

火药发明于中国的隋唐时代，对于火药的研究则更早一些。古人为了追求长生不老，早就着手炼制丹药。尽管爱吃仙丹的人几乎都没能长寿，但炼丹实验中使用的一些化学方法，却使火药在偶然中横空出世。

丹药的构成元素中，硫黄、砒霜等金石药成分都具有较强的毒性，在使用之前，要通过烧灼降低毒性。唐代前期，孙思邈和清虚子分别提出了降毒性的方子，前者提到了硫、硝和皂角混合，后者提到了硫、硝和马兜铃混合。考虑到皂角和马兜铃都含有碳素，这就说明早在唐代，人们已经意识到硫、硝和碳混在一起，一旦点火就会烧灼，甚至发生激烈的化学反应，乃至引起火灾。显然，这三种成分混合，就构成了"着火的药"，简称火药。

其实，炼丹家对这样的配方兴趣不大。它既不能长生不老，又容易着火，但军事家看到了它易燃易爆的特性，在唐朝中晚期将其转到了军事领域。这就是黑色火药的滥觞。

尽管与诺贝尔发明的黄色火药相比，黑色火药爆炸力弱得多，但比起刀剑等冷兵器，火药的威力依旧是划时代的。在中世纪的欧洲还靠血肉之躯冲击坚固设防的城堡之际，宋代的中国人已经有火药箭、火铳和原始的火枪火炮，为攻坚战提供了更有效的利器。难怪马克思曾说，火药将欧洲封建骑士阶层炸得粉碎，帮助资产阶级完成革命。这话一点都不夸张。

最后说说指南针。

中国是世界上公认的指南针发明国，是劳动人民在长期的经济活动中，对物体磁性认识的结果。传说人文初祖黄帝发明了指南车，在与蚩尤作战时，克服大雾，指引方向，最终取得了胜利。

对于指南车，《太平御览·天部》有记载：

> 黄帝与蚩尤战于涿鹿之野。蚩尤作大雾，弥三日，军人皆惑。黄帝乃令风后法斗机，作指南车以别四方，遂擒蚩尤。

按照南朝梁沈约《宋书·礼志》的说法，"指南车，其始周公所作，以送荒外远使。地域平漫，迷于东西，造立此车，使常知南北"。东汉张衡、曹魏马钧、后赵解飞、后秦令狐生都曾造过指南车。刘裕北伐，攻灭后秦，缴获的战利品里就有令狐生造的指南车，"其制如鼓车，设木人于车上，举手指南。车虽回转，所指不移。大驾卤簿，最先启行"。

令狐生造的指南车，"机数不精，虽曰指南，多不审正，回曲步骤，犹须人功正之"。于是，著名科学家祖冲之奉命新造。经过不懈努力，将其复原。指南车的大致形象是：车上站着一个木人，一只手举起来，指着南方，无论车子怎样转换方向，那只手总指向南方。

黄帝是否有那么神通广大，不得而知，但《韩非子·有度》里确实对指南针的前身有明确记载：

> 夫人臣之侵其主也，如地形焉，即渐以往，使人主失端，东西易面而不自知。故先王立司南以端朝夕。

这段话带有政治说教的意味，是讲国君要抵制臣子迷惑，明辨方向，就像人走路一样，地形地貌变了，有可能迷路，这就需要司南来定方向。韩非在这里提到了"司南"。

司南是什么？根据东汉《论衡·是应》的说法，"司南之杓，投之于地，其柢指南"。就是用天然磁石经过加工，制作成小汤勺样式的东西，再放入一个光滑的木盘上，标注二十四方位的刻度，将勺轻轻拨动，待其停下来时，勺柄会自动指向南方。

司南也有缺陷。天然磁石在打磨过程中容易失去磁性，木盘如果不够平滑，则会在转动中因摩擦阻力过大而影响指南效果。更重要的是，司南个头大，携带不便，大概只能当作可观赏而不实用的工艺品。

天然磁石不靠谱，那么就将其人工化，造出人造磁石来。北宋时期，人们利用想象力，制作了三种著名的指南设备：

——指南鱼。把薄铁片剪成鱼形，鱼肚下凹，使之漂浮在水面，然后沿子午线方向淬火使它磁化。人们只要端一碗水，把指南鱼放在水面上，就能准确地辨识方向。这比司南要方便多了。

——指南针。人们将钢针在天然磁体上进行摩擦，使其具有磁性。这样的钢针，就成为通常所说的"指南针"。沈括在《梦溪笔谈》里记载："方家以磁石磨针锋，则能指南。"至此，勺柄变成了针状物，司南已演化为指南针。

——指南龟。将一块磁石放在木龟的腹内，木龟腹部下方挖个光滑小孔，对准并放置在木板顶端的竹钉上，这样就把木龟固定在一个可以自由旋转的支点上。由于支点的摩擦力小，木龟便可自由旋转，指示方向。当然，指南龟的用途，主要是幻术。

指南针的成熟，对两宋时代军事、测绘、航海等领域的科技发展产生了深刻影响。其最主要的用途是在航海领域。

没有指南针的时代，人们在茫茫大海上航行，只能靠天吃饭，完全靠看太阳、看星星定方向，一遇阴晦天气，就束手无策，容易迷航。指南针使人们获得了全天候航海能力，有利于扩大海上行船半径，将航线延伸到更远的地方去，促进各国人民的海上交流往来。宋代的海外贸易事业及其不断拓展的海上丝绸之路繁荣一时，跟指南针用于航海是分不开的。

宋人朱彧在他在《萍洲可谈》中就记述了指南针在航海领域的应用情况："舟师识地理，夜则观星，昼则观日，阴晦则观指南针。"南宋吴自牧在《梦粱录》中则写道："风雨晦冥时，惟凭针盘而行，乃火长掌之，毫厘不敢差误，盖一舟人命所系也。"可见，指南针（罗盘）对航海事业的意义越来越大。

在指南针的改进和应用取得突破的同时，中国人对地磁学的研究也取得了突破。沈括发现地磁存在偏角，提到指南针指示的方向"常微偏东，不全南也"，从另一个侧面印证了两宋时代科学技术发展已经达到较高水平。

21世纪中国经济社会的持续健康发展，期待更多大众创业和自主创新。尽管今天中国的现代科学大多移植于西方，但中国古代光辉灿烂的科学成就，特别是唐宋时期的"三大发明"，不仅成为中华传统文化传播的重要载体，更为当代中国人创新精神的塑造与升华提供了历史借鉴。

二、曲辕犁：农耕时代的"革命"

甘肃敦煌，莫高窟，第445窟。

这是一座盛唐时代的经典洞窟。北壁的《弥勒经变》保存完好，展现了弥勒世界的美好景象。然而，北壁东侧，农民辛勤播种、耕种和收获的画面，似乎更接地气。其中有一种农具颇引人注目。

它就是曲辕犁。

这是一种轻便的农具。由于最初出现在唐代后期的江东地区，故而称为"江东犁"。

在耕犁普及之前，人们主要使用耒耜人工翻地，费时费力，效率很低。至迟到春秋战国时期，随着牛耕的普及，耕犁进入了农业领域。至迟到汉代，耕犁基本定型。

汉代的长直辕犁，虽然比耒耜的效率高，但转弯不灵，挖土费力，仍不是最佳的农耕工具。唐代后期，江南百姓对耕犁进行了结构改进，创制了曲辕犁。它摆动灵活，便于深耕，轻巧回旋，利于转弯，适应水网密布、水田密集的江南农村，实现深耕和浅耕规范化，以及精耕细作。

这是设计美学的革命。

——均衡。

以策额为中线，左右两边保持等量不等形的结构均衡；木材的冷色和铁的冷色，构成了视觉上的色彩均衡；V形的犁铧，给人以舒适、庄重、严肃的对称美，本身也是一种均衡。

——稳定。

犁壁、犁底，体积大，重心偏下，实际稳定性更强；木制犁架，铁制犁铧，后者密度大于前者，给人以重心下沉的视觉稳定性。

——变化。

曲辕犁以直线型为主，感觉硬朗稳定；而犁辕和犁梢的曲线，又有造型变化和动态之感。木材为主的犁架，和铁制的犁铧相映成趣，共同组成了构造上的变化。

——不变。

无论是直线的犁底、策额、犁箭，还是曲线的犁辕、犁梢，大多用楗、梢、桦来连接固定，连接方式是相同的。

——和谐。

曲辕犁的犁辕，其长度满足了分解牵引力的功能要求，还兼顾了与整体犁架的比例，形成了和谐统一的比例关系。

——人本。

犁铧的尺度由耕地的深度、宽度来确定。犁梢的长度符合人使用犁的姿势要求，减轻了人体疲劳度，实现了设计以人为本。

美学，看似虚无，实则通过精巧的设计和精湛的工艺，展现了曲辕犁背后的农耕技术进步。千年以来，美学与实用的有机结合，使曲辕犁长盛不衰，一直是中国农村在前工业时代必不可少的基本农具。从这个意义上讲，它的出现，不亚于一场农耕革命。

三、《梦溪笔谈》及其作者沈括

元丰三年（1080年），朝廷的赏赐送到了陕北延州（今陕西延安）。

所有将士，都眼巴巴地等着这笔犒赏。可是，有的人领到了，有的人却被告知没资格领。朝廷的恩泽，似乎全部给了禁军，尽管在实战中，禁军早就被西夏人秒成渣，俨然"银样镴枪头，好看不中用"。

地方军一无所获，自然高兴不起来，哗变箭在弦上，随时可能爆发。

眼下，延州知州沈括如坐针毡，忧心忡忡。朝廷有赏，当然是好事；但分配不公，就意味着好事没办好，会闹乱子。

琢磨良久，他抄起毛笔，在一张黄缎子上写了几句话，然后走出帅府，到军前宣布：皇上圣旨，犒赏地方军。

于是，一场潜在的兵变在无声无息中烟消云散，禁军见到圣旨，也无话可说，毕竟以前领过不少赏赐，不差这点钱。

沈括在危难关头，假传圣旨，度过一劫。

按说，假传圣旨是死罪，可宋神宗非但没怪罪，反而对沈括没有因小失大表示赞赏，发布诏书，允许他酌情处理类似紧急事务。

一年以后，西北地区的宋军因军粮不继，出现大规模逃亡，三万人趁雪夜逃离军营，涌入延州边塞。沈括内心紧张，但喜怒不形于色，其沉着冷静让延州边民松了一口气。

有人建议，紧闭城门，派兵征讨，消灭逃兵。沈括拒绝了，他的理由是：这些逃兵都曾是久经战阵的精兵，当逃兵主要是吃饭问题导致，自己都吃不饱，何以顾及家庭。如果贸然派兵镇压，就会导致自相残杀，只会扰乱军心，扰乱信仰。

对于这些逃兵，沈括的办法是多搭营寨，对叛军摆出"来者不拒"的姿态。经过多日经营，对三万叛军的下落情况做重新梳理，不见得是坏事。至少，叛乱的潜在风险不存在了。

这么看来，沈括不仅是科学家，还是公关谈判专家，更是爱国英雄。

其实，沈括能为今人所知，主要不是因为打仗，而是因为他的旷世奇书《梦溪笔谈》。

对于这本书，英国著名科学史专家李约瑟赞不绝口，说它是"中国科学史上的坐标"。没错，这是一部成书于宋哲宗元祐年间（1080—1093年），涉及中国古代自然科学、工艺技术和社会历史现象的综合性笔记体著作，共有三十卷。沈括自言，其创作的出发点是"山间木荫，率意谈噱"。

书是在沈括退隐之后所撰，当时的居所是润州（今江苏镇江）的"梦溪园"，故而得名《梦溪笔谈》。

沈括并非科举出身，而是靠父亲的恩荫进入官场。不过，他所生活的这个沈氏家族，是浙江钱塘（今杭州）标准的官宦家庭和书香门第。祖父当过大理寺丞，父亲和伯父中过进士。家学渊源对沈括的童年影响很大，使他对读万卷书和行万里路充满兴趣。十四岁那年便读完家中藏书，其后多年，跟随父亲宦游泉州、润州、简州、汴京等地，接触社会，增长阅历，饱览名山大川之余，也萌生了对大自然的兴趣和洞察力。

沈括自幼体弱多病，需要中药调理，恰恰沈氏家族在医药学领域有所造诣，家传药学书籍《博济方》。沈括也受此影响，从搜集医方开始，对医学产生兴趣。

无论是教育背景，还是早年经历，沈括都不像当时大多数读书人那样，只是个标准的文科生。他对理工科的偏爱，也成为《梦溪笔谈》与众不同的重要原因。《梦溪笔谈》有近半的篇幅记述自然科学知识，这在中国古代史上是很罕见的。

《梦溪笔谈》的可贵之处，还在于它对自然科学各领域实现了全覆盖。比如，书中详细记载了布衣毕昇发明的活字印刷术，为活字印刷提供了世界上最早的可靠史料；书中还记载了喻浩的《木经》、孙思恭对龙卷风的解释、灌钢技术等。这些代表了北宋科技发明的最高水平。而十二气历、隙积术和会圆术等，都是沈括在自然科学领域的独创。

当年跟着父亲当"驴友"，沈括并不满足于猎奇。久而久之，他也养成了自己观察自然现象，总结规律的习惯。在温州雁荡山，他对当地独特的地形地貌进行了分析，并得出成因："原其理，当是为谷中大水冲激，沙土尽去，唯巨石岿然挺立耳。"沈括所提出的流水侵蚀作用说，直至18世纪末英国科学家赫顿在《地球理论》一书中才提到。也就是说，沈括的发现，比西方人早了七百年。

沈括的一生，在政治上是失意的。他倾向变法，支持王安石推行新政，却不由自主地陷入无休无止的党争。随着对西夏作战的失败，沈括遭到了"断崖式降职"，行动也受到极大限制，甚至对当初选择做官抱有一丝悔意；而新政失败后，沈括的仕途虽然触底反弹，但再无东山再起的机会。于是，他开始潜心学术，寓居著书，总结平生所学，以此来消解被贬官给人生带来的晦暗和郁闷。

如此看来，沈括仕途的失败，却成全了他在中国科学史上的地位，这或许也算是历史的吊诡吧。

《梦溪笔谈》是百科奇书，但并非完美无瑕。书中的阶级性和表述讹误的条目大量存在，一些充满宿命论的怪诞记述在今天看来都算糟粕。但瑕不掩瑜，它的正面价值不容低估。

宦海浮沉，到头来白茫茫大地一场空；学海无涯，留下生前身后名。然而，对于沈括而言，最难以启齿的，还是他的第二任妻子。

按说，这位张氏夫人出身官宦，应该知书达理，可沈括跟她一起过日子才发现，这是个骄横的悍妇。她不仅对沈括张口责骂，而且凶起来拳打脚踢，甚至常去官府告状。总之，搞得沈括里外不是人。最狠的一次，张氏盛怒之下，去拽沈括的胡须，竟然连皮肉都扯了下来。沈括疼得嗷嗷叫，血流满面，儿女们抱头痛哭，跪求母亲息怒。沈括就是在这样的氛围里完成《梦溪笔谈》这部旷世巨作，可想而知他度日如年的艰难。

就在寓居梦溪园的第四年，沈括生了一场大病，身体愈加虚弱，常叹命不久矣。也许，他只能自责当初错误的选择，导致婚姻的不幸。

没过多久，张氏暴病而亡。朋友纷纷登门道贺，恭喜沈括终于摆脱魔爪，恢复自由。可是，沈括似乎根本就没走出来，终日恍惚，精神崩溃，甚至乘船途中曾欲投水。沈括的最后岁月，在心理疾病的折磨下，身体也每况愈下，直至走向生命的终点。

《宋史·沈括传》曾对这位大科学家给予高度评价，说他"博学善文，于天文、方志、律历、音乐、医药、卜算无所不通，皆有所论著"。然而，这样的结局，的确有些悲怆、苍凉、遗憾。

四、运河改变中国

先秦到南北朝，勤劳勇敢的中国人民开凿了大量运河，遍及大江南北。郑国渠、灵渠、邗沟等人工运河，与天然河流连接起来，四通八达，在不同的时代满足了不同利益主体的政治、经济、军事和交通需求，也为改善民生提供了便利。

显然，隋炀帝开凿的大运河，并不是白手起家，而是站在前人的肩膀上再进一步，把那些自然河流和旧沟连成一体。只不过，他的功课更宏伟，更系统，更有影响。对于这条大运河，至少有三个特征：

第一，动用民力规模大，工期短。

大业元年至六年（605—610年），隋炀帝动用百万民力，历时六年，将这条南北大运河开凿竣工。考虑到当时全国户籍人口只有四千六百万，在农业国家实施一项耗费百万民力的全国性工程，要冒农活耽搁、粮食减产的极大风险，对国家动员和协调能力也提出了重大考验。从另一侧面也说明，隋王朝的基层组织动员能力强、效率高，家底儿殷实。

第二，继承前人基础，分段建设。

隋炀帝修的大运河分为四段，包括永济渠、通济渠、邗沟和江南河。

永济渠，是引沁水南达黄河，北通涿郡，纵贯华北平原。

通济渠，是疏浚东汉阳渠故道直通黄河，再沿黄河自然河道至板渚，引黄河水入春秋战国的汴渠故道而至淮河。

邗沟是春秋吴王夫差开凿的连通长江和淮水之间的运河故道，东汉陈登对其疏浚，另开新道，避免了射阳湖的风浪之险，隋炀帝修的邗沟（山阳渎），就是以陈登的邗沟新道为基础的。

江南河，是以秦朝丹徒水道以及六朝的江南运河为基础，从京口（今江苏镇江）到余杭（今浙江杭州）全程疏浚而成。

四段工程，并非同时启动，而是分段分期兴建，在一定程度上提高了民力使用效率，减少了同时施工带来的巨大消耗压力。

第三，战略需求高于一切。

在这条运河上，隋炀帝设置了三个重要节点：洛阳、涿郡、江都。洛阳是东都，国家政治中心；江都是陪都，皇室娱乐中心；涿郡是战时靠前指挥基地。

通过运河分段运输，已经富裕起来的江南地区，要将更多战略物资源源不断地送达中原，乃至北方，既利于给位于天下之中的洛阳提供充足的财力支撑，凸显其权力中心地位，也向涿郡运送了大量军事物资。

而涿郡的东北方向，则是隋朝的劲敌——高句丽。为了争夺东北亚地区的战略优势，乃至实现战略霸权，维护隋朝北部疆域安全，与高句丽的大规模战争在所难免。兵马未动，粮草先行，支撑这场大战，要靠过硬的后勤保障，修运河则是在当时运输条件下，实现保障稳定畅通的基础因素。

大运河的开凿，对于扩大南北经济文化交流，将隋王朝结束几百年分裂局面，重新恢复国家统一的成果维持下去，具有十分重要的意义。然而，在农业社会高强度地实施大规模工程，对国力的消耗巨大且难以迅速弥补，短期内导致生产凋敝、民怨沸腾。隋炀帝以其好大喜功，为后世留下了大量公共工程，也因其好大喜功，葬送了隋朝的万世基业。

尽管唐代又对隋朝大运河进行了整修和疏浚，漕运一度兴盛，但安史之乱以后，这条运河的部分河段逐渐淤塞。五代至北宋时期，永济渠和通济渠基本废弃，长安、洛阳的水上交通中断，繁华不再。而到南宋时期，为了防御金兵南下，南宋统治者破坏了运河上的各种设施，金朝统治区的黄河多次决口，夺淮入海，运道淤塞。至此，隋唐大运河彻底瘫痪。

元朝定都大都（今北京），国家政治中心北移，但无法改变经济发展南强于北的现实，为了解决首都百万军民的吃饭问题，维系南北统一的政治局面，元世祖忽必烈重新祭出修大运河的招数。只不过，跟隋唐大运河相比，元朝的大运河没有绕行洛阳，而是途经山东、江苏、浙江，直接沟通大都和余杭，是今天京杭大运河的前身。在忽必烈的最后几年，朝廷在大都附近开通通惠河，漕船可经由通惠河，从通县（今通州区）直抵积水潭。朝廷还专门设置都漕司这一机构，专门管理运河和漕运事务。

运河改变了南北交通。低成本、大运量的水运跨越江河，使南北交通更加便捷。

运河改变了城市命运。淮安、扬州等运河沿岸城市，靠水吃水，工商业迅速发展，繁华一时。就连一些小镇也跟着沾光，留下了不少精彩片段和历史遗迹。

邵伯，扬州的一个小镇，在许多人心目中寂寂无名，却是大运河历史传奇的见证者。

清代康熙三十八年（1699年），淮河水灾，邵伯附近南更楼决堤，决口一百八十多米，水深十余米，洪水滔天。危难关头，康熙帝责令漕运总督张鹏翮迅速堵塞决口，避免水势蔓延。然而，决口太宽，洪水太深，一时难以堵住，张鹏翮决定，避开决口，另开越河，连接运河，将洪水分流，控制了灾情。

两年后，朝廷在水势要冲设置了"九牛二虎一鸡"，一共十二只动物的铁质塑像，用来镇水避灾。同时，作为水位测定的标识，人们可以通过水位上涨到动物脚、身、颈的位置，来判断水患发生的可能性。

几百年过去后，"鸡飞虎跑"，只剩几头铁牛散落在河堤上，做工精细，造型生动，成为大运河沧桑变迁的亲历者和见证者。

2014年6月22日，中国大运河项目成功入选世界文化遗产名录，这是世界历史上建造时间最长、使用最久、空间跨度最大的人工运河，是中华民族留给世界的宝贵财富。直至今天，它还承载着水上客货运输的功能，成为游人驻足流连的胜景。

五、《授时历》的历史创举

至元十三年（1276年），大都。

元世祖忽必烈迎来了人生中最值得庆祝的时刻：南宋首都临安告破，小皇帝和太皇太后携群臣投降，除了向南撤退的残余抵抗力量，南宋王朝作为一个拥有某种正统的政权，已经画上了句号。忽必烈可以名正言顺地成为新王朝的领导者，堂而皇之地取代金朝和南宋的所谓"正统"。

发现前朝旧历的讹误，加以修订，颁布更准确更科学的新历，既是一项追求真理的工作，更是彰显新王朝合法性的有效手段。忽必烈当然认可这个规矩。对于改历法这件事，其实他也有切肤之痛。

元朝初年，朝廷沿用的依然是金朝在大定二十年（1180年）纂修的《重修大明历》。可是，这部历法过于粗糙，只用了几十年，积累的误差就能亮瞎眼，发生了好几次根据历法推演的结果和实际情况不符的事。显然，只从实用角度出发，修订历法也已刻不容缓。

就在临安告破的这一年，忽必烈终于采纳已故重臣刘秉忠的建议，修订《大明历》，颁布元朝自己的历法。朝廷成立了历局，在全国范围内网罗天文专家。历局实际负责人王恂在接了这摊工作后，首先想到的就是自己的好友郭守敬。他相信，只要能把郭守敬推荐来制造天文仪器，进行实际观测，修历这件事就成功了一大半。

郭守敬何许人也？

他是顺德府邢台县（今河北邢台）人。其孩提时代，金朝就灭亡了。因此，郭守敬的人生，绝大部分时间都在和蒙古统治者打交道。

那是一个乱世，在草原民族的统治初期，科举考试尚未步入正轨，读书人想按部就班靠考试做官来出头，相当艰难。也许是祖父郭荣精通五经，熟知天文、算学、水利技术，近乎文理全才，营造了学科均衡发展的学习氛围，郭守敬从小就勤奋好学，动手能力很强，对天文观测和仪器制作有浓厚兴趣。

在郭荣的好友里，有个叫刘秉忠的学者，因居父丧，就在邢台附近读书。郭守敬就被郭荣送到刘秉忠门下深造。当然，刘秉忠还有另外一重身份，就是蒙古军队的谋士。居丧期满，他被忽必烈征召幕下，于是，郭守敬也被介绍到了忽必烈系统的外围，跟随张文谦做一些水利工程和河道勘测的工作，从而在水利领域崭露头角。

中统三年（1262年），已经升任左丞的张文谦，将郭守敬推荐给了忽必烈。在这次君臣问对中，郭守敬提出的六条水利建议，得到了忽必烈的赞赏。有了皇帝的点赞，郭守敬的职业生涯前途基本明确，就是御用科学家。在参与修历之前，他的职位是工部郎中。

郭守敬奉命参与修历工作后，主张"历之本在于测验，而测验之器莫先仪表",也就是"工欲善其事,必先利其器"。

大都天文台有不少仪器设备,但仔细一看才知道,这些都是金国遗物。测定二十四节气的浑仪,还是金兵从北宋首都开封搬回来的战利品;测定天体在天球位置的圭表,已经老掉牙了。这些物件年深日久、保养不佳,虽然修修还能凑合用,但毕竟已是老古董了,很难满足天文观测的精密要求。与其频繁修补,还不如造新仪器。于是,在郭守敬的主持下,大都天文台的观测仪器得到了全面更新。

当仪器更新后,为了保证测量数据准确,朝廷不但新建了观星台,而且开展了有史以来规模最大的一次天文测量。至元十六年(1279年),郭守敬主持的"四海测验"启动。这是一项宏大的工程。北至西伯利亚,南达南海诸岛,在东西六千余里,南北一万一千余里的广阔地带,十四名学者建立了二十七处观测点,测定了夏至日的表影长度和昼夜时长,为修订历法提供了很多精确的数据。

数据齐备了,历法的修订就水到渠成了。第二年(1280年),元朝的新历《授时历》完成,次年颁行全国。这是中国历史上首部制作精良的历法。在这部历法里,每月为29.530593日,以无中气之月为闰月。正式废除了古代的上元积年,截取近世任意一年为历元,打破了古代制历的习惯,是中国历法史上的重要改革。《授时历》将一年测算为365.2425日,比近代观测值365.2422日只差25.92秒,其精度与1582年颁布的《格里高利历》(现行公历)相当,但早了三百多年。

根据《授时历》推算,大德三年(1299年)八月己酉朔巳时应有日食,但到了那一天,"至期不食",天文学者没观测到日食现象。

于是，人们对《授时历》的科学性产生了怀疑。几百年后，根据现代天文学的推算，那天确有日食发生，只不过是食分极少的日环食，且途经西伯利亚东部时，时近中午，阳光很强，肉眼看不到而已。

朱元璋建立的明王朝，虽然对元朝的历史文化遗存进行了系统清理，但在历法领域延续了《授时历》的基本内容，颁行了《大统历》，从另一侧面体现了对《授时历》内容科学性的肯定，说明《授时历》经得起时代和历史的考验。

严肃认真地做一件事，在前人的基础上大胆探索，刻苦钻研，勤奋实干，虽然费时费力，但赢得生前身后名。

郭守敬是幸运的，他活了八十六岁，在那个年代无疑是高寿的。他得到了忽必烈的高度评价，说"任事者如此，人不为素餐矣"。1977年，国际小行星中心将小行星2012命名为"郭守敬小行星"。1981年，为纪念郭守敬诞辰七百五十周年，国际天文学会将月球上的一座环形山命名为"郭守敬环形山"。

郭守敬的科学成果泽被后世，他的科学精神也将永远为后世铭记。

这几本书值得读一读：

1.〔宋〕沈括：《梦溪笔谈》，金良年点校，北京：中华书局，2017年。

2.冯绍霆：《四大发明》，北京：中华书局，上海：上海古籍出版社，2010年。

3.潘吉星：《中国古代四大发明：源流、外传及世界影响》，合肥：中国科学技术大学出版社，2002年。

4.东方暨白主编：《火药的历史》，郑州：河南大学出版社，2016年。

5.冯家昇：《火药的发明和西传》，上海：上海人民出版社，1978年。

6.张秀民、龙顺宜编著：《活字印刷史话》，北京：中华书局，1979年。

7.柏芸编著：《中国古代农具》，北京：中国商业出版社，2015年。

8. 祖慧:《沈括评传》,南京:南京大学出版社,2011年。

9. 杨法宝:《沈括研究》,杭州:浙江古籍出版社,2016年。

10. [美] 全汉升:《唐宋帝国与运河》,上海:商务印书馆,1946年。

11. 潘镛:《隋唐时期的运河和漕运》,西安:三秦出版社,1986年。

12. 陈美东:《郭守敬评传》,南京:南京大学出版社,2011年。

13. 李亮:《古历兴衰:授时历与大统历》,郑州:中州古籍出版社,2016年。

14. 刘芳:《道教与唐代科技》,北京:中国社会科学出版社,2016年。

15. 邵庆国主编:《宋代科技成就》,郑州:河南科学技术出版社,2014年。

第六章
活在唐宋

江南经济，在过去的两千年里，经历了由弱到强、由落后到先进的巨大转变。

《史记·货殖列传》有载："楚越之地，地广人希（稀），饭稻羹鱼，或火耕而水耨……不待贾而足……无积聚而多贫。是故江淮以南，无冻饿之人，亦无千金之家。"很显然，在那个年代，江南农业耕作方式落后，商品经济不发达，人民生活不富裕。

而在《宋书·沈昙庆传》中，南齐沈约对东晋建立后的描述是："百许年中，无风尘之警，区域之内，晏如也。……地广野丰，民勤本业，一岁或稔，则数郡忘饥。"很显然，江南经济在东晋时代有了长足进步，人民生活水平得到提高。

这一切的转变，得益于中国政治经济重心由北向南迁徙，得益于战乱年代大量北方人避乱南迁，带来先进生产技术和劳动力，得益于南方战争较少，社会相对安定，得益于南北方人民利用江南优越的自然条件和资源禀赋共同努力。然而，还有一个现象不可忽视，那就是气候。

历史地理学家研究发现，中国古代北方游牧民族与中原汉族居住地的分界线，与当代中国四百毫米等降水量线重合。这条线，就是古长城线。一旦气候发生变化，就会影响长城内外人民的生活方式和交往状态。中国历史上几次由游牧民族南下而带来的分裂对峙期，在气候上恰恰是寒冷期。东汉到隋朝、北宋中后期至南宋中期、元末明初到清末，都是中国历史上著名的寒冷期。每当寒冷期到来，游牧民族便会因牲畜大量冻死而面临生存危机，他们要么西迁觅食，要么进攻中原。当北方陷入战乱，中国的经济重心就向南迁徙。中国经济重心南移的三个阶段，跟上述三个寒冷期，在时间上基本重合。

中国经济和百姓民生，就是在这样的状态下，迎来了唐宋转型的大时代。

一、城市：从宵禁管制走向沿街摆摊

长安、洛阳，一西一东，隋唐帝国的两个首都。

百万人口，肤色各异，展现出世界级大都市的风采。如果衡量盛世城市人口聚集度，它们不仅达标了，而且冠绝全球。

日出而作，日落而息，那个时代的中国农民的作息习惯，彰显出这样的盛世依旧是农业社会的传统盛世，对于城市生活的挖掘还很不够。

从城市布局看，这两个城市长期实施"坊市制度"，整齐划一地把居民区、行政办公区和商业区截然分开。商业区被严格限定在东市和西市，禁止沿街摆摊，市场按点上下班，绝对不加班。这些坊和市，其实就是一个个街区，被纵横交错的几条主干道分开。在城墙的包裹之下，这样的布局是封闭式的。

长安是国家首都，更讲究政治约束，加上城墙内没有特殊地理形态分割，因而坊市制度执行最严。平心而论，皇帝并不太喜欢这个布局，但又不得不接受既成现实。于是，唐高宗就打算把皇帝居住区挪挪地，在城市东北边缘外侧另起炉灶，修建大明宫宫殿群，逐步取代核心区的皇宫。

洛阳由于被洛水一切为二，空间上打开了巨大的缺口，具有一定的开放性和自由度，城市布局看起来没那么封闭，再加上皇帝和中央机关大部分时间都在长安办公，这就让洛阳城内各阶层的社会氛围相对宽松。

杜甫曾为在长安找工作找房子而发愁，发出了"安得广厦千万间，大庇天下寒士俱欢颜"的呐喊；顾况曾调侃白居易"京城米贵，居大不易"。然而，如果他们到洛阳去过日子，找房子的难度系数会小很多。李格非在《洛阳名园记》如此写道："唐贞观、开元之间，公卿贵戚开馆列第于东都者，号千有余邸。"更多人的心思都在改善居住条件，而不是身处政治中心边缘，非要往中心挤。

众所周知，城市化的进程，就是农村人口加速向城市集聚，农业人口向工商业人口进行职业转型，这是商品经济发展的结果。而商品经济的发展，带来的不光是市民文化的衍生和发展，也有城市功能布局的嬗变。

唐代诗人王建诗云："水门向晚茶商闹，桥市通宵酒客行。"这正说明，在商品经济的推动下，旧规定中的宵禁制度已经名存实亡。开夜市，扩大城市贸易，成了长安人的共识。

商品经济的发展和城市化加速推进，给城市文艺作品带来了新题材和新思路。市民文化应运而生，城里也冒出一些新东西。而这些，都是在宋朝及其以后才陆续有记载的。

唐朝末年，长安遭到了藩镇大佬们的严重破坏，加上运河局部干涸，无人治理，长安的粮食供应出了问题。之后的朝廷不得不将其放弃，转向长安东面水上交通相对便利的洛阳和汴州，特别是开封，五代有四个朝代都在此定都。由于河流地形的限制，仅靠原有的城市规模和坊市结构，根本无力适应城市不断扩大的体量。

这些问题，统治者也注意到了。据王溥《五代会要·街巷》载，显德二年（955年），后周第二位皇帝周世宗柴荣就发布诏书：

> 东京华夷臻凑，水陆会通，时向隆平，日增繁盛，而都城因旧，制度未恢。诸卫军营，或多窄隘，百司公署，无处兴修。加以坊市之中，邸店有限，工商外至，亿兆无穷，僦赁之资，增添不定，贫阙之户，供办实艰。

周世宗开出的药方，就是旧城改造，通过扩建来增加城市张力。在周世宗的擘画下，汴州城变为三重城，即皇城、里城、新城。皇城是在唐末宣武军节度使治所（后梁开国皇帝朱全忠当年任职的衙门）基础上兴建的宫殿，演变为皇帝的居住生活区，以及朝廷核心办公区；里城是在唐末汴州城的基础上改造的，绕城一周有二十多里；新城又叫外城、罗城，周长四十八里，是新建区域，比里城扩大三倍，拓展了汴州的城市发展空间。尽管北宋也对开封城多次营建和扩建，但城市结构跟周世宗时代相比变化不大。

如果从唐朝穿越而来，一定会发现北宋的这个首都，跟唐长安已经有了很大差别：

第一，城市布局重心转移。唐长安的重心，比如皇城、大明宫等，在中轴靠北。宋开封则是重心与中心合一，皇宫就在城市中心，略偏北而已。

第二，城市平面空间拓展。唐长安的居民生活区，基本都在城墙之内；城墙内外完全是两个世界。宋开封的居民生活区，已经逾越城墙，就连城墙以外的城关、郊区等边缘地带，都成了市民和外来客商的活动场所，以及给城墙之内的生活需求提供相应服务的区域。

第三，封闭坊市街区被打破。宋开封出现了新的城市街区单元和管理单位——厢坊，以前严格区分坊市的围墙拆掉了。围墙只是将宅院与外界区隔的工具而已。即便是市场，也不再固定地点，而是既有坊市，也有沿街摆摊的街市和桥市。

第四，房屋高度不再限制。宋开封不再像唐长安那样，对民用建筑物限高，使得居民可以充分利用有限的平面空间，盖出二楼、三楼，向空中要面积，空间拓展方向多元化。

第五，混合型街区初现端倪。虽然宋开封还有皇城（宫城）、里城、新城之分，但官衙、民居和店铺不再像唐长安那样截然区分，放置在不同的坊（街区）里，而是混杂安置。即便是扩建新城时，也只是预先规划好道路、街巷、衙门、军营、仓库等公共设施，并考虑防止泥泞和火灾等因素，其他空地任由百姓建造。城市管理政策的放开，给宋开封提供了自我增添活力的契机。

于是，宋开封就向人们展示了与唐长安截然不同的景象：

> 以南东西两教坊，余皆居民或茶坊。……茶坊每五更点灯，博易，买卖衣物、图画、花环、领抹之类，至晓即

散，谓之鬼市子。……北山子茶坊……仕女往往夜游吃茶
于彼。

宋代学者孟元老在《东京梦华录》里的这段记载，将开封"通
宵不绝"的夜市展现得淋漓尽致。人们流连于瓦子（娱乐场所），
"终日居此，不觉抵暮"。而每日清晨，新郑门、西水门、万胜门
有生鱼数千担入城，买卖纠纷（当时称为"斗竞"）也随之不断，开
封府不得不增设官员，专门处理纠纷事宜。每逢清明节日，人流量
激增，纠纷更多，"斗竞日数百件"，乃至有关官员无法休假。身为
开封人，每天所见的市面情景，大体都如《东京梦华录》所描述的
那样：

（汴京）金银彩帛交易之所，屋宇雄壮，门面广阔，望
之森然，每一交易，动即千万，骇人闻见。

显然，宋人的城市生活，比唐人更有娱乐气息，更有活力和朝
气。这便是政策放开和商业发展的必然结果。

宋太宗统治的最后一年（997年），北宋的农业税2408万贯，非
农业税1568万贯；到了王安石下台的第二年（1077年），农业税减
至2021万贯，而非农业税增至5117万贯。八十年间非农业税的激
增，从另一个侧面证明了北宋商业的发展成就。

这是开封等城市转型发展的动力源。

从某种意义上看，坊市观念的改变，成为唐宋转型的重要表现
之一。

这些景象，被一个叫张择端的北宋画家记录下来，绘制在一幅名叫《清明上河图》的传世画作之上。

坊巷桥门及隐僻去处，俱有铺席买卖。大店小铺林立，货郎走街串巷，街上客商成群，商品琳琅满目。买卖昼夜不绝，夜半三四更，游人始稀，五更钟响，店铺就又开张了。这就是开封，北宋的首都。

赵宋南渡后，首都临安^①的城市发展理念，在北宋开封的基础上又有延展。

临安的城墙周长达七十里，比开封的城市空间还大；尽管受地形限制，城市结构不够方正，更像腰鼓，但衙门与民居、商铺混搭的布局跟开封类似，外城城关成为大宗商品集散地，行业特色鲜明，人口多，流动频繁，当时民谚称"东门菜，西门水，南门柴，北门米"，将这些城关与城区融为一体。在这些城关市场的带动下，临安周边形成了十五个赤镇，从而构成了临安都市圈，将城市发展的边沿延伸到城墙之外。

当然，城墙依旧存在，表明贵为首都，城乡差别依旧，虽然偏安一隅，但战争威胁犹存。

不过，贵族们更愿意"只把杭州作汴州"。在他们的记忆里，开封依旧是最美都市。

---

① 临安得名，最初定位为"行在"，即临时首都，毕竟宋高宗、宋孝宗还有恢复中原的念想。随着绍兴和议、隆兴和议的达成，南宋君王收复中原的理想破灭，逐渐认可了临安作为正式首都的地位。

二、乡村：巾帼英雄塑造"衣被天下"

> 黄婆婆，黄婆婆。
>
> 教我纱，教我布；
>
> 两只筒子两匹布。

民间歌谣中称颂的"黄婆婆"，就是中国古代棉纺织技术改革家黄道婆。

一个普通女人，在那个男尊女卑的时代，能够家喻户晓，名扬千年，不是靠出身，拼爹娘，而是靠历史性贡献和创造性影响。巾帼不让须眉，难能可贵！

曾经的童养媳，白天耕作，晚上纺纱，终日劳作，还不免公婆打骂。最倒霉的一次，不仅挨毒打，还被关在柴房不准吃饭睡觉，如此待遇实在不能算是磨炼意志，而纯粹是受罪了。于是，她趁夜从房顶逃出去，躲在黄浦江边的一条海船上。

松江府（今上海）的乌泥泾镇是没法待了，蓬头垢面的黄道婆跪在船主面前，央求把她带走，去哪都行，再不要回来。她并不是逃荒，而是去学本事，提高纺织技能。老船主对她的遭遇深感同情，对她的决心和意志表示钦佩，动了恻隐之心。于是，黄道婆成了这艘船的一名临时船员。

惊涛骇浪，颠簸不止，一路向南，漂了几个月。海船先到占城做买卖，接着来到了海南岛南端的崖州。在宋代，这里并非度假胜地，而是蛮荒之所、极远之地，生活条件很恶劣。苏东坡流放至此多年，待到朝廷召唤回京路上即因病去世。人地两生、孤苦伶仃、无依无靠、资源匮乏，作为一个妇道人家，面临的困难可想而知。

庆幸的是，她是女性，又遇到了一批淳朴善良的黎族男女。有他们的关照，黄道婆虽在异乡，却能安家落户，享受自由时光；虽在烟瘴之地，却能生存下来，种地纺纱，还学到了纺织本领。毕竟，黎族百姓生产的黎单、黎饰闻名天下，棉纺织技术比较先进。黄道婆聪明能干，不仅迅速将手艺学到家，还将黎汉两族的纺织技术融会贯通，形成了属于自己的独特工艺风格。

黄道婆再也不是那个任人宰割的童养媳了，而成了远近知名的纺织能手，在黎族同胞中人缘极好，深受欢迎。在这片土地上，她愉快地度过了三十多年。

等啊等，盼啊盼，终于熬到了回故乡的那一天。等她再度踏上乌泥泾的土地时，王朝更迭，元朝早已取代南宋，成为帝国的新主宰。对于她来说，不管哪朝当权，都改变不了自己的思乡之情。

跟离开的那会儿不同的是，棉花种植业已经在乌泥泾普及了，棉纺技术还很落后。尽管这个地方给她的少年时代留下的记忆太糟糕，黄道婆还是想用平生所学帮助乡亲们。于是，她一面把从海南学来的纺织技术毫无保留地传授给乡亲们，一面改进棉纺工具，制作出去籽搅车、弹棉椎弓、三锭脚踏纺纱车。

三锭脚踏纺纱车的问世是个创举。以前的老式纺车是单锭手摇式的，三四个人纺纱才能满足一台织布机的需要，功效太差。黄道婆跟木工反复试验，把纺麻用的脚踏纺车改进为三锭棉纺车，纺纱效率提高了两三倍，操作也省力方便，迅速为大家所接受，并推广开来。没想到，这竟是当时世界上最先进的纺车。

改进的不光是设备，还有织造技术。"错纱配色，综线絜花"，就是黄道婆悉心研究的新技术。于是，乌泥泾推出的棉纺织品，图案丰富，质地精美，声名鹊起。松江和乌泥泾沾了黄道婆的光，迅速发展成为全国最大的棉纺织中心，历几百年不衰。

于是，黄道婆终于在她晚年时光，得到了多数人的认同。正如清朝词人秦荣光的竹枝词里所说："乌泥泾庙祀黄婆，标布三林出数多。衣食我民真众母，千秋报赛奏弦歌。"而在上海附近的盛泽镇（今属苏州），到了明清时代，丝绸制品的订单太多，供不应求，号称"衣被天下"。

乾隆《吴江县志》就记载了盛泽镇的丝织业盛况：

> 绫绸之业，宋元以前，惟郡人为之；至明熙、宣间，邑民始渐事机丝，犹往往雇郡人织挽；成、弘以后，土人亦有精其业者，相沿成俗。于是盛泽、黄溪四五十里间，居民尽逐绫绸之利，有力者雇人织挽，贫者皆自织……女工不事纺绩，日夕治丝。

从某种意义上，丝织业的兴盛，成为长三角地区以盛泽镇为代表的一批区域性市镇从落后走向成熟的动因之一。

黄道婆，仅仅是这个纺织国度辉煌时代的缩影。纺车上造出的，不光是精美绝伦的织品，更凝结了中国古代劳动人民的智慧和汗水。

三、纸币：新金融工具昙花一现

北宋淳化五年（994年），成都发生了两件大事。

第一件，成都两次易手。年初，李顺率领的起义军攻破成都，建立跟官府分庭抗礼的新政权——大蜀，喊出了"均贫富"的口号；年中，官军收复成都，击败起义军。经此战乱，成都百业凋敝，好一阵子才缓过来。

第二件，官府宣布叫停设在成都的铁钱监，其后十几年，成都没再铸过铁钱、铜钱，但市场上没有发生钱荒。这是怎么回事？难道成都兵乱的影响有这么大吗？

宋朝对四川的盘剥，不亚于后蜀，但这并不妨碍当地经济发展。市场上需要大量货币，但这些需求大多被一种叫"交子"的东西填补了。《续资治通鉴长编·真宗》如此记载："益、邛、嘉、眉等州，岁铸钱五十余万贯，自李顺作乱，遂罢铸，民间钱益少，私以交子为市，奸弊百出，狱讼滋多。"

这只是交子起源的说法之一。

交子是什么？它是官府认可的区域性流通货币。与其他钱币不同，它是纸币，是世界上最早使用的纸币，比美国、法国早六七百年。

最初的交子只是一种存款凭证。四川成都的一些"交子铺户"就承揽了这样的便民业务。商人们把不便携带的铁钱交给"交子铺户"存放保管，铺户收取一定的保管费，在楮纸券上写明存款金额和其他信息，交给存款商人，作为兑换券或代金券。这种楮纸券就是"交子"。这个阶段，它只是一种存款和汇兑凭证。

关于汇兑,早在唐代就已广泛使用。唐代的飞钱就是一种类似银行汇票的跨地域使用凭证,商人们把钱币交给各地驻京的进奏院(类似驻京办),开具半联凭证,另半联寄回当地,商人们根据需要到当地以此凭证提取现钱。唐中叶以后,商人们在柜坊存入现钱,换取票据,减少携带货币带来的不便。柜坊凭借金融信用,其票据得到了市面的认可,取得了跟现钱接近的流通能力。五代十国时代,马殷在湖南建立楚国,官府铸造的乾封泉宝大铁钱过于笨重,携带不便,于是以契券作为代金兑换券,进入流通市场。

四川人对汇兑的需求非常迫切。宋初四川发行的钱币以铁制为主,每千钱在一二十斤,携带不便。更重要的是,铁钱购买力较低,一匹绫罗要两万钱,得两百多斤。这一怪现状倒逼铁钱出局,纸币率先在四川出现。

交子铺户单打独斗,汇兑的范围终归有限。于是,宋真宗时期,成都十六家官商共同出面,印制统一的汇兑凭证,有图案、有密码、有画押、有图章,面额保留空白,由存款人填写,提取现金时收手续费3%。这样一来,交子的流通范围进一步扩大。

商业行为印发的交子,在信用担保上仍有风险。一旦交子铺户陷入困局,无法兑现,交子的信用就会打折扣。宋仁宗天圣元年(1023年),官府在成都设立益州交子务,正式接管交子发行业务。还设立抄纸院,监督交子印制过程,避免伪造。于是,中国乃至全球最早的官方发行纸币——"官交子"应运而生。

一开始,这些官交子仍是面额空白,临时填写,加盖官印即可。后来索性将面额固定为一贯和五百文。由于纸币在流通过程中易耗损,官府规定了"分界发行",每三年一界,界满兑换新交子。此外，禁止私人印制交子，否则按伪造官方文书论处。

发行纸币，最大的难题是控制印钞规模，防止纸币超发。所谓"一印解千愁"，当然是对市场秩序不负责任和赤裸裸的掠夺。四川官府在发行首届官交子时，还是很重视准备金问题的。发行额一百二十六万贯，储备的铁钱多达三百六十万贯，准备金率28%。

交子的出现，在中国金融史上具有划时代的意义。不过，它的发行范围基本没有跳出四川。宋徽宗时代，朝廷开销浩大，便打起纸币的主意，将四川的交子向全国推广，后在崇宁年间改交子为钱引。跟交子不同，钱引的印制更加精美，但没有准备金，不允许兑换金属货币，而且面值很大（以"缗"为单位）。这样，朝廷就可以随意增发，钱引从一入市就持续贬值。

北宋还没灭亡，纸币就成了朝廷敛财的工具。准备金率的既有规定，再也无法约束那只看得见的贪婪之手。钱引发行几年光景，"不蓄本钱而增造无艺，至引一缗当钱十数"，贬值即已达几十倍乃至百倍。北宋、南宋乃至元朝政权的覆灭，与滥发纸币导致政府信用和货币体系崩溃不无关系。

因而，尽管明初依然发行了一段时间宝钞，但很快就废止，转而使用"洪武通宝"之类的铜钱。至明后期，随着美洲白银的大量流入，白银逐渐取代铜钱，成为官府计量大宗流通的主货币。

不管怎样，纸币的出现，至少解决了商品经济快速发展过程中不断出现的金属货币短缺和不易携带的问题，也极大缓解了不同地域各自为政导致金属货币制式差异而存在的不通用问题。对于官府平衡预算而言，纸币的出现有利于阶段性弥补财政赤字。这当然是个历史进步。

四、市舶司：蓝海时代的肇始与中断

南宋德佑二年（1276年），元朝大军兵临城下。谢太皇太后、末恭帝以及大批官员出降，临安陷落。南宋王朝气数将尽。

陆秀夫、张世杰、文天祥等南宋遗臣连续拥立了两个小皇帝，分别是端宗赵昰和末帝赵昺。为了给小朝廷续命，张世杰等人南撤泉州，准备久居此地，恢复河山。

作为南宋最大的港口城市，泉州的海外贸易极为发达，靠蓝海生意发家的蒲寿庚，俨然当地"地头蛇"。他是穆斯林海商，是阿拉伯商人后裔，经营远洋贸易多年，成为当地首屈一指的富豪。南宋用其所长，任其主管泉州市舶司多年，并兼任福建安抚使兼沿海都置制使。于是，蒲寿庚家族就垄断了南宋海外贸易的政商资源，在诸多商人中遥遥领先。

蒲寿庚家族"以善贾往来海上，致产巨万，家僮数千"。1973年，泉州后渚发掘出一艘南宋海船，载重两百多吨，船上遗存大量胡椒、沉香、龙涎香等香料。有学者认为，这艘船就是蒲寿庚家族的香料船。

无论是元军统帅伯颜，还是宋军统帅张世杰，都格外高看蒲寿庚，无外乎他手里有船、钱和人脉，故先后伸出了招抚的橄榄枝。蒲寿庚的政治倾向，对宋元双方的战略态势将有重要影响。

元军短于海战，迫切需要大量舰船，以及熟悉海况的将领。蒲寿庚自然是合适人选。更何况，在临安陷落之前，他还跟宋朝廷有过武装冲突。不过，对于倒向哪边，蒲寿庚一开始还比较犹豫。他既没有马上接受元朝的劝降，也拒绝了张世杰、陆秀夫等人进入泉州城的诉求。

这个时候的蒲寿庚，有些骑墙，或者说是在观望。

显然，张世杰等人的情况更加窘迫。福建无法安身，他只能派人护送端宗继续向南，撤往广东。糟糕的是，宋军此时装备奇缺，尤其是海战物资。于是，张世杰赌气决定：强征蒲寿庚的商船。"掠其舟并没其赀"，以充军资。这次浩劫，让蒲寿庚损失了两千艘商船和大量资产。

俗话说，冤冤相报何时了。蒲寿庚不是知识分子，没有经过太多儒家伦理熏陶，忠君观念本来就不强。作为商人，他更在乎钱，在乎财富。官府强夺他的财产，虽说有避免其投降元朝，以此资敌的考虑，但也算彻底断了蒲寿庚跟宋朝同心同德的念想。

张世杰扬长而去，蒲寿庚却怒不可遏。他找不到直接的仇家，干脆把气撒了泉州的赵宋室宗子弟身上。这些人的祖先，早在南宋初年就避难来到泉州，在此繁衍生息。到南宋末年，差不多有三千多人。蒲寿庚一声令下，这些人统统死于非命，屠戮殆尽。

跟南宋彻底翻脸，意味着蒲寿庚的骑墙态度走向了终点，除了投降元朝，他已别无出路。蒲寿庚为元军提供了大量船只，为崖山之战消灭南宋最后的水师添了一把柴。他本人和他的后代则继续受到重用，管理福建海外贸易，直至元朝覆灭。

蒲寿庚降元，使泉州免于宋元鼎革时期的战火，算是万幸。

这是一个靠海致富的家族，是隋唐宋元时代海外贸易昌盛的缩影。《建炎以来系年要录》记载，宋高宗曾对大臣说："广南市舶，利入甚厚，提举官宜得人而久任。"这或许也是蒲寿庚虽然跋扈，但其家族长盛不衰的政治保障。毕竟，此时的外贸收入，已经成为南宋赖以对抗金人，维系半壁江山的基石。

事实上，安史之乱以后，随着西域的陷落，陆上丝绸之路中断，海上丝绸之路对中原王朝就显得日益重要。唐后期乃至宋元时代，海上丝绸之路串起了欧亚非三洲，以及太平洋、印度洋和地中海。大量生丝、瓷器源源不断地运往海外，也把中原王朝的影响力带向旧大陆其他地区。泉州、明州（今浙江宁波）、杭州、扬州、登州（今山东烟台）等港口繁盛一时，各地客商云集，货物堆积如山。今天一线城市中深圳和上海的崛起，与那个蓝海时代打下的基础不无关系。

美国学者斯塔夫里阿诺斯在《全球通史》中，对唐宋时期的海外贸易事业给予了高度评价："从汉代起中国对外贸易的规模已相当大。到了唐朝，尤其是宋朝，对外贸易量远远超过以往任何时候。……海上商道——而不是古老的陆路——首次成为中国同外界联系的主要通道。……宋朝时的中国正在朝着一个海上强国的方向发展。但对中国历史和世界历史而言，最致命的事实是这一潜在的可能却从未实现。"

13世纪末，蒙古铁骑横扫中原，席卷江南。当"上帝之鞭"在东瀛两度折戟之后，这支世界上最强大的陆军，开始视海洋为畏途，停止了海上扩张。尽管元朝似乎未曾排斥海外贸易，但拥抱海上文明的主动性似乎已有衰退迹象。尽管朱元璋麾下的水师实力强劲，但他对海洋同样缺乏概念。明初"片板不许下海"的限制政策，似乎比乾隆以后的闭关政策更甚。

属于古代中国的蓝海时代，近乎戛然而止。

这几本书值得读一读：

1. 张泽咸：《唐代工商业》，北京：中国社会科学出版社，1995年。

2. 向达：《唐代长安与西域文明》，北京：商务印书馆，2015年。

3. 杜文玉：《隋唐长安：隋唐时代丝绸之路起点》，西安：三秦出版社，2015年。

4. 荣新江：《隋唐长安：性别、记忆及其他》，上海：复旦大学出版社，2010年。

5. 包伟民：《宋代城市研究》，北京：中华书局，2014年。

6. 杨万里：《宋词与宋代的城市生活》，上海：华东师范大学出版社，2006年。

7. 伊永文：《行走在宋代的城市：宋代城市风情图记》，北京：中华书局，2005年。

8. 魏明孔：《隋唐手工业研究》，兰州：甘肃人民出版社，1999年。

9. 卢华语：《唐代蚕桑丝绸研究》，北京：首都师范大学出版社，1995年。

10. 羊中兴、冯衍甫：《黄道婆评传：从织女到先棉的故事》，海口：海南出版社，2008年。

11. 张家驹：《黄道婆和上海棉纺织业》，上海：上海人民出版社，1959年。

12. 高聪明：《宋代货币与货币流通研究》，保定：河北大学出版社，2000年。

13. 贾大泉：《宋代四川纸币》，成都：四川人民出版社，2001年。

14. 赵丰：《唐代丝绸与丝绸之路》，西安：三秦出版社，1992年。

15. 刘淼、胡舒扬：《沉船、瓷器与海上丝绸之路》，北京：社会科学文献出版社，2016年。

第三专题

理学与文学：文化的转型

贵族政治在唐宋时代的没落，既有科举制的推动，也是世家大族多次洗牌的结果，但这并不意味着支撑士族阶层的思想文化的彻底衰败。相反，唐宋时代是由贵族政治向士大夫官僚阶层与君主共治天下的形态转型的重要时期。所谓"不杀士大夫"的两宋祖训，就是这一转型的生动写照。

这样的转型，标志着儒家统治时代的真正到来；这样的转型，也需要儒家思想注入新的价值理念和时代内涵。于是，以程朱理学为代表的新儒学应运而生。

科举考试的内容导向，令唐诗宋词大放异彩；城市商业的发展繁荣，加上书院的兴起，推动了文化普及，以及文学大众化的进程，从而带动了市民文化如元杂剧的崛起。

考虑到具有世界影响力的明清四大名著，就植根于市民文化（比如话本），唐宋时代文学转型的历史意义便更加突出。

第七章

有唐宋特色的新儒学

皖南胡氏祠堂后厅悬挂着一个斗大的"孝"字，相传是南宋大理学家朱熹所书。

据《吕氏春秋·孝行览第二》载，对于"孝"的含义，曾子的解释是："身者，父母之遗体也。行父母之遗体，敢不敬乎？居处不庄，非孝也；事君不忠，非孝也；莅官不敬，非孝也；朋友不笃，非孝也；战陈无勇，非孝也。"

意思是说，人的身体是父母所生，使用父母给予的身体，怎敢不小心谨慎？平时言行不恭，侍奉君主不忠，做官不谨慎，交友不诚恳，临战不勇敢，都不是孝的表现。

袁甫《忠孝诗》中"战死犹留千古名，大夫赤心为宗社"，既是忠，也是孝；《礼记》中所谓"大孝尊亲，其次弗辱，其下能养"，更是纯孝。

"孝"是儒家伦理之一。尽管汉武帝采纳董仲舒的建议，"罢黜百家，独尊儒术"，但儒家伦理道德真正深入人心，恐怕还是在隋唐以后，其中的动力源泉就是科举考试——人们发现，只要学好儒家经典，就有机会出人头地。而金榜题名改变命运之后，儒学就走出象牙塔，逐渐步入民间，成了人民群众喜闻乐见的显学。

因此，儒家文化的普及，离不开科举考试制度的实施。而这项为期一千三百多年的考试制度，发端绝非偶然，意义非比寻常。

一、科举制：选人用人的方向性变革

北宋嘉祐元年（1056年），苏轼进京赶考。

这是苏轼第一次出川赴京，时年二十一岁。

他不是一个人在战斗——父亲苏洵带着他以及十九岁的弟弟苏辙，一起来显身手。

第二年春闱过后，主考官欧阳修审阅试卷，突然发现有一份文字清新洒脱，如行云流水，令人耳目一新。当时的考卷都是密封试卷，姓名是糊上的，看不到。欧阳修本想直接给第一名，但越看越觉得像是自己的弟子曾巩所作。为了避嫌，这份试卷给了第二名。开榜之时，第二名不是曾巩，而是苏轼，欧阳修后悔之余，对苏轼的文笔大加赞赏，称"此人可谓善读书，善用书，他日文章必独步天下"。

抛开苏轼的才华不谈，单说这项考试制度，在北宋时期已日臻成熟。两宋时代，人才辈出，群星璀璨，他们大多经过了科举锤炼，有不少并非大富大贵出身，说明科举考试确是帮助真人才脱颖而出的重要渠道。连欧阳修这样的考官，尚对试卷打分慎之又慎，端详试卷良久仍猜不对考生姓名，可见科举考试的制度设计已十分完善，作弊空间较小，能够在一定程度上做到公平公正。

科举考试的出现，的确是历史进步。

春秋时期，诸侯国承继西周旧制，推行世卿世禄制度，老子当官儿当官，重要职位世袭。商鞅变法后，秦国引入军功爵制，有战功的武人，可以凭勇猛杀敌获取更多政治和经济待遇。这或许是打破阶层固化的第一次尝试。

西汉时期，选拔人才的手段主要是察举制和征辟制。前者是由各地地方官考察推荐人才，后者是皇帝和官府征召地方人才入仕任职。这两种制度都有弊端，就是人才选拔全靠口碑。如果这个人才寂寂无名，没人推荐，他几乎没有出头之日。

魏晋时代的九品中正制将这一弊端扩大化了。在制度设计上，它由特定官员和当地有口皆碑的社会贤达对当地民间人才进行权威品评，将备选人才分为九个等级，以便按等级量才使用。可是，由于东汉以来豪族地主势力强大，形成世家大族，干扰甚至把持人才考核，最终将九品中正简化为按门第出身来安排职位，形成了"上品无寒门，下品无士族"的阶层固化新阶段。

人才流动的正常通道一旦堵塞，高层职位的人才储备就会出现断档。久而久之，身居高位的士族官员无法适应魏晋南北朝政治环境巨变的历史考验，朝廷按门第又很难选出满意的大批优秀人才。士族逐渐走向式微。

出身庶族的刘裕建立南朝宋，北魏孝文帝对崔浩一族的屠杀，侯景之乱带来的大规模破坏，都极大削弱了士族的政治影响力和经济实力，推动寒门士人逐渐走向前台，掌握执政权。

科举制源于隋朝。隋文帝曾下诏举"贤良"，也曾要求京官和地方官以"志行修谨"和"清平干济"这两科来举荐人才。隋炀帝更是要求文武官员，以"孝悌有闻""德行敦厚""节义可称""操履清洁""强毅正直""执宪不挠""学业优敏""文才美秀""才堪将略""膂力骁壮"等十科来举荐人才。看得出，这些所谓"开科取士"，其科目多是评语性的，倾向道德教化而非专业业务。

史学界的通行观点是，隋炀帝对科举制的形成做出的最直接贡献就是设立了进士科，主要考时务策，称为"试策"。"进士"一词出自《礼记·王制》，意为进受爵禄。设立进士科，其实也是隋朝皇帝加强中央集权的一个步骤。毕竟，它将选人用人的主导权，从各地州府上收于朝廷的吏部。

科举考试区别于其他选人用人制度，至少有三个显著特征：

一是士人"投牒自举"。也就是说，自由报考，不必非得由公卿大臣推荐。如此就免去了各种评价机制和门第等次的羁绊。

二是"一切以程文为去留"。也就是说，考生应考，无论考上还是落榜，都要经过严格的考试来决定，而不是某位高官一言以定去留。

三是定期应试，以进士科为主要的选人科目。

这些做法，其实早在南北朝时期就已出现，但形成制度还得到隋唐时期。

唐朝的科举制度体现在五个方面。

其一，考试大类分为常科和制科。前者是每年定期举行的考试，后者是皇帝下令临时举行的考试。

其二，尽管常设的考试科目很多，但常科里最受重视的，还是明经和进士两科。前者主要考时务策与经义，考法是帖经和墨义，后者主要考时务策和诗赋、文章。

帖经，就是把经书任意挑出一页，蒙上左右两边，中间只开一行，再用纸贴盖上三个字，让考生填充，类似今天的填空题；墨义，就是对经文的字句进行完整表述，类似今天的默写题。因此，明经考的就是死记硬背，只要熟读四书五经及其注释，就能考出好成绩。

进士科考诗赋、文章，需要有文学天赋和文艺才干，难度更大，要求更高。因此，进士科往往更被倚重，唐代许多宰相都是进士科出身。坊间也有"三十老明经，五十少进士"的说法，极言进士科之难。

其三，能把科举考试的全流程走下来，是需要很强毅力的。常科的考生大多两个来源，一是生徒，出身京师和州县的学馆，送往尚书省接受考试；二是乡贡，没在学馆就读，而是直接应对州县考试，及第后再送尚书省。

其四，唐代的科举考试有三关。第一关是州县考试，又称"解试"；第二关是尚书省考试，又称"省试"、礼部考试，俗称"春闱"；第三关是武则天时代新设置的，由皇帝亲自主持的"殿试"。到了明清时代，这三关分别演化为"乡试""会试"和"殿试"。

其五，盛唐时代有开放包容的胸襟，在人才选拔方面也不例外。并非所有人天生就是读书种子，擅长诗词歌赋，有些人头脑简单，但四肢发达。从武则天长安二年（702年）起，朝廷开设武举，考生必须是乡贡出身，起码要有一点文化基础。武举由兵部主持，考试科目包括马射、步射、平射、负重摔跤等。"高第者授以官，其次以类升。"武举也有状元，最有名的当属在平定安史之乱中功勋卓著的朔方节度使郭子仪。

殿试登榜，高中进士，并不意味着官职唾手可得。在宴饮庆贺和雁塔题名后，进士们还要参加吏部组织的选试，合格了才能安排官职，走马上任。这可不是走过场，还是有很多不慎失利的案例。

大文学家韩愈，当初考中进士后，参加吏部选试，三次都没通过，只好先委身节度使幕府当个幕僚，再"曲线救国"，踏入官场。

到了北宋时代，朝廷重文轻武，稽古右文，奉行"守内虚外"的国策，重视教育和考试选拔人才，因而科举考试的基本制度得到了延续，但也有些新变化。

变化一：录取政策放宽。宋代进士分为进士及第、进士出身、同进士出身三个等级。名额也比唐代每次一二十人要多。宋真宗时期，一次就录取三百多名进士。考上进士的考生，也不需要参加吏部选试，而是直接授予官职。进士出身的官员，最后晋升为宰相的概率更高。因此，宋代学者吕祖谦曾说："进士之科，往往皆为将相，皆极通显。"

录取名额成倍增加，其实是把双刃剑。一方面，朝廷的统治基础扩大了，大量知识分子被纳入体制内，两宋时期没有发生全国规模的农民起义，知识分子也很少参与本就寥寥无几的民变和兵变。另一方面，录了这么多进士，就得设置这么多官缺，导致选官过滥，成为北宋中叶冗官问题的滥觞之一。

变化二：防范从严。古今中外，但凡有考试，就有作弊现象。隋唐开科取士以后，徇私舞弊的案例就层出不穷。北宋为了解决这个问题，在制度设计上更加严格，推出了糊名和誊录两招。

糊名，又叫"弥封"或"封弥"，就是把考生的姓名和籍贯密封起来。誊录，就是组织专人对考卷另行誊录。这样，考官在阅卷的时候，不仅不知道考生姓名，连考生的字迹也无从辨认，遑论标记。如此一来，对防止考官营私舞弊确实发挥了积极作用。

变化三：内容更新。宋初的科举考试，内容跟唐朝相仿，主要是帖经、墨义和诗赋。这些内容，考的只是文笔和记性，以及一些谋篇布局的思维方式，考不出对经义的理解和综合分析水平，也考不出实际办事能力。显然，唐代和宋初的考试内容，跟做官的实际需求有脱节。

王安石当政期间，就将帖经、墨义和诗赋拿掉，改为经义论策，用四书五经的语句作为题目，要求考生按照四书五经的主旨意涵进行论述和解读。为了加强考试的规范性，王安石还主持编纂了《三经新义》和《字说》，作为考试教材。不过，这些考试教材似乎编得过于仓促，有些内容荒诞不经，比如，将"笃"解读为"以竹鞭马"，将"飞"解读为"鸟爪反面升"。

《小学考·文字十》记载了王安石和苏轼的一段对话：

> 王荆公好解字说而不本《说文》，妄自杜撰。刘贡父曰："《易》之观卦，即是老鹳，《诗》之小雅，即是老鸦。"荆公不觉欣然，久乃悟其戏。又问东坡："鸠字何以从九？"东坡曰："鳲鸠在桑，其子七兮。连娘带爷，恰是九个。"又自言："波者水之皮。"坡公笑曰："然则滑是水之骨也。"

变法失败后，《三经新义》和《字说》被弃用，考试内容也没有恢复到宋初的状态，而是更为多元化，有时考诗赋，有时考经义，有时兼而有之。

两宋时期共三百二十年，开科一百一十八次，录取进士超过两万人。毫无疑问，这是科举制度的黄金时代。

元朝历时近百年，开科十六次，录取一千一百多人。不过，跟宋朝相比，进士出身的人才在元朝不怎么受重用。然而，能把这项制度保留下来，加以延续，至少说明，科举制度背后的文化内涵及其选拔人才的思路和价值，蒙古统治者是接受了。

科举制度的创制，至少有两方面意义：

其一，它为寒门子弟开了一扇窗，提供了通过"十年寒窗"实现命运转折和阶层流动的主渠道，也打破了魏晋南北朝以来士族垄断高位、全社会阶层固化的局面，是历史进步。

其二，科举文化得到了全社会各阶层的认同，通过苦读和赶考，儒家文化经典得到传播和普及，为更多人所认同，巩固了儒家思想在中国封建社会意识形态领域的统治地位。

值得注意的是，隋唐科举考的四书五经，跟两宋时代及其以后已有差异。这得益于程朱理学的出现。

二、相由心生：程朱理学的兴起

程颢、程颐，合称"二程"，河南嵩县人，北宋著名理学家。在儒学理论衍生发展的进程中，他们起到了承先启后的作用，但两人并非一开始就看似"圣人"。

幼年程颢，学习用功，不仅将四书五经背得烂熟，还兼修天文地理，是学馆里的"书虫"。反观弟弟程颐，对读书没啥兴趣，更热衷玩耍，为此经常逃学。

一天，程颐又溜出学馆，爬到一棵树上摸鸟蛋。他发现，受惊飞走的大鸟羽毛艳丽，声如犬吠，留在窝里的鸟蛋四四方方，甚是奇特。他抓了几个，藏在袖中，跑回学馆，找哥哥请教。当然，还带有点炫耀的意思。

程颢看了看，反问他："你知道这是什么？"程颐当然不知道，只好如实回答。此时，只见程颢清清嗓子，微微一笑，慢慢说道："这叫丁郎蛋。"

弟弟以为哥哥欺负他年幼无知，就继续追问。程颢的回答让他瞪大了眼："有老话说，丁郎，丁郎，下蛋四方，叫声如狗咬，窝是灵芝草，栖在檀香树上。你看这窝是宝贝，树也是宝贝，你只拿回几个蛋，有什么用？"

程颐听完，有点懵，他瞪大眼睛问哥哥："你终日在学馆读书，怎么会连丁郎蛋都知道得这么清楚？"

程颢本来就想敲打一下这个贪玩的弟弟，单纯说教怕是不管用，但又不知该如何引导。此时此刻，他终于有了因势利导的契机。程颢说："古人云：'秀才不出门，能知天下事。'这丁郎蛋，书里写得很清楚，你不读书，就知道玩，当然不懂了。"

听完哥哥的话，程颐羞愧难当，满脸通红，低头喃喃表示，从今以后，再不贪玩，专心读书。

或许这样的引导方式贴近生活兴趣，着实震撼了内心。总之，程颐没有食言，发奋读书，终于跟哥哥齐名，成为理学大师。

两人学业有成，声名鹊起，招收了很多慕名而来的徒弟，分别被尊称为明道先生和伊川先生。不过，在个人修养和心性定力方面，兄弟俩有很大差别。

据说，二程应邀参加一位名士的家宴。席间，主人安排歌姬给二程陪酒。当然，推杯把盏之间，免不了打情骂俏。弟弟程颐很不习惯，认为有辱斯文，很快就借故离席；哥哥程颢却安坐席间，视而不见，把酒言欢，尽兴而去。

第二天，弟弟来到哥哥的书房，抱怨哥哥不该放低身段，跟歌姬们厮混。没想到哥哥程颢则义正词严："某当时在彼与饮，座中有妓，心中原无妓；吾弟今日处斋头，斋中本无妓，心中却还有妓。"

程颢这话的意思是说，昨晚宴会座中有妩媚的歌姬，但自己心中早已除却色欲，心性坚定，不为所动，故而"座中有妓，心中原无妓"。言外之意，弟弟程颐虽然早已放弃贪玩，迎头赶上，但心性定力似乎比哥哥还是差一截子。

虽说定力不足，但程颐的学问长进很快，为世人推崇，好名声也传到了皇上耳朵里。于是，宋哲宗特邀他进宫讲经论史，辅佐读书。不管怎么样，能当帝师，是可遇不可求的好事。程颐欣然愿往。不过，宋哲宗只看重他的学问，却忽视了程颐的一个毛病：太迂腐。其实，之前跟哥哥较真"座上有妓"之时，已经展现出他迂的一面。可在皇上面前，这股较真劲有点闹大了。

早春时节，宫里气氛清新，花卉含苞欲放，杨柳吐丝，春意盎然。程颐进讲结束，尚未离去，宋哲宗起身活动，见到窗外杨柳茵茵，顿时来了兴致，将手伸出窗外，折断一根柳枝玩耍。

程颐见此情景，竟然上来劝谏道：春天是万物生长的季节，皇上不可无故摧残柳枝，不然就有失天道正义。

此言一出，宋哲宗顿时心情大坏，随手扔掉了柳枝，拂袖而去。

后来，有人拿孟子举例，说梁惠王自称"好色""好货"，孟子便说，只要与民同享，好色、好货均无妨害。如今，皇帝连折根柳条也要被程颐上纲上线地批评，程老夫子似乎太迂了。

相比之下，哥哥程颢就更实在一些。

据说，程颢在做地方官时，辖县境内有两条河，沿岸不法之徒胁迫勒索往来船民的钱财，有流氓黑恶势力的架势。若有不从，就聚众烧船。于是，每年都有几十艘船被焚毁。

程颢上任后，二话不说，直接抓人。可当把这些匪徒押到县衙，却获悉他们也是为生活所迫，不得不落草。这样的审讯，令程颢陷入了深思：即便把他们统统处死，或者判刑流放，或许还会有新的生活无着落者步入歧途，为害乡里。与其贻害无穷，不如对症下药，治病救人。于是，程颢做出了一个逾越常理的决定——匪徒罪责既往不咎，让他们沿河分散居住，拉纤为业，兼差维护沿河治安。

这是个改堵为疏的治本之策，效果立竿见影。程颢治下，再无勒索焚船事件发生。

程颢为官，还断过一桩奇案。

据说有人借住在其兄长的宅院里，挖地窖时挖出许多埋在地下的钱，干脆据为己有。后来，兄长的儿子登门索取，这人推说钱是自己近年所存，怎能说给就给。于是，兄长之子就把状纸递到了衙门，说地窖里所挖之钱，都是其父早年埋下的。

程颢看完状纸就问，这钱你父亲已经埋了多久？答曰四十年。程颢又问，你叔叔在此借住多久？答曰二十年。接着，程颢就派官员登门，取来一些从地窖挖出的铜钱查验，随后直接传唤原告的叔叔，也就是这位借住之人到堂候审。

见到此人，程颢开门见山，直接说道，朝廷铸钱，不到五年就流通全国各地，你挖出的钱都是几十年前所铸，这怎么解释？此人一时语塞，只好承认这些钱不是自己所藏。于是，程颢按律判定，借住之人不仅退钱，还要接受杖责。

讲了这么多二程的轶事，其实旨在说明，他们投身儒学改造，开创北宋理学绝非偶然，跟他们自身的生活经历密不可分。

二程都曾就学于周敦颐，其学说被称为"身心之学"和"心性之学"。其最高哲学范畴是"理"，作为绝对本体而衍生出宇宙万物。其最高心理范畴是"心"，作为"理"的等同物而产生人的形体："有是心，斯具是形以生。"后来闻名遐迩的"存天理，灭人欲"的理学核心思想，即是源于二程。

尽管程颐有些迂腐，但二程的学术主张并不保守。他们提倡"穷经以致用"，突破了传统儒学墨守成规的治学方法。在理学思想成为主流意识形态，长期束缚知识分子思想开放和自然科学发展进步之前，这一学风无疑是值得肯定和能够发挥积极作用的。

值得注意的是，程颢、程颐并非平民子弟，而是出身望族。高祖程羽，是宋太祖赵匡胤麾下将领，还当过宋太宗的幕僚、宋真宗的老师，官至兵部侍郎，死后追赠少卿，地位显要。曾祖父当过尚书虞部员外郎，祖父当过吏部尚书，父亲虽然只是靠祖上荫庇步入仕途，后来也在中央和地方摸爬滚打，官至太中大夫。事实说明，像理学研究这样的大学问，真不是一般家族做得起的。

当然，程颢、程颐的学术创新也非凭空而来。卞孝萱《韩愈评传》认为，在历史上，儒学一直在发展与创新。唐代韩愈以周公、孔子的继承者自居，排斥佛、道，鄙薄汉代以来的儒学，认为孔子、周公之道在孟子之后已经断绝。他在《原道》中说："斯吾所谓道也，非向所谓老与佛之道也。尧以是传之舜，舜以是传之禹，禹以是传之汤，汤以是传之文、武、周公，文、武、周公传之孔子，孔子传之孟轲。轲之死，不得其传焉。"他的这一主张被宋代儒学接受并发扬。当代学者认为韩愈开了宋代"新儒学"的先河。

以韩愈为代表的隋唐儒学家，开辟了"三教合一"的主张。这是顺应魏晋南北朝以来佛教势强的历史趋势，扭转儒学式微局面的主动破局之举。正是站在韩愈等思想界巨人的肩膀上，程颢、程颐才成为程朱理学的开山大师，也为朱熹成为理学的集大成者打下了坚实基础。

三、格物致知：程朱理学的势强

两宋的城市经济，较之隋唐更繁荣，业态更丰富。瓦子、酒楼、店铺林立。经济总量的膨胀，推动社会风气发生了微妙变化。

《宋会要辑稿·刑法》曾描述道："近岁士庶之家侈靡相尚，居第服玩，僭拟公侯……"

《梦粱录·民俗》也描述说："自（南宋理宗）淳祐年来，衣冠更易。有一等晚年后生，不体旧规，裹奇巾异服，三五为群，斗美夸丽，殊令人厌见，非复旧时淳朴矣。"

生活富裕带来的浮华之风，激起了物欲横流。在一些大儒看来，这与儒家思想的传统观念大相径庭。于是，他们提出了"存天理，灭人欲"的主张，并将其发扬光大，形成理论体系。而这一体系的集大成者，就是朱熹。

朱熹，字元晦，又字仲晦，号晦庵，晚称晦翁，谥文，故世称朱文公。尽管在世的最后几年，朱熹及其理学受到了权臣韩侂胄的排斥，但在后人看来，朱熹的学术地位或许仅次于孔孟，近乎"圣人"。

他被尊为朱子，成为非孔子亲传弟子而享祀孔庙、位列大成殿十二哲者的唯一案例。朱熹之学绝非空穴来风，他的主张得益于二程，他是程颢、程颐的三传弟子李侗的学生。

朱熹并非只是著书立说，埋头做学问，他也入仕做官，历任江西南康、福建漳州知府、浙东巡抚，为官清廉，发展书院教育卓有成效。由于学问优秀，他还当过焕章阁侍制兼侍讲，为宋宁宗讲学，成为当朝帝师。

作为出身儒学世家的孩子，少年时代的朱熹，即显示出聪慧好学、求知欲旺盛的特点。朱熹的父亲朱松也是儒生，深受二程理学影响，期望儿子能按照儒家标准，向圣贤靠拢。据传朱松曾指天说道："天也。"没想到年幼的朱熹问道："天之上何物？"后来朱熹更是抛出"日何附"，当朱松以"附于天"作答时，朱熹又问"天何附"。这一连串的追问，让朱松大为惊讶。

根据《朱子年谱》记载，十岁那年，朱熹便"厉志圣贤之学"，研读四书五经，尤其是"读《孟子》，至圣人与我同类者，喜不可言"。他确实暗下决心，"凡人须以圣贤为己任"。其实，他童年时期就能读懂《孝经》，自勉"若不如此，便不成人"。可见，朱熹向圣人看齐的决心坚定。

然而，就在十四岁那年，父亲朱松英年早逝。

忍住悲痛，朱熹继续求学治学。绍兴十七年（1147年），十八岁的朱熹参加乡贡。由于他在佛学禅宗领域见解独特，得到考官青睐，从而轻松录取。主考官蔡兹对他赞不绝口："吾取中一后生，三篇策皆欲为朝廷措置大事，他日必非常人。"

第二年，朱熹再接再厉，考中进士，告别学生生涯，进入官员队伍。这是南宋绍兴末年，宋高宗君臣早已失去了恢复中原的进取精神，满足于偏安一隅的局面。举目所及，妄佛求仙之世风，凋敝民气，耗散国力，有碍国家中兴。

作为一个有追求、有抱负的热血青年，朱熹渴望有所作为，但又深感位卑言轻，无力改变，只有重新拜师，夯实学问，冀图在学术上有所建树，帮助朝廷再度振作。于是，他尊李侗为师，承袭二程理学。

就在金国皇帝完颜亮南征之际，宋高宗突然宣布退位，不愿再直面宋金战争。火速登基的宋孝宗决定摆出与其父截然不同的姿态：内开言路，外御强敌。朱熹也上书言事，反和主战、反佛崇儒。

一年后，他奉旨入宫，向宋孝宗面奏三札：一是论正心诚意、格物致知之学，反对老、佛学说；二是论述"尊王攘夷"的道理，强调复仇精神，反对屈膝议和；三是主张整顿政务，反对宠信佞臣，反对议和。可惜，他的这些主张几乎都被弃置一旁，朝廷并未采纳。毕竟，宋孝宗在经历了隆兴北伐的失败，特别是跟金朝达成"隆兴和议"后，再也没了北伐中原的念想，就连年号也改成了"乾道"。

皇帝可以自暴自弃，朱熹却不愿让大好青春荒废，于是继续研习二程理学。乾道五年（1169年），朱熹用"敬"和"双修"的思想重读二程著作，独创"中和新说"，站在二程的肩膀上有所超越，标志着朱熹哲学思想走向成熟。他的著述很多，有《四书章句集注》《太极图说解》《通书解说》《周易读本》《楚辞集注》等，后人辑有《朱子大全》《朱子集语象》等。

在朱熹看来，"理"是世界的本原，是天下万物都要遵循的普遍原则，体现在社会上就是儒家伦理道德，体现在人身上就是人性。要把握"理"，就要通过"格物致知"的方法，接触世间万事万物，体会各种知识，在此基础上加深对"理"的理解和体验，最终贯通明"理"。

综合马克垚在《世界文明史》中的言论，可以概述出：理学家提出"理"作为宇宙万物的本原，它以儒家的礼法、伦理思想为核心，吸收佛道思想中的精粹，形成了析理精微、论证明确的哲学体系，这是两汉的粗糙儒学所无法比拟的。理学家以儒家"圣人"为最高境界，充分肯定人的现实生活、道德精神的意义；它摒弃佛道所宣扬的彼岸世界，不相信灵魂不灭、轮回转世之说，而力求在现实世界中实现崇高的理想，所以它是一种理性主义的哲学。

尽管这套理论将个人、社会和宇宙联系起来，个人对天仍然要敬畏和服从，一旦人的私欲和准则发生冲突，就必须"存天理，灭人欲"。

早在北宋时期，《二程遗书》中就有记载："又问：'或有孤孀贫穷无托者，可再嫁否？'曰：'只是后世怕寒饿死，故有是说。然饿死事极小，失节事极大。'"

邓小南等主编的《中国妇女史读本》提出这样的观点：中国的县志中有丰富的女性资料，它们清楚地表明，妇女的贞节是当地荣誉的象征。……对风俗的描述，列女志的前言，甚至许多地方志的编纂体例都清楚地显示，女性贞节是向外部世界描绘地方道德标准的总共和价值观的组成部分。来自长江中下游的一些例子很有说服力，《歙县志》中就有如下描写："歙称闺门邹鲁，盖山川清淑之气所独钟，抑亦程朱之教泽。"

这些理论信条，尽管当代不够重视，但易代以后，它们所倡导的等级观念和秩序观念，却与统治阶层的需求不谋而合，从而终于在明清时期升格为官方正统儒学。朱熹的《四书章句集注》还成为钦定的教科书和科举考试标准。

朱熹曾有脚病，请江湖郎中为他治疗。针灸之后，病痛缓解，腿脚轻便不少。朱熹非常高兴，不仅重金酬谢，还送了一首诗，盛赞江湖郎中手到病除，让朱老先生扔掉拐杖笑看人生。郎中拿了朱熹手书的赠诗，扬长而去。没过几天，朱熹旧病复发，脚疼难忍，比没针灸之前更加严重，急忙派人去找那个江湖郎中。可是，人早已不知去向。朱熹叹了口气，不无遗憾地说道："我不是想惩罚他，只是想把送给他的那首诗追回来，我怕他拿去招摇撞骗，耽误别人治病。"从这件事看，朱熹的学问已令他的社会知名度大大提升。

其实，与深奥晦涩的哲学主张相比，朱熹在学以致用方面的成就似乎更加突出。

乾道三年（1167年），福建崇安发生水灾。朱熹奉命前去查勘灾情。他来到灾区，四处查访，发现"肉食者漠然无意于民，直是难与图事"。显然，朝廷不思进取的作为，感染了地方官，使他们更加懒政。如果任由灾情持续，农田绝收，地方官再不认真救济，等到来年青黄不接，灾民衣食无着，有可能揭竿而起，届时后果将不堪设想。朱熹跟知县商量后决定，号召地方豪富开仓放粮，赈济饥民，同时向朝廷要救济粮，这才渡过难关，避免了一场骚乱。此事过后，朱熹的脑海里逐渐形成了"社仓"的概念，作为解决灾民青黄不接阶段口粮问题的长效机制。他的想法是，"社仓"在青黄不接时贷粮食给农民，收年息20%，如果发生小规模饥荒，利息减半，如果发生大规模饥荒，利息全免。20%的年息不低，但比起富豪们的高利贷，还是便宜许多。这样的做法，其实王安石在一个世纪前就推广过，那就是青苗法，只不过后来又废除了。

乾道七年（1171年），朱熹决定在家乡率先创办"五夫社仓"，试点贷粮工作，取得积极成效。他多次上奏朝廷，将其做法推广到全国。然而，谁都知道，社仓的存在，抢了官僚地主和富豪的高利贷生意，相当于虎口夺食，自然会招致这些既得利益者的阻挠。结果可想而知：社仓只在极少数地区实施过，没能向全国铺开。

比起官场的尔虞我诈，朱熹更愿意将自己沉浸在学术的海洋里。在南宋的理学家里，陆九渊小朱熹九岁，但名气也很大。虽然同是唯心主义理学家，都要将儒学拓展延伸，但思想方法和研究路径大有不同。观点不同，会有碰撞，要争个谁是谁非。由于天各一方，多数情况下两人还是书信往来，探讨争辩，只有一次是个例外，那就是鹅湖之会。

淳熙二年（1191年），还是宋孝宗在位时期，知名学者吕祖谦邀请朱熹和陆九渊等人，来到信州鹅湖寺（位于今江西铅山）聚会，讨论"为学之方"。这就是中国学术史上有名的"鹅湖之会"。

朱、陆亮出了各自的论点。陆九渊主张"心即理"，朱熹强调"格物穷理"；陆九渊主张"尊德性"为先，朱熹主张"道问学"为上。论辩不休，谁也说服不了谁。

陆九渊很不服气，写了首七律，其中有云："易简功夫终久大，支离事业竟浮沉。欲知自下升高处，真伪先须辨只今。"言语间，批评朱熹的研究方法支离破碎，学术方向不够明确，不如先定下做圣贤的本心，真理在手，是非自明。

朱熹当然不认同"易简功夫",也不赞成陆九渊的批评,但他没有马上回应,而是经过三年深思熟虑,才端出了应和诗:"德义风流夙所钦,别离三载更关心。偶扶藜杖出寒谷,又枉蓝舆度远岑。旧学商量加邃密,新知培养转深沉。只愁说到无言处,不信人间有古今。"特别是最后四句,强调既要尊重学术传统,坚定执着地将自己开辟的学术道路走下去,又要培养豁达的学术胸襟,对新知识要深入探索,敢于包容,不断开拓新领域。

几年后,陆九渊来到白鹿洞书院拜会朱熹,请他为自己兄长陆九龄写个墓志铭。尽管鹅湖之会两人争辩很激烈,但这次不谈学术,两人反倒一见如故,互相仰慕。朱熹不但欣然接受和书写,还请陆九渊在书院开课,讲授《论语》里"君子喻于义,小人喻于利"一章。听众无不动容,大为感慨。这也说明,虽然朱熹的理学和陆九渊的心学有分歧,但朱熹学术态度端正,风格大度豁达。

朱熹虽然学问精进,品格不俗,却也无法逃避政治斗争的冲击。学问和知名度,为他赢得了进入临安皇宫当帝师的机会,服务对象是宋宁宗,职位头衔是焕章阁待制兼侍讲。朱熹希望经由这样的机会,将自己的学术成果灌输给年轻的皇帝,逐步成为这个王朝的主流政治学说,传之四海。当然,他并非痴心妄想,而是希望用理学的理念导引皇帝向善向好。

绍熙五年(1194年)十月十四日,朱熹奉旨进讲《大学》,强调"格物、致知、诚意、正心、修身、齐家、治国、平天下"八目,期望通过匡正君德来限制君权滥用。这一理念当然被宋宁宗所抵触。更糟糕的是,外戚韩侂胄专权跋扈,更容不得朱熹的"反集权"学说。很遗憾,朱熹在首都只工作了四十六天,就被免职了。

对朱熹来说，丢官离京，仅仅是倒霉的第一步。

庆元二年（1196年），监察御史沈继祖弹劾朱熹十大罪状。尽管这些罪状，基本都是移花接木、捕风捉影，甚至捏造事实，经不起推敲，但眼下朱熹已经成了韩侂胄树立权威的拦路虎，必除之而后快。很快，有朝臣就炮制了一份五十九人名单，说这些人是"伪逆党籍"。朱熹作为"伪学魁首"，竟然名列第五。结果，朱熹的理学就被认定为"伪学"，而当时提出的口号正是"斩朱熹，绝伪学"。于是，朱熹门人流放的流放，坐牢的坐牢，朱熹本人也被扣上了伪学的帽子，丢掉一切官职。

在人生的最后几年里，朱熹一面要强忍庆元党禁的压力，一面还要整理残篇，写完专著。此时，他足疾发作，病情恶化，左眼失明，右眼也几乎失明。是忘我的牺牲精神和充满定力的奋斗精神，支撑了他跟死亡赛跑的决心和斗志。

朱熹去世了，但他留下的一些诗词，很值得玩味：

观书有感

半亩方塘一鉴开，天光云影共徘徊。

问渠那得清如许，为有源头活水来。

题榴花

五月榴花照眼明，枝间时见子初成。

可怜此地无车马，颠倒苍苔落绛英。

四、似玄非玄的陆王心学

一说到"心学",感觉往往是似玄非玄。其实,心学只是新儒学的一个门派。心学的开山鼻祖,其实是孟子,他提出的"致良知"成为心学的核心理念。陆九渊和王阳明,才是这个门派的集大成者。

陆九渊,江西抚州人,跟王安石算是老乡。他曾高中进士,为官一方,有些政绩。他曾在贵溪龙虎山聚徒讲学,当地山形如象,故而自号"象山翁",人称"象山先生"。他的书斋名曰"存",因而又被称为"存斋先生"。

陆九渊的父亲陆贺育有六子,陆九渊排行第六。除了他,四兄陆九韶、五兄陆九龄,都是博学之士,在他们的家乡金溪县很出名,人称"金溪三陆"。

陆九渊自幼聪颖,喜欢刨根问底。他曾问父亲"天地何所穷际",父亲笑而不答,他便日夜冥想,直至长大后,从书中读到对"宇宙"二字的解读,才弄懂其中的奥妙。

南宋乾道八年(1172年),陆九渊金榜题名,步入仕途,辗转江西、福建,担任基层地方官。他曾力主恢复中原,却人微言轻,便将国家当作病患,提出医治国家的"四君子汤",即任贤、使能、赏功、罚罪,但这仅仅是原则性的主张。不过,陆九渊并非书呆子,知天命之年,他奉旨调任荆湖北路荆门知军,管辖今荆门、当阳两县,展现了一定的地方治理才能。

跟江西、福建不同,地处今湖北西部的荆门,是南宋抗金的前沿阵地,东西南北各有随州、宜昌、江陵和襄阳,道路通达,易攻难守。尽管宋金议和多年,但金兵仍时有侵扰。他意识到,只有荆门稳如泰山，周边城镇才会安全。为了管好这个战略要地，不给周边城镇添累赘，他决定修城墙。据说由他主持修建的荆门城墙，保存至今，与平遥、西安和辽宁兴城的古城墙一起，成为中国保存最好的四座古城墙。

陆九渊当然不是一个"陆拆拆""陆挖挖"式的基建承包商。他在荆门任上，清正廉明，秉公执法。特别是涉及隐私、违背人伦和有伤风化的案子，就会劝告状人主动撤诉，以维护社会风气淳朴，只对罪行严重、情节恶劣、屡教不改的案子才依律严惩。这样一来，当地民事官司越来越少，每月不过两三起。

荆门原先舆论闭塞，民风保守，陋习较多，陆九渊发挥学术专长，筑亭讲学，听者往往数百人。可谓为官一任，桃李满天下。当地民风大变，教育水平和文明程度显著提升。左丞相周必大对陆九渊给予了高度评价，并将荆门军的治理经验作为地方长官"躬行"的榜样。

有人会问，作为官员的陆九渊，为什么对办私学有格外的兴趣呢？他当然不是为了扬名和牟利，而是出于明理和报国这两种朴素的追求。

他认为，教育对人的发展，具有存心、养心、求放心和去蒙蔽、明天理的作用，因此他对学生的教育引导，首重寻求真理、应用真理，让更多人明白"理"的真实存在。

他看到，南宋朝廷偏安一隅，不思进取，只图自保，要想实现自己雪靖康耻、恢复中原的梦想，只有通过开坛讲学这样的渠道，结识大批有识之士，传布理学信念，培育具有社会责任感的优秀人才，从而使他们成为支撑南宋半壁江山的栋梁。

不论是在荆门，还是之前江西、福建的宦海生涯，陆九渊虽然官做得不大，却在学问上做出了特色。他在程朱理学的基础上，开创了新儒学的另一门派——心学。

在他看来，每个人都具有不虑而知、不学而能的良心，这是先天的，是人的本心。它存在于人心，又充塞于宇宙。人的一切恶行，都源于"失其本心"，所以保持而非丧失本心，是人一切修养功夫的基础。

什么是"本心"？陆九渊现身说法给出了解释。

南宋时期，浙江慈溪（今属宁波）有个人，名叫杨简，自幼聪慧，博览群书，文采出众。乾道五年（1169年）考中进士，比陆九渊还早三年。随后，奉命到富阳做官，适逢陆九渊途经此地，杨简慕名前往拜会，言谈间大有相见恨晚之感。

杨简问道："什么是本心？"陆九渊以孟子"四端"①作答，指"此即是本心"。没想到，杨简接着追问："您所讲的，我儿时便知晓，但什么是本心还是没搞懂。"陆九渊听完哑然半晌，只好重复前面的说法。如是几次，仍无法解开杨简之惑。

正讨论间，富阳县（今杭州富阳区）衙接到一起关于"扇子"的讼案。杨简只好结束交谈，升堂断案。听完控辩双方的说辞，他迅速断定谁是谁非，随后结案。公事办完，回到后堂，他又接着问"什么是本心"。陆九渊因势利导，对杨简说："今天听你断案，诉讼双方必有一是一非。你当时认为孰是孰非，即判定谁是谁非，这不是本心，又是什么呢？"

---

① 孟子"四端"，是孟子性善论、仁义论、仁政论的思想基础，是他对先秦儒家思想的重要贡献。孟子认为，所谓"四端"，就是人们应有的四种德行，包括"恻隐之心，仁之端也；羞恶之心，义之端也；辞让之心，礼之端也；是非之心，智之端也"。

"仅仅如此吗?"杨简听完,忙追问道。

陆九渊有些愠怒了,厉声问道:"除此之外,还有什么?"

杨简诚惶诚恐,只好退下,思忖良久,终悟本心要义。虽然虚长两岁,但还是正式拜陆九渊为师。

这个故事告诉我们,陆九渊眼中的"本心",就是无须思考,自然而然地按照自己的良心办事。每个成熟的人都有自己稳定的良心,并与社会道德准则保持一致。

徐仲诚是陆九渊的学生,读书一月,老师要了解学习心得,便问他学习《孟子》体会如何。徐仲诚答曰:"如镜中观花。"意思是说,自己还不十分清楚。没想到,陆九渊却对这个学生既称赞有加,又批评他只知外不知内。对"镜中观花"一语,陆九渊别有妙解,他认为,镜与花的关系,正如心与万物。万物对人的意义不能独立于心而自在,它是由心发育扩散出来的,正所谓"满心而发,充塞宇宙,无非此理"。

事实上,陆九渊始终认为,"吾心即宇宙,宇宙即吾心";心就是理,心若在,理就在,永恒不变;纲常伦理,人心固有,恒久不变。人们之所以学习,是要"发明本心"。只要心中真理长存,就没必要看典籍,学六经,因为"学苟知本,六经皆我注脚",也就是说,六经都只是每个人心中真理的注脚。

在他看来,学习的目的,就是要穷此理,尽此心,这也是他幼年时代热衷打破砂锅问到底的延续。一个人难免被外界事物蒙蔽,从而失去本心,导致心不灵,理不明。这就需要通过老师和朋友的帮助,切磋琢磨,鞭策自己,逐步恢复本心,实现心灵理明。因此,修养的功夫要求助于内,而非求助于外,要做到切己体察,"立乎其大者"。这些方面,跟朱熹的观点还是有很大的差异。

在这里，陆九渊融合了佛家"心生""心灭"的观点，以及孟子"万物皆备于我"的观点，提出"心即理"的哲学命题。按照马克思主义史学家的观点，心学属于主观唯心主义，有合理性，也有局限性，但在那个年代，对世界本原有这样的认识，已经是鹤立鸡群、自成一派了。

中国历史上，大学问家多讲究修身养性，往往延年益寿。然而，陆九渊或许是个例外，五十五岁便因病去世，死在荆门任上。棺殓时，官员百姓痛哭祭奠。出殡时，送葬者达数千人。后人将荆门蒙山改称象山，在陆九渊当年受理诉讼和讲学的象山书院遗址兴建陆公祠，表达对他的纪念。

陆九渊故去了，但心学不死。明代中叶的大学者王阳明发展了"心学"。所谓"陆王心学"，王阳明的成就和影响似乎更大些，甚至被海内外华人奉为新儒学的圭臬。

跟陆九渊相似，王阳明也是学而优则仕，而且开坛讲学，传道授业，赢得大批拥趸。

跟陆九渊不同的是，王阳明是真正做到了学以致用，而且作用明显。王阳明不仅精通儒释道三家，学识直追孔孟，而且官至兵部尚书、左都御史，作为朝廷高官，用兵如神，多次镇压叛乱，战功卓著，实现了立德、立功、立言集于一身。

王阳明的与众不同，从小就开始了。

读私塾的时候，他曾一本正经地向老师提问："何谓第一等事？"意思是说，人生的终极价值是什么？老师的第一反应是惊讶，第二反应是"读书登第"。而王阳明不以为然，反倒是将"读书学圣贤"视为第一等事。

一年春天，王阳明和朋友到山间游玩，朋友指着岩石间一朵花说:"你常说,心外无理,心外无物。天下一切物都在你心中,受你心的控制。看这朵花,在山间自开自落,你的心能控制它吗?难道是你的心让它开它才开的,你的心让它落它才落的吗?"王阳明的回答不紧不慢,却耐人寻味:"你没看这花时,它与你心同归于寂,由此便知这花不在你的心外。"朋友听罢,一时语塞。

王阳明担任庐陵知县期间,曾审过一个大盗。此人冥顽不化,对抗审讯,面对王阳明的亲自提审,依旧我行我素,摆出一副要杀要剐随你便的姿态。王阳明见状,干脆停止审讯,说天气太热,让他把外衣脱了,大家随便聊聊。大盗二话不说,脱了。过了一会儿,王阳明又说,天气太热,不如把内衣也脱了吧。大盗觉得光膀子也无妨,也脱了。

又过了会儿,王阳明说,既然都光膀子了,干脆把内裤也脱了吧,一丝不挂岂不自在?大盗一听,刚才的豪爽劲顿时烟消云散,慌忙摆手道:"不方便,不方便。"这时,王阳明呵呵一笑道:"有什么不方便的?你死都不怕,在乎一条内裤吗?看来你还是有廉耻之心啊,还有点良知,不是一无是处啊!"

这就是王阳明"盗贼也有良知"这一观点的事实依据。

对王阳明来说,这辈子最精彩的一笔,莫过于平定宁王朱宸濠叛乱。面对这个蓄谋已久的政治野心家,王阳明大肆造假,伪造了各种官方文书,淆乱朱宸濠的情报系统,使朱宸濠情绪失控,疑心加重,无法做出准确判断,为朝廷大军合围南昌争取了足够时间。

战后,有弟子问王阳明:用兵是不是有特定的技巧?王阳明的答案是:哪里有什么技巧,只要努力做学问,养得此心不动,就是最大的成功。大家的智慧都相差无几,胜负之分就在心动与不动。对此,王阳明拿平叛之事举例。他说,跟朱宸濠作战,自己处于劣势，向身边人发布准备火攻的命令，但身边人无动于衷，直至发布了四遍，那人才回过味儿来。显然，这种人就是平时学问不到位，一碰到事就慌乱无措。因此，所谓急中生智的"智慧"，不是天外飞来的，也不是突然冒出来的，而是平时学问扎实，厚积薄发的结果。

或许通过这几件事，就可以将王阳明发展起来的陆王心学弄个八九不离十。

他的核心理念是"致良知"，认为良知就是本心，就是理，人生而具有良知，因此天理就在自己心中。只要克服私欲，回到良知，就能成为圣贤。从另一个侧面看，"破山中贼易，破心中贼难"。在王阳明看来，"自我"的力量无穷无尽。

程朱理学和陆王心学，都是理学范畴的唯心主义信念，是对儒学的深化和发展，从而形成的新儒学的门派。

以下这段与程朱理学有关的摘要来自张岱年、方立克主编的《中国文化概论》：

> 理学是中国古代最为精致、最为完备的理论体系，其影响至深至巨。理学家将"天理"和"人欲"对立起来，进而以天理遏制人欲，约束带有自我色彩、个人色彩的情感欲求。理学专求"内圣"的经世路线以及"尚礼义不尚权谋"的致思趋向，将传统儒学的先义后利发展成为片面的重义轻利观念。应该看到，理学强调通过道德自觉达到理想人格的建树，也强化了中华民族注重气节和德操、注重社会责任与历史使命的文化性格。张载庄严地宣告"为天地立心，为生民立命，为往圣继绝学，为万世开太平"；顾炎武在明清易代之际发出"天下兴亡，匹夫有责"的慷

慨呼号；文天祥、东林党人在异族强权或腐朽政治势力面前，正气浩然，风骨铮铮，无不浸润了理学的精神价值与道德理想。

可以说，理学确有重义轻利的观点，在一定程度上强化了中华民族注重气节和操守的民族信条，这是履行社会责任和历史使命的民族文化性格，无可厚非，应当肯定；同时，它又以"天理"遏制"人欲"，约束人的情感欲求，将士大夫推向唯君主马首是瞻的境地，对几百年后新社会思潮的兴起和反封建斗争的涌动，似乎表现得更负面一些。

这几本书值得读一读：

1.〔宋〕程颢、〔宋〕程颐：《二程文集》，北京：中华书局，1985年。

2.〔宋〕朱熹：《晦庵先生朱文公集》，台北：台湾商务印书馆股份有限公司，2011年。

3.〔宋〕陆九渊：《陆九渊集》，钟哲点校，北京：中华书局，2008年。

4. 张希清等主编，金滢坤著：《中国科举制度通史（隋唐五代卷）》，上海：上海人民出版社，2017年。

5. 梁庚尧编著：《宋代科举社会》，上海：东方出版中心，2017年。

6. 何忠礼：《科举与宋代社会》，北京：商务印书馆，2006年。

7. 祝尚书：《宋代科举与文学》，北京：中华书局，2008年。

8. 吕变庭：《程朱理学与理范型》，北京：中国社会科学出版社，2008年。

9. 卢连章：《程颢程颐评传》，南京：南京大学出版社，2001年。

10. 姜海军：《程颐〈易〉学思想研究：思想史视野下的经学诠释》，北京：北京师范大学出版社，2010年。

11. 乐爱国：《朱熹〈中庸〉学阐释》，北京：北京师范大学出版社，2016年。

12. 唐琳：《朱熹易学研究》，北京：商务印书馆，2016年。

13. 束景南：《朱熹年谱长编》（增订版），上海：华东师范大学出版社，2014年。

14. 张立文：《朱熹评传》，南京：南京大学出版社，2011年。

15. 祁润兴：《陆九渊评传》，南京：南京大学出版社，2011年。

第八章

诗词璀璨的大时代

西晋初年的杜预，对《左传》爱不释手，每每随身携带，几乎倒背如流，说他是左丘明的铁粉，大概不为过。比杜预早一点的诸葛亮，躬耕南阳时期每每自比管仲、乐毅，当然也是这俩人十足的铁粉。只不过，一个尚未出道的破落贵族后裔，总拿自己跟前代政治家、军事家相提并论，似乎盲目乐观了些。

到了唐代，文学家们攀附、"圈粉"的能力并不差。比如杜甫，不仅为后世诗人景仰，就连21世纪的普通中学生，都能在教材上把他玩坏，形象百变，搞得很忙。

杜甫虽然养了很多穿越粉，但他自己又是李白的忠实粉丝。当这两位大文豪相逢之时，杜甫在他的《与李十二白同寻范十隐居》，将亲密接触大明星李白的激动之情溢于言表：

> 李侯有佳句，往往似阴铿。
>
> 余亦东蒙客，怜君如弟兄。
>
> 醉眠秋共被，携手日同行。
>
> 更想幽期处，还寻北郭生。
>
> 入门高兴发，侍立小童清。
>
> 落景闻寒杵，屯云对古城。

向来吟橘颂，谁欲讨莼羹？

不愿论簪笏，悠悠沧海情。

当然，李白并不高冷。在他的《戏赠杜甫》里，热情洋溢地回应了杜甫的关切：

饭颗山头逢杜甫，顶戴笠子日卓午。

借问别来太瘦生，总为从前作诗苦。

李白、杜甫，两位文豪，一个浪漫主义，一个现实主义，惺惺相惜，在中国文学史上演绎了一幕幕传奇。而他们各自的文学创作生涯，则成为这个时代不断演进的缩影，与他们的诗歌一起载入史册，流芳百世。

一、李杜文章传千古

李白的出生地，至今还是个历史之谜。这个祖籍陇西成纪（今甘肃秦安）的文豪，有说生于剑南道绵州（今四川江油），有说安西都护府辖区的碎叶城（今吉尔吉斯斯坦楚河州托克马克市）。从他后来的豪放气质看，出生在碎叶城的可能性似乎大一些。根据这个说法，五岁那年，他随家人来到剑南，定居在昌隆的青莲乡（位于今四川江油境内）

如果这个说法成立，那么李白的家庭背景虽非大贵，但也是见过世面的，或许是商人，或许是流放塞外的罪犯，至少是走过陆上丝绸之路的。按照《新唐书》的说法，他还与李唐皇室同宗，是李世民的同辈族弟。虽然差了一个世纪，但还是跟贵族沾亲带故。

或许，这样的身世背景，给了李白无与伦比的天资。再加上开元盛世社会安定、经济发展的外部利好，让这个孩子早早就走上了天才之路：比如五岁发蒙读书，十五岁已有多首诗赋，十八岁后开始四处游历，十二年间走遍大江南北。

对很多人来说，这是参加科举考试获取功名、踏入仕途的黄金期。比如诗人孟郊，四十六岁才考中进士，心花怒放地写了一首《登科后》，兴奋之情溢于言表：

> 昔日龌龊不堪夸，今朝放荡思无涯。
> 春风得意马蹄疾，一日观尽长安花。

意思是说，以前我寂寂无名，你们都看不起我，现在我考中进士了，那我就要把首都的青楼逛个遍，把所有头牌歌妓都叫来陪我喝酒！这是一种扬眉吐气之感，也是一种报复性享受之感。可见，科举考试对诗人的意义是多么重要。

而李白却浪迹天涯，饱览名山大川，吟诵金句诗篇。按说，他当然具有独占鳌头的实力。那么，放着这样一个出人头地的机会不去抢，非要把大好年华玩过去，这为的是什么？

唐代考进士，先要审查资格，相当于今天的政审。考生要申明自己的籍贯，父亲和爷爷的姓名、职业。有两类人，压根就过不了政审，一是商人后代，二是罪犯后代。恰好李白把这两项都给占了。显然，科举考试跟他无缘了。

作为才子，李白当然不愿跪舔求官。既然官场不欢迎我，那我干脆不跟你玩好了。或许，这样的制度环境，也是塑造李白豪放个性的因素之一吧。或许，当李白表达出"天生我材必有用"的自信之时，他已经决心走另外一条路，那就是自我炒作出大名，让皇帝老儿来延请他。

李白赢了。

他的《蜀道难》所展现出的瑰丽辞藻和潇洒风采，赢得了当朝高官贺知章的欣赏。同为诗人，惺惺相惜，贺知章发出了"非人世之人，可不是太白星精耶"的感叹。李白献给玉真公主的诗篇，以"几时入少室，王母应相逢"的话语迎合她对入道成仙的渴求。

李白确实用才气敲开了大明宫厚重的殿门。天宝元年（742年），在玉真公主和贺知章的极力推荐下，唐玄宗李隆基降辇步迎，亲自赐食调羹，给予李白很高礼遇。君臣问对，谈及当前时务，李白饱学半生，多方留意，对答如流，得到了唐玄宗的高度肯定。于是，他留在长安，供奉翰林，陪王伴驾，写诗作赋，粉饰盛世太平和君王功德。

在最高统治者身边，做自己擅长的工作，这是许多人可望而不可即的高度。有人羡慕，有人嫉妒。渐渐地，李白发现，那些以前才气不如自己的人，早已凭借科举进入仕途，紫袍金带，位极人臣，而他自己，只能凭借写诗天赋，混个帮闲文人的名头。

他开始厌恶这样的生活，终日纵酒，交游京城诗人，即便皇帝召唤，也醉卧不起。虽说留下了"李白斗酒诗百篇"的声誉，但醉态毕竟难看。更有甚者，他还曾在醉酒状态下替皇帝草拟诏书，趁着酒劲伸出腿脚，让大宦官高力士替他脱靴子。殊不知，高力士是唐玄宗身边的红人。这样傲慢，岂不是自讨苦吃？

李白的人缘越来越差，常常有人到唐玄宗那里说李白的坏话。本来，唐玄宗就没把李白当成朝廷栋梁。一个帮闲文人，可有可无，既然德行不咋地，那就敬而远之吧。

在长安宫里的时光，不过年余。很快，李白接受朝廷赐金，就算是被解雇了。离开长安，来到洛阳。在这里，他遇到了杜甫。在中国文学史上，这次知音相逢，被视为两个大文豪的历史性会面。

杜甫的祖先，虽然不是皇族，但名声更大。他跟杜牧，同是那位热衷《左传》的西晋儒将杜预的后人。杜甫家境优渥，幼年好学，诗赋潜质很强，"七龄思即壮，开口咏凤凰"。当然，他并非乖乖男。少年时代"庭前八月梨枣熟，一日上树能千回"；青年时代漫游吴越，饱览山水。在很多方面，他跟李白都有相似之处。

比李白幸运的是，杜甫没有因为家庭的拖累而失去参加科举考试的资格。然而，二十四岁那年，他在洛阳考进士，却名落孙山。进退维谷之际，他偶遇早已闻名遐迩的李白。

同是天涯沦落人，相逢何必曾相识。李白年长杜甫十一岁，却没有倨傲；杜甫豪爽嗜酒，也从不掩饰自己的这点爱好。两人先后在洛阳、梁（开封）、宋（商丘）、兖州（今属山东）等地几次会面，开怀畅饮，纵论天下大势，寻仙访道，谈诗论文，借古喻今，"醉眠秋共被，携手日同行"，结下了深厚友谊。

这次会面，虽然留下了不少佳作，但并没有改变两人的命运和轨迹。

天宝六载（747年），朝廷选拔"通一艺者"，相当于进行全国性才艺考试。杜甫怀着"致君尧舜上，再使风俗淳"的政治理想前去应考。他万万没想到，当朝宰相李林甫嫉贤妒能，在皇帝跟前表示"野无遗贤"，竟将这些考生全部要了。无人出线，全部落选。考试入仕的路堵死了。

其后，杜甫虽然游走于权贵之门，到处送礼拉关系，企望谋得报效国家的机会，却不得其门。仕途失意，两手空空，穷困潦倒，他才深深感受到居京城之不易。尽管靠进献的诗赋打动了唐玄宗，终于有机会在集贤院待制，但也仅仅是等待分配的候补官。

直到天宝十四载（755年），杜甫才得到了右卫率府胄曹参军的官衔。这是一个看守兵器、管理门禁钥匙的小官。年过不惑的杜甫，虽然感受到现实与理想的巨大差距，但也不得不为了生计"凄凉为折腰"，做起这份自己并不喜欢的差事。几个月后，当他回家省亲，踏入家门，听到的却是阵阵哭声，小儿子饿死的噩耗令他五雷轰顶，对盛世背后的阴暗面，特别是百姓颠沛流离的生活，他有了新的认识。

真正改变李白和杜甫命运的，是安史之乱。

李白投身永王李璘的幕府，参加反击叛军的工作。很不幸，他被卷入了唐肃宗与永王李璘的兄弟之争。永王输了，李白也受到牵连，流放夜郎。尽管途中遇赦，但长期的辗转流离，让他百感交集。途经三峡时留下的那首《早发白帝城》的名句，就是这种心情的集中反映。

相比之下，杜甫的情况要好一些。他曾一度陷于叛军，但凭借胆识和运气逃了出去，投奔朝廷。其后的杜甫，宦海沉浮，只是在左拾遗、工部员外郎这样的小官职位上晃悠。虽说仕途不顺，但也赢得了"杜拾遗""杜工部"的称号。只不过，这样寄人篱下的日子，让他过得格外清苦。

相对于李白的豪放不羁，杜甫倒很关注百姓的现实生活。安史之乱给北中国带来的灾难，在他的笔下化为不朽的史诗，比如号称"三吏"的《新安吏》《石壕吏》《潼关吏》，以及号称"三别"的《新婚别》《垂老别》《无家别》。

李白和杜甫的晚景都不理想，是带着几分凄楚、几分惆怅、几分清苦、几分哀愁离去的。关于李白的死，有说"以饮酒过度，醉死于宣城"，有说病逝当涂，也有说酒醉之后跳入水中捞月而淹死。不管怎样，他们都静悄悄离去，留下的遗憾有许多。

所幸的是，李杜文章传千古，他们的诗作，成为盛唐时代诗歌艺术的代名词。

二、古文运动与唐宋八大家

元和十四年（819年）正月，长安城热闹非凡。大家都在翘首企盼朝廷的使者载誉归来。眼下，这位使者正率团前往长安西边的凤翔迎佛骨。

那是一个对佛教狂热崇信的时代。皇帝信佛，百官信佛，百姓信佛，为了迎接佛骨，朝廷不惜斥巨资组织盛大活动，搭建佛塔，举办法事。一些有识之士深知这么做劳民伤财，没啥大用。可谁敢揭穿这身"皇帝的新装"呢？

然而，一直兴高采烈的唐宪宗，这天的情绪似乎很不好，身边的宦官看出了端倪。原来，他收到了一份《论佛骨表》的表章，其中认为迎佛骨乃荒唐之举，应当将佛骨烧毁，不能让天下人被佛骨误导。这篇表章的作者，就是韩愈，时任刑部侍郎，曾是平定淮西吴元济割据的功臣。

表章戳中痛点，皇上心情大坏。唐宪宗怒不可遏，要用极刑处死韩愈。消息传出，满朝震惊。宰相裴度以及大批皇亲国戚齐刷刷求情，希望皇帝收回成命。架不住大家的劝谏，又考虑到韩愈在文坛的名声太大，唐宪宗冷静下来后，还是网开一面，将他贬到岭南的潮州当刺史。

没想到，韩愈到了潮州，并没有消停，而是上表陈情，为自己辩白。唐宪宗看过表章，感叹不已："昨日收到韩愈的表章，想起他谏迎佛骨之事。他很是爱护朕，朕难道会不知道？但是，他身为人臣，不应当说皇帝奉迎佛骨，就会折寿。因此，朕对他的言辞很不认同，太过轻率。"终究，韩愈被调出岭南，转任袁州（属今江西宜春）刺史。

在历史上，韩愈是个直性子，办事如是，写文章亦然。他倡导"发言真率，无所畏避"，敢讲话，讲真话，讲"群臣之所未言"。《论佛骨表》中提出的"群臣不言其非，御史不举其失"，《师说》中提出的"师道之不传也久矣，欲人之无惑也难矣"，都是针砭时弊，不顾流俗。难能可贵的是，韩愈不仅身体力行，而且发挥他在文坛的领袖作用，掀起了一场在中国古代文学史上有坐标意义的"古文运动"。

曾几何时，秦汉时代的散文，单句多，文字质朴自由，故事精彩，耐人寻味。魏晋南北朝后，以南朝文学为代表，文人们对形式的热衷超越了对内容的把控。大家更喜欢追求声律、对偶、华丽辞藻、整齐句式，华而不实，形式大于内容，这些便是那个年代大行其道的骈文的特点。形式的僵化，自然会对反映现实生活和表达真情实感带来行文上的障碍。

或许，讲究形式上的华丽，也是南北朝门阀士族彰显门第高贵的一种途径吧。

随着社会生活的日益复杂，特别是庶族地主的崛起，从南北朝后期起，有些文人开始反对骈文，提倡秦汉时代的散文，强调文学的讽谏和教化作用。他们甚至打出了"托古"的旗号，而他们倡导的以秦汉文风写出的散文就被称为"古文"。韩愈，就是这股新潮流的旗手。

"复古"，有时也未必是历史的倒退，而更像是寻求解决社会现实问题的药方。

安史之乱闹腾了八年，令唐王朝精疲力竭，繁荣不再，取而代之的，是藩镇割据、佛老蕃滋、宦官专权、民贫政乱、吏治败坏、士风浮薄，凡此种种，都在侵蚀着帝国的肌体。表面稳定的背后，暗流涌动，险象环生。

韩愈、柳宗元等学者型官员，面对严峻局面，忧患意识强烈，期望通过变革实现王朝中兴，除了在政治上求变求新，还主张将文体文风改革与政治改革结合起来。因此，他们所倡导的古文运动，不仅仅是文学改革，也被赋予了强烈的政治色彩和现实主义品格。作为文坛领袖，韩愈、柳宗元身体力行，创作了大量饱含政治激情、具有强烈感召力的古文杰作。

古文运动不光是简单意义的复古和回归，韩愈和柳宗元提出更有现实意义的古文理论，包括两方面内容：一是"文以明道"，倡导古文是为了推行古道，复兴儒学，将儒家的道统放在突出地位；

二是充分发挥"文"的作用，以"文章"取代"文笔"，将大量应用文重新纳入进来，更新写法，提高古文地位。

为了做到这两方面，韩愈和柳宗元又提出了六点主张：

一是重视"养气"。也就是提高作者的道德修养，以增强文章的感染力，正如韩愈在《答李翊书》中所谓"气盛则言之短长与声之高下者皆宜"。

二是博采众长。也就是既重经史，也重文艺，强调"非三代两汉之书不敢观"。吸取屈原、司马相如、扬雄等战国秦汉时代的文艺达人及其作品的精华，丰富自己的写作思路。

三是"词必己出"。韩愈反对模仿因袭，主张"惟陈言之务去"，鼓励创造新词，不怕"怪怪奇奇"，"惟古于词必己出，降而不能乃剽贼"。对于古圣先贤的著作，"师其意，不师其辞"。

四是内容正确。艺术可以高于生活，但不能离谱荒谬，颠倒黑白。正如柳宗元在《答吴武陵论非国语书》中所说，"不明而出之，则颠者众矣"。

五是态度端正。写作要保持认真的态度，不能轻心、怠心、昏气、矜气。

六是反对非今。不能因为古文运动打出复古回归的旗号，就盲目地厚古非今。"古人亦人耳，夫何远哉。"

倡导古文，反对骈文，并非韩愈、柳宗元首创，早在南北朝后期就已有苗头。然而，韩愈、柳宗元的前辈，其作品大多缺乏艺术独创，只是对先秦两汉文风的模仿，语言和表达方式陈旧因袭，生动不足做不到"自开生面"。正是韩愈、柳宗元的努力，真正扭转了文体文风改革的走向，使得散体文的创作别开生面，气象一变，对骈体文逐渐形成了压倒性优势。因此，苏轼在《潮州韩文公庙碑》中认为韩愈"文起八代之衰"，是有道理的。

随着韩愈、柳宗元的先后老去，古文运动逐渐走向低潮，雕章琢句的文风再次势强，唯美主义、形式主义的骈文又成为文坛主流。特别是北宋初年，以杨亿、刘筠等人为代表的西昆派，正如欧阳修《苏氏文集序》中所言："务以言语声偶摘裂，号为时文，以相夸尚。"

到了北宋中叶，以"三冗"为代表的内部矛盾，以及以辽、西夏为代表的外部矛盾，在北宋社会交织不止。士大夫的关注点逐渐从唯美走向现实，忧国忧民，追求务实。以欧阳修及其门生曾巩，和王安石、苏洵、苏轼、苏辙为代表的一批士大夫，极力推崇韩愈、柳宗元，又掀起了新一轮古文运动。

他们一方面抵制晚唐以来再次抬头的骈文，一方面继承和发扬韩愈的道统和文统，强调文道统一、道先于文，通过撰写大量生动活泼、有血有肉、平易朴素的散文，涤荡晦涩华丽的文风，再次将中国文坛拉回到反映现实生活和讲究平易畅达的路线之上。

这六位北宋文坛巨匠，以其掀起的第二轮古文运动，而与韩愈、柳宗元齐名，合称"唐宋八大家"。这两次古文运动，合称"唐宋古文运动"。从某种意义上说，这也是唐宋转型在文化层面的一点体现。

从某种意义上，古文运动带有政治意味，强调文学为现实政治服务的"正统"观念。然而，它的正面影响是积极和深远的。相比于唐代散文，宋代散文更多朝"文从字顺"的方向发展，缩短与口语的距离，从而更有利于直抒胸臆，易于接受。"唐宋八大家"也成了宋元明清时代文人写作散文的楷模，清代桐城派的散文成就跟唐宋古文运动就有脱不开的关系。这么说来，古文运动在中国文学史上，不愧是一座重要的里程碑。

三、豪放与婉约的蹉跎岁月

> 明月几时有，把酒问青天，不知天上宫阙，今夕是何年。我欲乘风归去，又恐琼楼玉宇，高处不胜寒。起舞弄清影，何似在人间。
>
> 转朱阁，低绮户，照无眠。不应有恨，何事长向别时圆？人有悲欢离合，月有阴晴圆缺，此事古难全。但愿人长久，千里共婵娟。

苏东坡的《水调歌头·明月几时有》，处处洋溢着智慧的闪光点。然而，苏东坡的词人生涯，却跟他的豪放词风大相径庭。

曾几何时，他是天之骄子。少年得志，春风得意。这位生于眉州（今四川眉山）的川伢子，学问练达，文思泉涌，是读书的好苗子。十九岁那年，他就随同父亲苏洵、弟弟苏辙，告别巴蜀，进京赶考。这年，策论的题目是《刑赏忠厚之至论》。苏轼以其清晰洒脱的文风，征服了主考官欧阳修。因了这位文坛前辈的大力推崇，苏轼在京城名声大噪。每有新作，便会迅即传遍京师。欧阳修曾有断言："此人可谓善读书，善用书，他日文章必独步天下。"

也许，命运在跟苏轼开玩笑。当苏轼、苏辙分别为父母守孝之后，回归京城，朝政大变。轰轰烈烈的王安石变法开始了。二十年前还是范仲淹改革中的活跃分子，比如富弼、韩琦、欧阳修等人，如今年事已高，政见求稳，成了保守派大臣，先后被王安石排挤，要么出京，要么边缘化。作为欧阳修的学生，以及朝廷命官和文坛名人，苏轼不可能置之度外。

在那个非此即彼的年代，站队的重要性是不言而喻的。无论是新派，还是旧派，总得选边，不能瞻前顾后，也不能保持中立。苏轼虽然支持改革，却多次上书抨击新法的弊病，惹恼了王安石，被调往外地；当王安石倒台后，司马光执政，新法全废，旧法全复，苏轼对新法中某些合理成分一同被废表示惋惜，指责司马光与所谓"王安石一党"不过是一丘之貉。于是又惹恼了旧派，等待他的只能是进一步被贬官。一路向南，直至海南岛。

对苏轼的人生影响最大的，还不是官职升降，而是乌台诗案。这是中国历史上最早的文字狱案。

元丰二年（1079年），四十三岁的苏轼在湖州知州任上，曾给皇帝写了一份《湖州谢表》。虽是例行公事的官样文章，苏轼在其中添了些文人风采，加入了说自己"愚不适时，难以追陪新进"，"老不生事或能牧养小民"的话语。结果，这些话却被新派官员视为小辫子，扣上了愚弄朝廷、妄自尊大、"衔怨怀怒"、"指斥乘舆"、"包藏祸心"、讥讽当朝、莽撞无礼、对上不忠的帽子。一旦上纲上线，那就是死罪啊！

屋漏偏逢连夜雨。那些对苏轼别有用心的官员，从苏轼以往的作品中挑出大量语句，说其中隐含讥讽朝廷之意。苏轼百口莫辩，朝廷舆论哗然，情况对苏轼非常不利。就在走马上任三个月后，苏轼惨遭御史台逮捕，押往京城。由于御史台院内种植柏树，树上常有乌鸦栖息，故而得名"乌台"。因此，这桩文字狱案就被称为"乌台诗案"。

跟苏轼一起被牵连的还有几十号人。不过，他们都是陪绑的，新派官员的矛头直指苏轼，想要借机置之于死地。当此不利时刻，苏轼的声誉和人缘发挥了重要作用——不但众多朝中元老上书求情，就连跟苏轼政见不同的部分新派官员，也劝皇帝不要杀他。

此时此刻，王安石已经赋闲在江宁（今江苏南京），不再是新派官员的实际领袖。虽然他跟苏轼政见分歧严重，但同为"唐宋八大家"，惜才之心深厚。听说苏轼被下狱，王安石也发出感慨，上书求情："岂有圣世而杀才士者乎？"

大家的一致呼吁，特别是王安石的极力劝说，再加上北宋有"不杀士大夫"的祖制，使宋神宗最终刀下留人，苏轼得以从轻发落，从知州降为团练副使，蹲了一百零三天监狱后获释，派往黄州（今属湖北黄冈），交由当地官员监视居住。

苏轼走到哪里，就把福音带到哪里。在杭州，他主持修建了西湖苏堤，在方便行人的同时，还形成了西湖实景之一的"苏堤春晓"；在海南，他带领当地百姓办学堂，兴教化，成为当地文教事业的开拓者和播种者。

苏轼不仅为官洒脱，多有政绩，而且在文学方面造诣很深。

词，又名长短句，源于民间，只是与诗相比，词一直处在"小道""艳科"的档次，文学地位不高。骆玉明在《中国文学史》一书中指出：

在当时文人看来，词是"小道"，不是载道的工具、治国平天下的手段。但是，在北宋诗歌走上"雅正"道路而较少表现纯粹的个人生活情感特别是男女恋情的情况下，词正是以其娱乐艺术的性质、不够堂皇正大却也较少拘谨的地位，而补充了诗的不足，获得意外的兴旺……

苏轼……作为士大夫集团的成员……比当代任何人都更敏感更深刻地体会到强大的社会组织与统治思想对个人的压制，而走向对一切既定价值准则的怀疑，厌倦与舍弃（但不是冲突与反抗），努力从精神上寻找一条彻底解脱出世的途径。

日本学者内藤湖南在《宋代文化特征》中又说：

艺术方面……则采用表现自己意志的自由方法……通俗艺术较盛，品味较古的音乐下降，变得单纯以低级的平民趣味为依归。

然而，苏轼的词风与众不同，独树一帜，形成了诗词一体的词学观念和"自成一家"的创作主张。事实上，他的成就绝非偶然。

两宋时代城市生活丰富，娱乐场所需要大量歌词，士大夫的词作便通过各种途径传布民间，乃至歌楼舞榭。词较之诗，以长短句形式抒发情怀，更加随意自然，也更容易实现平民化。而"诗词一体"的理念，特别是两者在艺术本质和表现功能上的趋同，也为提高词的地位，以及促进两者文风的靠拢和融通创造了条件。

如果说苏轼的悲剧是为政治站队的刻板思维付出的代价，那么李清照的人生悲剧，则是山河破碎带来的不幸。

两宋女性中文学的杰出代表不多，李清照算得上翘楚。她出身书香门第，一直生活优渥，其父藏书甚多，因此耳濡目染，为她成为一代才女打下了基础。

少女时代，她的诗作《浯溪中兴颂诗和张文潜》，以纵横捭阖的气势总结了唐朝兴衰的历史教训，借嘲讽唐玄宗，告诫当朝"夏商有鉴当深戒，简策汗青今具在"。识见毒辣，观点犀利，令人侧目。词作《如梦令·昨夜雨疏风骤》甫一问世，便轰动京城，"当时文士莫不击节称赏"。可以说，李清照少年得志，堪称天之骄子。

李清照的词作人生，大致分为两个阶段。

第一阶段，可称为"甜蜜期"。建中靖国元年（1101年），十八岁的李清照与二十一岁的太学生赵明诚在汴京成婚。这是标准的"官二代"组合。李清照之父是礼部员外郎，赵明诚之父是吏部侍郎，都是朝廷高官。

不过，这两人的兴趣似乎不在做官上，而在学术研究。李清照已是词坛新锐，赵明诚则是金石专家。两个人的精力和资源几乎都集中于学问。

这是一对志趣相投而又安贫乐道的小夫妻。赵家藏书丰富，但赵明诚仍嫌不够。于是，小两口遍访亲朋好友，想方设法，不惜血本到处搜罗名人字画、三代奇器、珍本秘籍。一次，他们看到南唐画家徐熙的《牡丹图》，爱不释手，留在家中欣赏两夜，终因出不起二十万文的售价而恋恋不舍地归还，为此还惋惜数日。这样的"小确幸"，虽然外人觉得傻，但他们自己乐在其中。

好景不长，小两口各自的父亲先后陷入了朝廷新旧党争的漩涡，不仅贬官离京，而且牵连子女。李清照和赵明诚只好也离开京城，避居青州（今属山东）。虽然失去了昔日京城的富贵生活，但得到了隐居乡里的平静与乐趣。赵明诚并未告别宦海，而是在山东莱州、淄州等地担任知州，因而尚有经济来源支撑这个小家庭。

第二阶段，可称为"流离期"。靖康二年（1127年），开封发生靖康之变，北宋崩溃。覆巢之下无完卵。李清照与赵明诚着手南下避难。在其后几年的颠沛流离中，他们的书画藏品毁失殆尽，赵明诚也染病离世。

绍兴二年（1132年），李清照终于抵达杭州。这里是南宋王朝的临时首都，故而暂定名"临安"。虽然图书文物损失惨重，但颠沛流离的生活总算结束了。李清照渴望安定，于是又嫁给了一个叫张汝舟的官员。

起初，张汝舟对走投无路的李清照颇为关照，令她有了一丝找到港湾停靠的感觉。而对张汝舟来说，能娶到才艺双全的著名女词人，他也很是得意。然而，这对新人在磨合一段时间后，问题越来越多，冲突越来越频繁，乃至最后反目成仇。这是怎么回事呢？

原来，张汝舟对李清照仰慕不已，尤其觊觎李清照和赵明诚的珍贵藏品。可真的走到一起后，他发现李清照的藏品损失殆尽，财产无多，便大失所望。即便如此，他还是想把李清照仅存的一点金石文物攫为己有。可是，这些东西不仅凝结了李清照毕生的心血，还是她和赵明诚爱情生活的成果和记忆，她怎能轻易舍弃？

于是，这对新夫妻变成了冤家，家暴事件经常发生。当然，李清照总是受害者。

更糟糕的是，婚后的李清照才猛然发现，张汝舟的身家并不干净。早年参加科举考试，是靠作弊拿到功名的。在李清照看来，这是大逆不道的欺君之罪，是可忍孰不可忍。李清照选择了向官府举报。

不要以为宋代出了很多著名女子，当时妇女的地位就很高。恰恰相反，根据那时的法律，夫妻打官司，不管谁有理，妻子都要坐牢两年。李清照已经不管不顾了，宁愿坐牢，也要诉诸官府，要求离婚。

由于李清照的社会知名度很高，这起案子轰动一时。官府查明了张汝舟骗取功名和官职的作为，将其除名，编管柳州，李清照也获准离婚，但还是身陷囹圄。还好，有翰林学士綦崇礼等亲朋好友的帮助，她在牢里只待了九天便出来了。

经历了国与家的劫难，李清照的词风发生了很大变化。她一改此前描绘"小清新"生活的风格，从个人的痛苦中走出来，开始关注国家大事，怀念故国，期待收复失地，讽刺南宋统治者屈膝投降、不识良才的庸碌表现。当然，闲暇之时，她还是经常想起与赵明诚在一起的美好岁月。可是，此情已成追忆，一去不返。

绍兴十三年（1143年），赵明诚的遗作《金石录》在李清照的校勘整理后终于完工，呈送朝廷。南宋与金的和议在此前（绍兴十一年）已经达成，短期内看不到恢复中原的希望了。一切消停，李清照也了却了多年心愿。十二年后，带着对亲人的怀念和故土难归的遗憾，李清照溘然长逝。

斯人已逝，文采长存。李清照两个阶段截然不同的词风变化，也是宋朝政局动荡的缩影。让我们再来重温她脍炙人口的四首诗词，体悟女词人一生的夙愿和追求：

如梦令
常记溪亭日暮，沉醉不知归路。兴尽晚回舟，误入藕花深处。争渡，争渡，惊起一滩鸥鹭。

如梦令
昨夜雨疏风骤，浓睡不消残酒。试问卷帘人，却道海棠依旧。知否，知否，应是绿肥红瘦。

武陵春
风住尘香花已尽，日晚倦梳头。物是人非事事休，欲语泪先流。

闻说双溪春尚好，也拟泛轻舟。只恐双溪舴艋舟，载不动许多愁。

夏日绝句
生当作人杰，死亦为鬼雄。

至今思项羽，不肯过江东。

四、抗金文人的壮志未酬

醉里挑灯看剑，梦回吹角连营。八百里分麾下炙，五十弦翻塞外声，沙场点秋兵。

马作的卢飞快，弓如霹雳弦惊。了却君王天下事，赢得生前身后名，可怜白发生。

这是南宋词人辛弃疾的名作《破阵子·为陈同甫赋壮词以寄》，是他闲居信州时的作品。他渴望重返沙场，点兵杀敌，无奈朝廷屈膝求和，压制人才，英雄只能借酒浇愁，在醉梦中追寻金戈铁马，壮怀激烈。然而，报国无门，虚度光阴，郁闷、焦虑、痛苦与愤怒油然而生，悲壮低徊，苍凉壮烈。

辛弃疾词作中表达的报国热忱绝非偶然。他出生在山东东路济南府历城县（今山东济南历城区）。出生伊始，此地已被金国统治多年。"南共北，正分裂。"祖父辛赞虽在金国任职，但一直不忘找机会跟金人作战，恢复中原。他经常带着幼年时代的辛弃疾"登高望远，指画山河"。祖父的熏陶，耳闻目睹中原汉族百姓在金人铁蹄之下的屈辱与痛苦，使这位本来就有些急性子和侠客气质的年轻人，更加坚定恢复中原和报仇雪耻的志向，决心"洗胡沙"，复故土，"看试手，补天裂"。

绍兴和议之后，宋金双方沿"大散关—淮水"一线维持了二十年的平静。绍兴三十一年（1161年），金主完颜亮自以为大权在握，内政稳定，便冀图消灭南宋，一统天下。当完颜亮移驾开封，将拼凑起来的几十万军队摆在两淮一线之际，金国的后院顿形空虚。于是，北方义军风起云涌，金朝貌似巩固的江山岌岌可危。

二十一岁的辛弃疾也参加了一支由耿京领导的起义军，担任掌书记。

两淮战事正酣，燕京（今北京）出事了。不满完颜亮的女真贵族发动政变，推举完颜雍为皇帝。完颜亮的后路彻底断绝，他只能不顾一切地催促麾下士兵进攻南宋。然而，前线战事不利，将士死伤惨重，一些部下走投无路，阵前哗变，完颜亮死于非命。

金军撤了，南宋转危为安，北方的义军日子却越来越难过。毕竟，此时金朝的注意力由攻打宋朝转变为稳定内部。为了保住这支起义军，也为了给参加起义的兄弟们找个出路，辛弃疾奉命南下，跟南宋朝廷联系。

联络线搭上了，辛弃疾带着喜讯准备返回义军大本营，归途中却听到了一个噩耗：义军遭叛徒出卖，大部溃散，耿京死于叛徒之手。辛弃疾没有退缩，而是义愤填膺，径直向前，一路收拢义军残部，仅以五十名壮士连夜冲入几万人把守的金兵大营，活捉叛徒。趁着金兵被这股迅雷不及掩耳之势弄蒙的当口，这五十名壮士又趁乱冲出了包围圈，将叛徒带回南宋辖区的建康，交给南宋朝廷处决。

几万敌军中活捉叛徒，如入无人之境，辛弃疾的果敢和侠义展现得淋漓尽致。这样的英雄壮举令宋金双方都很佩服，也为辛弃疾在南宋朝廷赢得了良好声誉和社会地位。这年，他才二十三岁。

辛弃疾带到南方的万把人，被当作难民就地安置了。辛弃疾本人则开始了南宋朝廷的宦海生涯，大多数时间都在地方官任上。作为北方人，他一直渴望借重南宋朝廷的力量，兴兵北伐，恢复中原。宋孝宗也确实趁完颜亮败亡、完颜雍上台后金国政局不稳的机会，举兵北伐，可惜将领内讧，配合失当，先赢后输，功败垂成。

宋金双方经过这场你来我往的过招后，短期内似乎都无力再占对方的便宜。于是，双方达成了"隆兴和议"。相比二十多年前的绍兴和议，南宋缴纳的岁币略有减少，也不再向金国称臣。宋孝宗似乎有些知足了，逐渐放弃再次北伐的雄心壮志。

其后，朝野上下弥漫着失败主义、和平主义气氛。对于辛弃疾，朝廷看重的是他的实干能力，而非抗金锐气。因此，他宦游多年，救荒捕盗卓有成效，却没机会走向前线。这与辛弃疾的理想差距很大。时间一长，他深感岁月流逝、人生短暂、壮志难酬，越来越压抑。

当然，辛弃疾在地方做官，并非消极怠工，而是干一行爱一行。

一年，江西闹旱灾，出现饥荒。辛弃疾到任后，立刻传令各州县在重要道路上张贴布告，上面就八个字："劫禾者斩，闭粜者配。"意思是说，抢粮者处死，囤粮者发配。用今天的眼光看，这就是非常时期通过行政手段引导供给侧结构性改革。由于政令简明，措施有力，布告一贴，粮价迅速稳定，粮食供应渐多，饥荒被遏制住了。

这只是他诸多传奇政绩中的一例。可是，无论走到哪儿，他念念不忘的，还是恢复中原的大事。正如他在赣江边上感慨的那样：

郁孤台下清江水，中间多少行人泪！西北望长安，可怜无数山。

青山遮不住，毕竟东流去。江晚正愁余，山深闻鹧鸪。

辛弃疾触景生情，想到几十年前，靖康之变，首都蒙尘，山河破碎，令人唏嘘。如今，青山挡不住东去的江河，正如谁也阻挡不了他收复中原的雄心壮志。可是，当听到深山中传来鹧鸪的叫声，就像是听到主和派"恢复之事行不得"的论调那样，令人发愁和泄气。

无独有偶，另一位以恢复中原为己任的南宋词人，与辛弃疾几乎同时代，也在经历着报国无门的苦闷与彷徨。他，就是陆游。

陆游长辛弃疾十五岁，出身名门望族，江南藏书世家。从高祖开始，就在朝为官，精通经学、诗文，母亲唐氏也是名门闺秀，系北宋参知政事唐介的孙女。陆游出生那年，金国灭辽，接着开始进攻北宋。两年后，靖康之变，北宋亡国。父亲陆宰带着全家南渡逃难。然而，主和派当道的朝廷里，没有陆宰这样主战派的容身之地，于是，他干脆弃官。

两宋之交的社会巨变，民族矛盾、国家不幸、家庭颠沛交织在一起，给陆游幼小的心灵刻上了深深的烙印。尽管他也跟其他读书人一样步入仕途，宦游四方，但恢复中原的志向从未改变。

青年时代的陆游，遭遇过两次挫折。一是事业，二是爱情。

绍兴二十三年（1153年），陆游进京参加锁厅考试。这是针对现任官员及恩荫子弟的进士考试，考生都是官二代，算是给这些干部子弟提供一个特招的机会。本来，这样的考试录取比例更高，对陆游这样聪慧过人、能诗能文的名师之徒，是条进官场的捷径。主考官陈子茂阅卷之后，也确实给了陆游第一名。然而，跟陆游同场竞技的还有秦桧的孙子秦埙，秦埙的成绩排在陆游之后，这让宰相秦桧很不高兴，大骂陈子茂，背地里迁怒于陆游。

到了第二年，陆游参加礼部考试，秦桧干脆指示主考官，把陆游从录取名单中拿出去。奸臣嫉恨，导致陆游的事业之路被暂时堵住了。这种局面直到秦桧去世后才有改观。

如果说事业上的不顺只是人生长河里的一块礁石，绕过去就可以了，那么爱情上的不顺，则是伴随终生，留下无尽遗憾。

唐婉，是陆游的原配夫人，与母亲唐氏同为一个家族，算是陆游的表妹。因此，陆游的婚姻，大概也有近亲结婚的嫌疑。虽说是包办婚姻，但才子才女，婚后恩爱，志趣相近，情投意合。

可是，作为婚姻包办人的陆母唐氏，抱着女子无才便是德的传统观念，对这个满腹经纶的儿媳是怎么看怎么不顺眼，逼迫陆游休妻。在那个年代，按照儒家礼法，长辈的言语大过天。拗不过母亲的陆游，几番劝谏哀求无效，只好遵从母命。

几年之后，陆游在家乡山阴（今浙江绍兴）城南的沈园游玩，与早已改嫁、偕夫同游的唐婉邂逅。唐氏安排菜肴，聊表对陆游的抚慰之情；陆游触景生情，颇为感慨，趁着醉意，填词《钗头凤》题于园壁之上，表达了难于言状的相思之苦：

> 红酥手，黄縢酒。满城春色宫墙柳。东风恶，欢情
> 薄。一怀愁绪，几年离索。错，错，错。

唐婉果然是才女。一年之后，她故地重游，见到陆游的题壁词，有感而发，也填了一首《钗头凤》，表达自己对前夫陆游的思念与遗憾，不久便郁郁而终：

> 春如旧，人空瘦。泪痕红浥鲛绡透。桃花落，闲池
> 阁。山盟虽在，锦书难托。莫，莫，莫。

此后，陆游在临安和地方多地任职，多次对北伐中原提出独到见解。然而，大环境是主和派占上风，纵然自己积极主动，也是剃头挑子一头热。尽管陆游没能像辛弃疾那样上阵杀敌，但还是有几次任职前线的机会。比如乾道七年（1171年），他就应四川宣抚使王炎邀约，投身军旅，供职于南郑幕府。

来到南郑，陆游受托草拟了《平戎策》，提出了一整套北伐方略：欲取中原，必先取长安；欲取长安，必先取陇右。占领西北要地后，可以屯粮练兵，进可攻退可守。然而，这份战略规划被朝廷否决了。

陆游走遍了几个前线据点，发现名将吴璘之子吴挺代父掌兵，骄纵过度，经常因微小过错而杀人。陆游建议以另一名将吴玠的儿子吴拱取而代之。王炎得罪不起这些将门虎子，颇为为难，就强调吴拱胆怯，缺少谋略，难堪大任。陆游却提出，谁能保证吴挺遇敌就能不败？一旦吴挺立有战功，更难驾驭。事实证明，陆游的判断有一定道理。几十年后，吴挺的儿子吴曦叛变投敌，直接导致韩侂胄北伐失利，给朝廷带来了严重损失。

嘉泰三年（1203年）五月，陆游回到老家山阴，见到了跟他一样壮志难酬的词人辛弃疾。此时，陆游年近八旬，刚以宝章阁待制的身份退休，而辛弃疾还在浙东安抚使兼绍兴知府任上，是陆游的家乡父母官。

辛弃疾主动拜会，两人促膝长谈，讨论国家大事。辛弃疾见陆游老宅简陋，多次提出帮他整修重建，都被婉拒。一年后，辛弃疾奉旨进京，陆游作诗送别，勉励他为国效力，协助宰相韩侂胄谨慎用兵，早日实现恢复中原的大计。

然而，接下来发生的事，让辛弃疾和陆游都倍感失望。外戚韩侂胄专权跋扈，打算通过一场对外战争巩固自己在朝中的地位，没想到弄巧成拙。韩侂胄用人失察，东线北伐军先胜后败，最终一败涂地；西线吴曦按兵不动，竟然叛变投敌。金兵反攻，迫近江北，战局急转直下。朝廷内部谣言四起，主和派暗流涌动，甚至不惜发动政变，斩杀韩侂胄，以其首级送往金军大营，换取金人撤兵，双方议和。

韩侂胄掀起的开禧北伐，虎头蛇尾，归于失败。

辛弃疾没有等到战争结局揭晓就因病去世。他曾有决心，"男儿到死心如铁"；他曾郁闷过，"少年不识愁滋味"；他曾彷徨过，感叹"天凉好个秋"。临终之际，他还在大声疾呼"杀贼"。

陆游遗憾万分，感叹"遗民泪尽胡尘里，南望王师又一年"。他深知，自己此生是看不到北伐成功的那一天了。

嘉定二年十二月二十九日（1210年1月26日），当别的家庭都在欢天喜地准备迎接新年时，陆游于病痛中去世，享年八十五岁。临终之际，他留下绝笔，把遗憾与期待传给了下一代，这就是《示儿》：

死去元知万事空，但悲不见九州同。
王师北定中原日，家祭无忘告乃翁。

虽然都是主张抗金的爱国文人，作品也大多反映家国情怀和追求国家统一的志向，不过，辛弃疾和陆游还是有些许不同。前者词风硬朗豪放，激荡多变，不拘一格，后者朴实平易，讲究诗文韵律。陆游尤其爱用格式严整的七律，让我们看到了词作大行其道的两宋时代，诗歌并未衰落，而是以一种全新的姿态继续发展创新。

陆游自言"六十年间万首诗"，现存世九千三百多首。其中既有现实主义色彩，兼有浪漫主义风格，其豪放雄浑、飘逸奔放的气质与辛弃疾的词作颇为类似。在那个士风日渐消极颓废的大环境里，陆游的诗作好似春雷，振聋发聩，对后世的文风和世风都有积极的引领作用。特别是近代以来，当中国遭受外来侵略之际，陆游的诗篇每每被一些爱国志士拿出来，作为激发人们爱国主义精神的强大利器。

与陆游相比，辛弃疾的词作内容题材更宽泛，现存的六百多首词作里，涵盖政治、哲理、友情、恋情、田园、民俗、日常生活、读书有感，包罗万象，应有尽有。

让我们再读一读辛弃疾那气魄雄厚的《永遇乐·京口北固亭怀古》，感受一下他所渲染的豪迈气概吧。

千古江山，英雄无觅，孙仲谋处。舞榭歌台，风流总被，雨打风吹去。斜阳草树，寻常巷陌，人道寄奴曾住。想当年，金戈铁马，气吞万里如虎。

元嘉草草，封狼居胥，赢得仓皇北顾。四十三年，望中犹记，烽火扬州路。可堪回首，佛狸祠下，一片神鸦社鼓。凭谁问：廉颇老矣，尚能饭否？

这几本书值得读一读：

1.〔清〕彭定求等编：《全唐诗》，北京：中华书局，1960年。

2. 唐圭璋编：《全宋词》，北京：中华书局，2005年。

3. 顾学颉选注：《元人杂剧选》，北京：人民文学出版社，2017年。

4. 郭沫若：《李白与杜甫》，北京：中国长安出版社，2010年。

5. 李长之：《司马迁之人格与风格　道教徒的诗人李白及其痛苦》，北京：商务印书馆，2011年。

6. 张炜：《也说李白与杜甫》，北京：中华书局，2014年。

7. 王水照、朱刚：《苏轼评传》，南京：南京大学出版社，2011年。

8. 林语堂：《苏东坡传》，张振玉译，长沙：湖南文艺出版社，2016年。

9. 荣斌：《平说李清照》，长春：吉林文史出版社，2016年。

10. 邓广铭：《辛弃疾传·辛稼轩年谱》，北京：生活·读书·新知三联书店，2017年。

11. 李开周：《陆游的英雄梦》，北京：中华书局，2015年。

12. 郑广薫：《说故事传统和唐代中后期文学变革》，台北：花木兰文化出版社，2016年。

13. 左鹏：《唐代岭南社会经济与文学地理》，郑州：河南人民出版社，2014年。

14. 童岳敏：《唐代的私学与文学》，上海：上海古籍出版社，2014年。

15.〔日〕平野显照：《唐代文学与佛教》，张桐生译，贵阳：贵州大学出版社，2013年。

第九章
市民文化的新平台

《不列颠简明百科全书》对中国某幅名画，曾做出这样的评价：

> 这是一幅具有重要历史价值的风俗长卷。画家描绘出汴京城内及近郊在清明时节社会上各阶层的生活景象。对人物、建筑物、交通工具、树木、水流之间的相互关系的处理非常巧妙，整体感很强……具有极大的考史价值。……此后历代绘制的都市风俗画，无不受其影响。

这幅名画，就是张择端的《清明上河图》。它是中国十大传世名画之一，也是国宝级文物。作为故宫博物院的镇馆之宝，极少陈列。

在这幅反映北宋中叶首都汴京城市生活风貌的风俗画中，我们不但看到了那个时代的经济社会发展水平，那个年代的科技和生产生活用具，还看到了那个年代人们的娱乐休闲和艺术品位。从理解两宋时代市民文化真谛的角度而言，它确是一个全景式的新平台。

一、清明上河：盛世炫彩看书画

这是世界上知名度最高的画作之一。

它的作者张择端，留给历史的印记却寥寥无几。

《清明上河图》卷尾，有金朝监管御府书画的朝臣张著题写的跋，一共八十五字。这是迄今我们能找到的了解张择端情况的主要证据。

其中说张择端，字正道，自幼读书，游学于京师，后来学习绘画，擅长画舟车、桥梁、城郭和街肆等，自成一派。这些经历表明，他可能参加过科举考试，但名落孙山，为了在京城谋生，只能去学绘画。似乎画得还不错，考进了翰林图画院，成为宋徽宗的宫廷画师。

在《清明上河图》里，张择端用独特的鸟瞰式全景画法，取景汴京东南城角，以"散点透视法"组织画面，使得这看似手卷的画面，长而不冗，繁而不乱，严密紧凑，错落有致，一气呵成，别有情趣。

这幅画并没有标注时间，但大体可以猜出它所反映的年代。

——明代学者李东阳说他见过卷首有宋徽宗的题字，只钤有双龙小玺，考虑到宋徽宗在政和、宣和年间才有用"政和""宣和"印的习惯，这幅画的出品时间应在政和元年（1111年）之前。其后卷首渐渐磨损，明末的裱画师就把它裁掉了。

——画中人物有八百多人，妇女只有十几人，其中有几个贵族妇女，穿的是当时最时髦的褙子，也就是宽松的短外套，这种外套流行于崇宁、大观年间（1102—1110年）。

——画中的独轮车上堆满了书刊，上面盖着一块写有大字草书的大苫布。如果说写字的文人没有遭遇什么不幸，又何必把好端端的书法作品当成一钱不值的铺布用？宋徽宗即位之初，确实掀起了一股新旧党争的浪潮，这幅草书的作者，很可能是这场政治斗争的失意者，他要把这些书，连同书法作品一起拉出城外销毁。显然，政治斗争带来的不仅是官职的升降，还有文艺作品的湮灭。

凡此种种，大概都能证明，《清明上河图》反映的是宋徽宗即位之初，也就是公元12世纪初的首都社会风貌。

《清明上河图》的画卷长五米多，分成郊外、汴河、街市三个部分，场面热闹，但并非完全写实。历史上的汴河两岸，有很高的堤坝，从防洪需要出发，堤坝上不允许建房，也就不可能出现画中店铺林立的场景。跨越汴河开封段的桥梁有十三座，但画中只绘出一座。画中的许多店铺和广告词，看起来活灵活现，但在《东京梦华录》里根本找不到这些店铺的名称，很显然，这都是画家编的。

张择端绘制的这幅名画，反映的是当时的节日集会，是民俗，也是商贸活动，更是百姓安居乐业的写照。不过，他在渲染城市繁华景象的背后，也在很多细节处着墨，加入了一些带有忧患意识的内容，使整幅图更像是"盛世危言"。这些细节，往往是读者所忽视的。

按照北宋开封城的市政管理制度，城内每个坊，也就是街区、社区，都会设置望火亭，用来瞭望。平时有人值班，消防兵就住在望火亭下面的平房里。一旦发现火情，消防兵就会以最快速度赶赴出事地点，组织救火，把损失降到最低。可是，画中的望火亭无人看守，亭下的消防兵也踪迹全无，这些本该由消防兵居住的平房里，居然开起了饭馆。如此明目张胆地改变房屋用途，确实体现了那个年代城市管理的巨大漏洞。北宋开封城发生过几次火灾，扑救不及，损失巨大，大概跟这种消防安全机制形同虚设有一定关系。

《清明上河图》上的拱桥很惹眼，桥上商贩摩肩接踵，桥下大船逆水而上，好不热闹。可是，如果按照今天城市管理的眼光看，这座桥也是隐患频频。商贩们占道经营，道路通行能力大幅下降；坐轿的文官在这么狭窄的道路上遇到了骑马的武官，无法交错而过，彼此互不相让，只好僵在那儿，争执不休。按说，交通是城市管理的生命线，可画中映入眼帘的，却是一片乱哄哄的场景。

城门楼是开封城赖以保卫城市安全和缉捕盗贼的重要屏障，类似于今天各地通过高速路、国道进京的检查站。然而，画中的城门口居然没有兵丁把守；城门楼上只看到一个值班的士兵，并没有专心致志地四处瞭望，而是专注于城下的热闹。

更糟糕的是，城门楼上还放着席子、枕头，看样子这位士兵还要值夜班。只不过，这种能睡觉的夜班，值与不值又有多大区别呢？射箭没有城垛，城防没有工事，这样的钱也要省，是不是过于麻痹大意了？显然，张择端笔下的开封城，是一座不设防城市，军队高度懈怠，不堪一击。靖康之变期间，开封面对强敌，瞬间沦陷，大概与此有关。

那么，当兵的都在忙什么？画中显示，他们在正店（相当于高档旅馆）旁边的酒铺里，酒足饭饱后，准备把酒桶装车带走。至于画中描绘的"赵太丞家"，是个诊所，广告牌子上写着"治酒所伤真方集香丸""大理中丸医肠胃冷"，还能治疗"五劳七伤"。这说明，开封城居民酗酒严重，这也是一种"城市病"。

此外，惊马闯郊市、商贾屯粮、商贸侵街这些图景，跟前面所述连在一起，共同构成了《清明上河图》的暗线，也就是那些令人心悸的忧患。

汴京是12世纪初世界上最大的城市，人口一百三十七万，共有八厢一百二十坊。就连这样庞大的城市，都有如此众多的怪病，遑论其他城市。

张择端不光以画喻城，他甚至把关注的焦点转向了其他领域。

画卷中有很多船，其中多数是运粮的私船。表面看来，一切歌舞升平，繁华正盛。可是，兴隆背后总有些见不得人的事。比如宋徽宗将大量运粮官船调往苏杭，到处攫取花石纲运回开封。官船拿去运石头，私船取而代之，把持了大城市的粮食市场，进而操控粮食价格。

城门边，税官对着麻袋包指指点点，货主们强烈不满，有个车夫甚至大声嚷嚷。吵闹声惊动了城楼之上值班的兵丁。显然，税官激怒货主们的原因，无外乎乱收费。这也并非偶然。北宋养兵、养官的财政负担太过沉重，朝廷为了维护文官阶层的稳定，避免叛乱事件发生，只能对各级官员的贪腐行为睁一眼闭一眼。于是，"冗费"的问题就渗透到了社会的各个角落，引发各类小规模官民冲突。

宋太祖留下了"不杀士大夫"的祖宗家法，宋太宗开了"鼓励文人进谏"的先例。这些信条使更多知识分子关注现实，针砭时弊。画家作为特殊的文化阶层，也在用自己独特的方式讥讽时弊，表达政治诉求。

熙宁七年（1074年），光州基层官员郑侠绘制的《流民图》，表面上描绘的是当地大灾造成饥民流离失所的场景，实则暗示天人感应，将天灾归咎于王安石变法，请宋神宗叫停改革措施。

张择端自然也是利用这幅画作，向宋徽宗展示一些社会顽疾。

宋徽宗不笨，一个能把蹴鞠踢到出神入化的皇帝，自然看得出《清明上河图》里的暗线和画家的用意。只是，他更热衷于祥瑞和吉兆，听不得逆耳忠言，根本不像宋神宗那样还会过问民间疾苦。因此，这幅名画上只留下了宋徽宗的题签，而后就作为赏赐品流出宫去了。

庆幸的是，这幅名画几经流转，特别是经历了伪满洲国灭亡前后的混乱，终于收归故宫博物院，回到了人民的怀抱，让我们得以有机会一览真容。

2005年8月，为庆祝故宫博物院成立八十周年，武英殿修缮一新，开馆迎客，《清明上河图》曾向少量公众开放展览。

2015年9月，武英殿举办"《石渠宝笈》"特展，《清明上河图》再次全卷铺开陈列，每天观者如云。

二、六月飞雪:《窦娥冤》借古讽今

穷书生窦天章欠了一屁股高利贷，为了还债，不得已把女儿抵给蔡婆婆做童养媳。这个女儿，就是窦娥。

也许，窦娥倒霉是命中注定的——成婚不到两年，夫君死了，窦娥成了寡妇。婆媳俩只好相依为命，聊以度日。

恶少张驴儿看中了窦娥，张父看中了蔡婆婆。父子俩突然闯进来，要这对婆媳嫁给他们父子。窦娥性格刚烈，蔡婆婆也执意不从。

眼看婚配不成，张驴儿起了坏心。他认为，自己娶不到窦娥，拦路虎就是蔡婆婆。于是，他将毒药放入汤里，打算毒死蔡婆婆，给自己"清障"。没想到，张父贪嘴，把这碗汤给喝了。结果，张父不幸身亡。

这是一起意外，是张驴儿亲手作的孽。可是，为了掩盖罪行，逃脱法律惩罚，张驴儿居然倒打一耙，把下毒的罪责推给了窦娥，想胁迫窦娥就范。个性刚烈的窦娥当然不愿忍辱，她当面揭穿了张驴儿的阴谋，一纸诉状告到了楚州（今江苏楚州）官衙。

然而，窦娥万万没想到，楚州太守是个见钱眼开的昏官，收了张驴儿的贿赂，便颠倒黑白，对窦娥刑讯逼供，让她认罪，窦娥誓死不屈。于是，太守又使歪招，对蔡婆婆用刑拷打。窦娥见婆婆遭罪，泪如雨下，只好违心招认，使婆婆不再遭难。窦娥天真地以为，待到上级衙门复核之时，再翻供陈述实情，总会沉冤昭雪。

可是，她这一招供，正中太守下怀。所谓"复核"程序，几乎就是摆设。天下乌鸦一般黑，窦娥被判处死刑。

刑场之上，面对屠刀，这位少妇仰天长啸，发出了愤怒的呼喊：

> 有日月朝暮悬，有鬼神掌着生死权。天地也！只合把清浊分辨，可怎生糊突了盗跖、颜渊？为善的受贫穷更命短，造恶的享富贵又寿延。天地也！做得个怕硬欺软，却元来也这般顺水推船！地也，你不分好歹何为地！天也，你错勘贤愚枉做天！哎，只落得两泪涟涟。

在那个敬天法祖的年代里，窦娥竟然冒天下之大不韪，抨击天地昏聩，不分人间清浊，不辨是非贤愚，实在枉为天地。这需要何等的勇气！

怨气冲天的窦娥，临刑之前，发下三桩誓言：

> 若是我窦娥委实冤枉，刀过处头落，一腔热血休半点儿沾在地上，都飞在白练上；
>
> 若窦娥委实冤枉，身死之后，天降三尺瑞雪，遮掩了窦娥尸首；
>
> 我窦娥死得委实冤枉，从今以后，着这楚州亢旱三年。

窦娥死了，死得很冤，气冲霄汉。血染白练、天降大雪、亢旱三年的奇愿，竟然一一应验。尤其是六月飞雪的场景，令人不寒而栗。

窦天章还清了欠债，经历多年苦读，终于金榜题名，荣任高官。当他回到楚州，听闻此事，气愤难当，泪如雨下。最终，窦娥被平反昭雪，坏人终有恶报。

这就是中国古代著名悲剧《感天动地窦娥冤》(简称《窦娥冤》)，它的作者是元代著名戏曲家关汉卿。

窦娥的故事，出自《列女传》中的《东海孝妇》。不过，关汉卿并没有把自己束缚在原著中，继续歌颂为东海孝妇平反昭雪的那位于公，而是把眼光放在受害妇女身上，塑造了一个被剥削、被压迫、被损害和被迫以自己的方式抗争的姑娘——窦娥的形象。

表面看来，元朝统治者因袭了唐宋的一些政治体制，但内核还保留着大量奴隶制残余，以及草原生活方式。尤其在对待民族问题上，元朝武断地推行"四等人制"，把占人口绝大多数的汉族区分为汉人和南人，从法律上和实操上予以全方位压迫。

窦娥只是千百万被压迫的底层民众中的一个代表而已。

元世祖忽必烈去世后，元朝统治层陷入长期内讧之中，皇帝如走马灯般换来换去。高层恶斗的结果，必然导致对政治体制的维护保养力度不足，关照不够。于是，吏治腐败问题在元朝官场普遍存在，屡治不彰。

窦娥的冤情，在很大程度上都是糟糕的吏治惹的祸。

关汉卿被称为第一流的伟大戏剧家。他笔下的剧作众多，更重要的是，这些剧本很接地气，让市民生活中经常遇到的嬉笑怒骂见诸舞台之上。

他是大都人，生活在元朝的首都大都，却见证了金朝崩溃、南宋垮台的历史大事。有关他的生平记载很少，只知道他在太医院工作，是个大夫。这么说来，写剧本其实是关汉卿的业余爱好。不过，能把业余爱好发展成世界级的事业，绝对了不起。

让我们来看看这位把副业当主业的高手，都有哪些荣誉吧。

——出品杂剧众多，共六十七部，现存十八部，以《窦娥冤》最为有名。

——历史剧、散曲也没少写，像《单刀会》《尉迟恭单鞭夺槊》，内容丰富多彩，格调清新刚劲，艺术价值很高。

——跟郑光祖、白朴、马致远并称"元曲四大家"，并且排名第一。《录鬼簿》里说他"驱梨园领袖，总编修师首，捻杂剧班头"，可见他在元代剧坛的"一哥"地位不可动摇。后人将其称为"曲圣"，实至名归。

——《析津志辑佚·名宦》对关汉卿评价甚高："关一斋，字汉卿，燕人。生而倜傥，博学能文。滑稽多智，蕴藉风流，为一时之冠。是时文翰晦盲，不能独振，淹于辞章者久矣。"

难怪关汉卿会自诩"我是个普天下郎君领袖，盖世界浪子班头"。甚至在《南吕·一枝花·不伏老》中，他还自称"我是个蒸不烂、煮不熟、捶不匾、炒不爆、响当当一粒铜豌豆"。自信的情绪溢于言表。

尽管名气大、作品多，关汉卿还是很接地气的。蒙古灭金的过程，也是青年时代的关汉卿由北向南逃难的过程。常年的流亡生活，目睹蒙古铁骑横扫一切、烧杀抢掠的场景，使他对这个社会的残酷有更深刻、更直接的认识，对底层百姓的苦难遭遇有更多切身感受。特别是底层妇女，社会地位低，受到的压迫更多，这样的形象塑造起来，代表性和典型性更突出。于是，窦娥的形象脱颖而出。

但《窦娥冤》的思想性依然有一定的局限性。关汉卿是在借窦娥的冤情揭露社会黑暗面，鞭笞昏官当道、坏人横行的糟糕世界，却也只是将注意力集中于窦娥个人的悲剧，而没有进一步延伸到对整个社会的反思。

当然，只做到这一步已经很不容易。毕竟，在元朝森严的等级制度之下，任何"出格"的文艺作品都有可能招致杀身之祸。关汉卿已经做到他能做到的。至少，《窦娥冤》不是一个传统意义上的大团圆结局；至少，主线足够清晰，情节足够紧凑，主角个性足够鲜明。从这个层面看，面对当权者的淫威，关汉卿一直保持着桀骜不驯的态度。

关汉卿在做尝试，加入了浪漫主义色彩，秉持了东方传统艺术表现手法，对唐宋传奇小说进行了升华。在《窦娥冤》里，他引入"天人感应"的儒家信条，以窦娥赴刑场的一幕为全剧高潮，彰显正义必胜，反映爱憎鲜明，寄希望于青天大老爷横空出世。那个年代艺术家的思想维度和启蒙程度，大概也就到此为止吧。

当人们来到河北安国市的关汉卿故里，驻足关园、关宅和关墓前，凝望关汉卿手书"蒲水威观"石匾，也许窦娥的形象还能跃然眼前。

三、千里姻缘：除旧布新《西厢记》

> 渭城朝雨浥轻尘，客舍青青柳色新。劝君更尽一杯酒，西出阳关无故人。

唐代诗人王维的《渭城曲》，千年以来，一直为世人传唱。同是讲述唐代故事的《西厢记》，也有一段脍炙人口的别离曲，曲风跟《渭城曲》颇有几分相似：

> 碧云天，黄花地，西风紧，北雁南飞。晓来谁染霜林醉？总是离人泪。

这只是《西厢记》三百二十多首曲子中的一首。

前朝崔相国故去，夫人郑氏携小女崔莺莺、丫鬟红娘，护送相国灵柩回河北安平老家安葬。行至浦关，因故受阻，暂住河中府普救寺。

崔莺莺年方十九，堪称才女，针织女红、诗词歌赋，样样精通。崔相国在世时，已将其许配给郑尚书的长子郑恒。这郑恒还有个身份，就是郑氏的侄儿，也就是崔莺莺的表哥。因此，这桩婚事，既是官二代的政治联姻，又是亲上加亲的近亲婚配。或许，这也就注定了两人的婚事成不了。

书生张君瑞，也是官二代，父亲是礼部尚书。可惜父母双亡，家道中落，他只能靠进京赶考改变命运。途中，想起自己的八拜之交杜确就在浦关，于是他选择暂住这里。听当地人说，浦关的普救寺，是武则天的香火院，景致很美，名气很大，过往游客无不专程瞻仰。张生听罢，兴致盎然，决定亲往。一段姻缘就此开始。

在普救寺，张生无意间看到了崔莺莺，便被她的美貌所吸引。为了多见几面，张生就跟寺中方丈借宿，住进了西厢房。不久，又听说莺莺每晚都会到花园里烧香，他便在夜深人静时来到后花园偷看莺莺烧香。

张生触景生情，有感而发，赋诗一首："月色溶溶夜，花阴寂寂春；如何临皓魄，不见月中人？"

莺莺偶遇知音，也应和一首，诉说闺中寂寞："兰闺久寂寞，无事度芳春；料得行吟者，应怜长叹人。"

张生苦读，感染莺莺，两人互生爱慕之情。或许，这就是那个年代的自由恋爱吧。

叛将孙飞虎听说莺莺美貌倾国倾城，产生娶过来做"压寨夫人"的念头，便率兵包围普救寺，限郑夫人三日内交出莺莺，否则就火烧寺院。莺莺性子刚烈，宁可一死，也不愿侍奉叛将。情急之下，郑夫人当即表示："不管是什么人，只要能杀退贼军，就将小姐许配给他。"

张生突然发现，跟莺莺公开恋情的机会来了！

作为书生，张君瑞当然手无缚鸡之力。可他的好友杜确是武状元出身，眼下担任征西大元帅，统领十万大军，恰好镇守浦关。于是，张生马上修书一封，请寺里和尚下山送信，请来杜确救兵，打退了孙飞虎。

危局已解，郑夫人大喜。酬谢宴上，张生满心期待老太太能兑现承诺，将莺莺许配给他。没想到，郑夫人临场变卦，以莺莺已许配郑恒为由，婉拒了张生的诉求。仅请张生与莺莺结为兄妹，厚赠金帛而已。张生气病了，莺莺也神志恍惚。有情人陷入了相思苦。

就在这时，细心的丫鬟红娘看出了端倪，同情这对被拆散的鸳鸯，就穿针引线，传递书信，为他们在张生的西厢房安排幽会，私下结为夫妻。

老夫人看莺莺神色异常，言行古怪，起了疑心，就叫来红娘逼问。无奈之下，红娘只好如实说来，同时向老夫人求情，指出这一切都是老夫人言而无信的过错。

看到木已成舟，老夫人无言以对，只好把张生找来，告诉他只有考取功名，才有资格回来迎娶莺莺。

有时候，真爱所迸发出的力量真是无所不能。张生竟然高中状元，写信向莺莺报喜。可就在这时，郑恒来到普救寺，捏造谎言说张生果然"一春鱼雁无消息"，被卫尚书招为女婿。郑恒以此谎言让郑夫人改变承诺，再次将莺莺许配给他，择日完婚。

就在成亲之日，张君瑞及时赶到。此时的他，早已不是穷书生，而是河中府的父母官。真相大白，郑恒羞愧不已，含恨自尽。

最终，张生与莺莺终成眷属。

王实甫的《西厢记》，将"愿天下有情人终成眷属"定为主题，结局是男女一号大团圆。然而，《西厢记》故事的由来，却又有所不同。

据说晚唐诗人元稹，出生于河南省河内县清化镇赵后村，邻村崔庄村里有个女孩叫崔小迎。元稹和她从小一起玩耍，青梅竹马，两小无猜。元稹八岁丧父，崔小迎一家便把他当作亲人看待。青年时代，元稹在文化圈已小有名气，小迎也出落得美艳异常，两人的关系迅速升温，私订终身。

跟其他读书人一样，元稹走上了科考和从政之路，被太子少保韦夏卿看中，招为女婿。从此，元稹拜倒在权力之下，再也没有见过小迎。后来韦姓妻子过世，他专程回乡打听小迎的情况，却杳无音讯。

按说，故事就该画上句号了。可元稹却以自己的这段经历为基础，写了一篇《莺莺传》，将张生塑造成对崔莺莺始乱终弃之人。又借张生之口，批评莺莺为"妖孽"，说她"不妖其身，必妖于人"。这样的写法，似乎是在辩白自己的"陈世美经历"。因此，鲁迅在《中国小说史略》中对元稹诟病有加。

元稹设计的结局，在宋代发生了很大变化。

宋代城市经济的发展，特别是市民阶层的涌现，使得人们的观念发生了两方面变化：一是对封建礼法的认同逐渐上层化，底层老百姓对礼法的态度有所淡化，对门第、财产和权势等择偶标准不再过分看重，真挚情感胜过家财万贯，客观上也反映了士族地主的没落；二是市民们的娱乐生活日趋多元化，观剧便是其中之一。于是，张生不再始乱终弃，莺莺不再下落不明，故事越发丰满，两人终成眷属。

这么说来，王实甫的《西厢记》，至少在三个方面实现了创新：

一是主题大变。从《莺莺传》的悲剧，转型为《西厢记》的团圆剧。男女一号从先前的唐代版陈世美、秦香莲，转型为对爱情忠贞不渝，敢于冲破礼教束缚，追求自由恋爱和美好未来的青年。"愿天下有情人终成眷属"的主题思想十分突出。

二是结构创新。元杂剧表现一个故事，一般是一本四折；《西厢记》则是五本二十一折。其中引用大量诗词，犹如醇酒，令人心醉。难怪它被誉为古代最著名的才子书。

三是配角出彩。剧中塑造了几个配角，其中红娘戏份较多，展现了她敢于冲破身份地位束缚，对有情人伸出援手的高尚品质。同时，也保留了郑恒这样的悲剧人物，眼睁睁看着青梅被别人撬走，剑走偏锋使盘外招又功败垂成，令人深思。

王实甫写出了这部享誉海内外的经典之作，却没让自己在历史上留下太多个人印记。目前，我们只知道他早年做过官，晚年隐居山水田园。据说，他写过十四部杂剧，留下来的也只有这部《西厢记》，更突显了它的价值所在。

无论是《清明上河图》，还是《窦娥冤》《西厢记》，都只是唐宋转型在文化领域的一部分而已。它们是典型，但无法涵盖全部。其实，它们也在为明清时代文艺作品的升级做准备。一些神话故事，在南北朝尚属志怪小说，到了唐代便演绎为传奇，有了相对完整的故事情节、贴近生活的现实主题和个性鲜明的人物形象，而宋元时代，则又演绎出"话本"这一体裁，将文字搬上舞台，通过说书人的伶牙俐齿讲出来，其文化普及的效果更广泛、更深入人心。这些成就，都为明清小说的大放异彩做足了铺垫。

当今，《三国演义》《水浒传》等明清小说改变为评书，经常在广播电台亮相。殊不知，这些小说的源头，正是跟评书有几分相似的话本。或许，互为因果，也是历史学的奥妙所在吧。

这几本书值得读一读：

1.〔元〕王实甫、〔元〕关汉卿：《西厢记·窦娥冤》合本，王春晓、张燕瑾评注，北京：中华书局，2016年。

2.〔元〕王实甫：《西厢记》，〔清〕金圣叹评点，李保民点校，上海：上海古籍出版社，2016年。

3.〔元〕王实甫：《王实甫杂剧》，北京：中国文史出版社，1999年。

4.〔宋〕张择端：《中国画手卷临摹范本·清明上河图》，南昌：江西美术出版社，2016年。

5.〔唐〕元稹：《唐宋传奇》，北京：华夏出版社，2015年。

6. 向斯：《解密清明上河图》，济南：山东美术出版社，2016年。

7. 薛凤旋：《〈清明上河图〉与北宋城市化》，香港：香港中和出版有限公司，2015年。

8. 刘涤宇：《历代〈清明上河图〉：城市与建筑》，上海：同济大学出版社，2014年。

9. ［日］野岛刚：《谜一样的清明上河图》，张惠君译，北京：社会科学文献出版社，2014年。

10. 罗斯宁：《元杂剧和元代民俗文化》(第2版)，广州：广东高等教育出版社，2011年。

11. 黄克：《关汉卿戏剧人物论》，北京：北京时代华文书局，2016年。

12. 李占鹏：《关汉卿评传》，南京：南京大学出版社，2000年。

13. 黄季鸿：《明清〈西厢记〉研究》(第2版)，长春：东北师范大学出版社，2015年。

14. 杨绪容整理：《王实甫〈西厢记〉汇评》，北京：人民出版社，2014年。

15. 王万庄：《王实甫及其〈西厢记〉》，长春：时代文艺出版社，1990年。

第四专题

奇葩与日常：个性的转型

子畏于匡。子曰："文王既没，文不在兹乎？天之将丧斯文也，后死者不得与于斯文也。天之未丧斯文也，匡人其如予何？"

　　孔子周游列国，多次遭遇困局，但以"畏于匡"这次最险。更糟糕的是，这次困厄，后来证明居然是个误会，缘由就是孔子长得很像一个叫阳虎的坏人，故而在人们揭竿造反，攻打阳虎的时候，孔子不明就里地当了"背锅侠"。

　　在匡地被人围困之时，孔子表达了这样的心声：周文王死了以后，周代的礼乐文化不都体现在我身上吗？上天如果要消灭这种文化，那我就不可能掌握这种文化了。上天如果不打算消灭这种文化，那么这些包围我的人又能把我怎么样呢？

　　面对困难，孔子心中有数，表现出了坦荡胸襟和无畏气概。可是，人们更关注的，不是他是否得救脱险，而是其中提到的一个词——"斯文"。

　　这是一个与今天用作形容词的"斯文"有所不同的词。1992年，哈佛大学包弼德教授推出一本题为《斯文：唐宋思想的转型》的专著，将这一词作为专著的正题名。尽管它的英文题名"This Culture of Ours"，直译过来是"我们的这些文化"，但显然包弼德是在用典。这里的"斯文"，指的就是古圣先贤的经传典籍、礼乐制度以及三代以来的一系列文化传统。

　　包弼德从"斯文"入手探讨唐宋转型，是有其独特视角的。在他看来，中国历史上始终保持"斯文"传统的阶层，就是"士农工商"里的"士"。"士"的身份，主要包括三个范畴：文学、德行与政事。这三方面也是"士"追求的理想境界，即"立言""立德""立功"，履行相应的文化、道德和政治责任，与中国传统的国家观念有着密切联系。

"立言"，即首先要形成对"文化－典籍"传统的积累，掌握被上流社会认可的儒家经典。"立德"，即彰显德行声望，巩固以家族为基础的社会结构。"立功"，即从广泛的精英阶层中选拔官员，组成官僚体系，参与国家治理，维系国家机器正常运转。"立言"和"立德"，是为"立功"奠定政治地位。

原本，这是一个相对稳定的结构，特别是南北朝时期，形成了士族门阀政治，在一个相对封闭的圈子里，一代代输出官僚精英，确保其政治地位长期稳定。然而，隋唐以来，士族门阀的地位在科举考试、安史之乱等大制度、大事件的一次次洗牌中被逐渐削弱，社会对精英的认可标准，也从以家族背景为主，逐渐转向以学问文章为主。这一变化，成为推动唐宋时代的古文运动、程朱理学兴起等事件的重要诱因。

转型，在宋代达到了新的高度。随着文化普及程度的提升，有能力、有意愿参与科举考试的中低阶层人数骤增，从而导致科举考试金榜题名的难度与日俱增。因此，包弼德认为，对于11世纪末士阶层中的大多数人来说，已经很难通过门第和恩荫来维持身份。摆在士阶层面前证明身份的唯一途径，就只剩下"为学"。

"为学"的目标之一，当然是参加科举考试，夺取功名，进入仕途，实现"立功"的目标。不过，士阶层更看重的是"立言"和"立德"，强调通过"为学"完善个人修养，实现内圣外王。于是，唐宋时代的学术思潮和文化价值取向，也相对此前发生了潜移默化的转变。而这些转变，在这个年代的政治人物和事件上，体现得尤为突出。

第十章

走下神坛的明君

朴素的中国人，大都有明君情怀，渴望贤能的君主拯救黎民于倒悬。实在没什么明君，就指望青天大老爷替老百姓出头。这种对上级、对组织的强烈依赖性，一直延续至今。

然而，由于皇帝权力的无限性，滥用职权成为几乎所有皇帝的通病。因此，所谓明君就成了稀缺品。一旦明君在世，给老百姓做点实事，推动历史进步，人们便甘愿为其奉献一切。唐代骆宾王在《宿温城望军营》中就有云："还应雪汉耻，持此报明君。"

事实上，明君虽然自称"寡人"，但从来都不是一个人在战斗。《左传·成公二年》中说："大夫为政，犹以众克，况明君而善用其众乎？"团结和依靠多数人，才是君主克敌制胜的法宝。之所以成为明君，大概也离不开许多人的帮衬和配合。

然而，明君难做，要不断地克制自己的欲望，要不断地考虑别人的感受，要不断地接受不同的意见。即便是如同圣人一般的明君，也有他们难以启齿的一面。历史研究的科学态度就是要把他们请下神坛，还原本来面目，从人性的角度看待他们，评价他们，或许这也是读懂他们以及他们所处时代历史的一条捷径。

一、二世之隋：本不该"两极分化"

对于隋朝仅有的两个皇帝，后人的评价几乎两极分化。

隋文帝杨坚被捧上了天，只因为他在位期间灭了南陈，结束了西晋末年以来二百多年的分裂局面。考虑到实现统一是中华民族的根本利益，隋文帝这件事办得确实漂亮，给他多高的评价都不为过。

隋炀帝杨广则被贬进了沟。昏君、暴君之类，成了他一生抹不去的标签，就连帝王谥号，也用了这个不太好的词——"炀"，意思是去礼远众，用今天的话说，就是既离经叛道，又脱离群众。

其实，我们历数隋炀帝上台后做的事情，或许就能发现，他并非乱来，而是有一个环环相扣的战略布局。他在做局。

这个局的第一步，就是营建东都。

有人会问了，隋文帝上台后，不是已经在汉长安旧城旁边新建了大兴城，作为国家首都吗？这座新都，至少有三方面创举：

一是超大。新都是汉长安的2.4倍，明清北京城的1.4倍，当时拜占庭帝国首都君士坦丁堡的7倍、阿拉伯帝国首都巴格达的6倍，全球最大。

二是整齐。大兴城充分利用地形优势，扩大了立体空间和居住区域，打造了东西对称、南北成轴的样式，形成了整齐划一、分区清晰、相对均衡的城市平面格局，这在中国城市史上还是首创。

三是崭新。大兴城的新建不是心血来潮，而是充分考虑汉长安旧城久经战乱、残破不堪、宫殿狭小、河水壅滞、供水困难等问题，修修补补费时费力，干脆另起炉灶。

然而，在隋炀帝眼中，这些工作还远远不够。大兴城作为首都，有两个天然劣势：

一是远离新附地区——江南，不易强化对南陈故地的控制，以及对当地资源的吸收。

二是供水供粮有一定困难。尽管隋文帝下令开凿广通渠，从黄河引水入渭，供应首都饮水，但这样做需要将黄河水逆流而引，导入地势更高的关中沃野，有一定难度，从而导致汲水和运粮难。

要想克服这些困难，皇帝必须换个地方待。迁都动静太大，要动国本，不如新建陪都，把陪都当首都用，让它成为全国交通网的中枢。

于是，东都工程开始了。

这项工程历时十个月，比当年大兴城工程还少四个月。可是，工时压缩的背后，是用工量大幅攀升。兴建东都，每月要调动两百万青壮劳动力。要知道，隋朝极盛时代，全国户籍人口也就四千六百万。让两百万人修东都，这工程太浩大了。

修好东都以后，隋炀帝要用它干吗？这十几年来，它发挥了三个作用：

其一，政治中心。跟大兴城一样，都是大建筑家宇文恺设计的。不一样的是，它取代了大兴城，成为隋炀帝运筹朝政的中心。

其二，交通中心。隋朝的大运河，虽然也是余杭到涿郡，但在中原地区拐了个弯，是以东都洛阳为中心的。

其三，军事后勤中心。东都不光是一个大都市，还是一个后勤供应基地。像含嘉仓这样的大型粮仓，就在东都隔壁。据说隋末洛阳城被围困时，粮食够吃几十年，布帛堆积如山，以至于用布帛当柴烧，用绢当绳子用。直至唐取代隋以后，堆积的布帛又用了二十多年。这样的积累，显然不光是为了一座城市的居民储备的。在那个年代，只有战争才可能有如此巨大的消耗，只有战争才需要如此庞大的储备。

迁都洛阳，意味着隋炀帝不得不承认一个事实，就是经过六朝的经营，江南经济正在赶超北方，甚至成为首都物资供应的主要源头。从便利运输的角度，首都应当离这些物资供应地更近一些。不过，隋朝的统治根基，也就是北周的鲜卑化家族，都在北方，这决定了首都不能搬到长江以南。因此，洛阳成了相对合适的选择。

在营建东都的同时，大运河工程也破土动工了。

这不是在陆地上开挖一条全新的水道，而是将既有的天然河流沟通起来。尽管海河、黄河、淮河、长江、钱塘江这五大水系里有大量的支流，彼此距离不远，只要疏通就能实现舟楫往返，但在农业时代，这些工程全靠原始工具和肩挑背扛，难度可想而知。

大运河的疏通，既是对南方经济崛起的认可，也是巩固南北统一局面的现实需求。别忘了，隋炀帝上台的时候，南北统一也才实现了十几年，南方士族随时有可能再度叛变分裂。修大运河，用今天的话说，就是确定了一项巩固统一的长效机制。

然而，修东都和运河，让老百姓付出了巨大代价。据说宫殿群的木材，要去江南的深山老林采伐，再由两千人接力赛式地拖运过来，千里迢迢，历尽千辛万苦，不少人死于途中。大运河则分为四段，修了五年。要知道，隋朝鼎盛时期，官方户籍人口也只有四千六百万。一个农业国家，如此大规模征调农民干工程，不仅劳民伤财，而且耽误农时，谁都耗不起。

如果说当年隋文帝征发民力修建大兴城，普通百姓还能勉力承受的话，那么隋炀帝动辄征几百万人为他填海造山、修建离宫、建造龙舟、修筑长城，以及开凿大运河等，则让更多的家庭蒙受灾难。史书记载，在洛阳以东和以北几百里的道路上，每月民夫交接班时，看到的场景是：车拉着累死的民夫，"相望于道"。运河两岸，除了垂柳茵茵，还有"死尸满野"。繁重的徭役，使多少女人成了寡妇，婴儿成了孤儿，青壮年劳力为了躲避服役，免死他乡，争相砍掉自己的手足，谓之"福手福足"。这不啻是帝国的悲剧。

如果说隋炀帝仅仅是滥用民力，似乎还不足以导致他最后的败亡。毕竟，大工程虽多，总有干完的那一天。当这些工程接近尾声之际，隋炀帝又出幺蛾子——出巡。

很多人认为，隋炀帝出巡塞外，是为了耀武扬威；出巡扬州，是为了游山玩水。诚然，作为"天朝上国"的最高统治者，志得意满的感觉自然是少不了，但他这么做，客观上也带有经略边疆和控驭江南的考虑。

塞外的突厥人，被隋炀帝的出巡架势震惊了。宇文恺督造了观风行殿与六合城。前者是一座可以拆装的宫殿，下面有轮轴，可容纳几百人，进退自如；六合城是一座可以拆装的城堡，周长八里，以板为骨，以布为饰，绘制丹青，插上旌旗，士兵可以在上面巡逻。这两个东西，可能算是世界上最早的活动板房和最大的活动建筑。在一望无际的草原上，突然冒出这么个玩意，突厥的可汗与酋长们以为天神降临，离城十里就下马跪倒，匍匐而行，争献牛羊。

这是隋炀帝最自豪的时刻。他用中原王朝高超的科学技术，让强悍一时的草原民族拜倒、屈服，正所谓"不战而屈人之兵"。当然，隋炀帝绝不仅只靠这些奇技淫巧，他的看家本领，还是麾下的几十万将士。

对前来朝贡的西域各国使臣和草原民族首领，隋炀帝"只算政治账，不算经济账"，大笔一挥就是巨额赏赐。光举办欢迎仪式，就动用上万名乐师，排列几十里长的欢迎队伍，市容市貌焕然一新，就连小商小贩也要身穿绫罗，甚至酒馆老板盛情款待西域客商，直至吃饱喝足，却分文不取。

如此追求虚荣的大方，似乎只是掩耳盗铃。有些西域客商对此嗤之以鼻，指着缠行道树的彩绢问："贵国也有穷人，衣不蔽体，为什么不给他们去做衣服，而要用来缠树呢？"这样的问题，让隋朝官员哑口无言。

如果嘴上逼问也就罢了，有些草原部落根本就没把隋炀帝的耀武扬威当回事。大业十一年（615年），隋炀帝的炫耀式出巡遭遇硬茬。突厥骑兵突然袭击，先后击破三十九座城堡，将隋炀帝围困于雁门城。面对突厥人的昼夜攻城，隋炀帝被吓得六神无主，抱着小儿子痛哭流涕，指望援兵快点到，全然没了雄才大略的姿势。

隋炀帝迁都、修运河、炫耀武力等作为，其实都在为一件事做准备。这件事，就是攻打高句丽。

高句丽是朝鲜半岛三国鼎立的政权之一。隋朝初年，其统治区从朝鲜半岛北部伸展到辽河流域，威胁隋朝北部边境的安全。隋文帝曾派三十万军队前往讨伐，但遭遇连续阴雨天气，行军迟缓，战斗力下降，仗没打赢。对此，隋炀帝耿耿于怀，发誓要为父皇雪耻。

既然三十万军队都不能撼动高句丽，他决心倾全国之力，跟高句丽决战。

对于三征高句丽，不能仅以好大喜功、替父报仇这样的层次来看待。站在7世纪初东北亚战略格局的高度来看，隋朝与高句丽的战争，其实是在争夺东北亚地区的政治主导权。隋朝输不起，一旦溃败，很可能长城以北都要成为高句丽的地盘，而一旦打赢，隋炀帝将在东北亚地区建立起巩固的霸权。

大业七年（611年），大运河刚刚通航，隋炀帝就乘坐龙舟，从东都洛阳北上抵达涿郡。在这里，他宣布全国军队紧急动员，向涿郡集中。皇帝传旨，各地只有听话的份儿。于是，大量粮食正在装船，头尾相连，运往涿郡；数万辆兵车、几万名水兵，长途跋涉，向涿郡开拔。一百一十三万军队按照左右两翼，完成了集中。

与其说这是一次决战，不妨说它更像是全国军队巡展和游行。远征军分二十四个军，依次出发，每两军之间相隔四十里，每天发一军。因此，仅出发时间，全军就耗费了近四十天，全军队伍绵延九百多里，蔚为壮观。

隋炀帝以为，在塞外采取的"不战而屈人之兵"的策略，换到东北也能奏效。然而，他失算了。隋炀帝等来的不是高句丽的降表，而是举国一致的抵抗。前后三次远征，隋军进展迟缓，损失不小，高句丽也是精疲力竭，双方谁也没有打赢的本钱和可能。

最糟糕的，仍然是耗费民力的问题。东莱沿海，船工们正在赶造三百艘大海船，时间紧迫，官吏限期督办的手段太狠，民夫累死者、被打死者皆有案例。

当农民无法按照原来的秩序再活下去之际，农民起义爆发了。一开始只是在山东，首领王薄自称"知世郎"，号召饥民入伙，短期内拉起一支队伍，成为隋末农民战争的头炮。

高句丽战争似乎是给隋炀帝敲响了丧钟。就在他第二次出征高句丽的当口，远在后方督办粮草的杨玄感，早就有不臣之心，认为此时洛阳空虚，可以乘机发动兵变，夺取政权。战争给了野心家一个铤而走险的机会。虽然杨玄感输了，但这个事件从另一侧面告诉世人，隋炀帝的江山看似铁桶一般，实则风雨飘摇。

当农民起义军席卷全国之时，困守江都的隋炀帝，天天打卦问卜，以酒浇愁。突然有一天，他在照镜子时喃喃自语："好头颅，谁当斫之?"或许，直至此时，他才真的把生死大事抛诸脑后。

曾几何时，杨坚嗜好节俭，生活自律，而太子杨勇耽于酒色，生活奢华。杨广跟他划清界限，处处向杨坚看齐。不近女色、饮食清淡，每日问安，孝顺异常。再加上攻打南陈战功卓著，给杨坚留了个好印象。这么说来，他能取代杨勇当太子，绝非偶然。

其实，杨广不是一个人在战斗，当年老爹杨坚也是个"影帝"。杨坚还在当臣子时，北周宣帝宇文赟就对他很不放心，曾在皇宫秘密部署杀手，说只要杨坚有任何无礼言行，立刻杀之。可是，他不晓得，杨坚此前经历过太多被人挖坑陷害的烂事，基本逢凶化吉，纵然"伴君如伴虎"，也经验丰富。不管宇文赟怎么挑逗，他都神色自若，躲过一劫。

然而，演得了一时，演不了一世，杨坚还是觉得躲开皇帝比较好。于是，他通过别的大臣向皇帝透露打算到外地做官，宇文赟巴不得赶紧把他弄走，立即批准。于是，杨坚逃出生天，宇文赟也安心了。

隋炀帝垮台了，在农民战争的洪流中死于兵变。

唐太宗曾跟魏徵说："朕观《隋炀帝集》，文辞奥博，亦知是尧、舜而非桀、纣，然行事何其反也！"他看到，隋炀帝并非不明是非的昏君，却得到一个糟糕的结果。他一直在探寻其中的历史教训。

魏徵给出的答案，是劝导唐太宗要"虚己以受人，故智者献其谋，勇者竭其力"。这当然是站在君臣问对的角度，从匡正皇帝日常表现，发挥皇帝表率引领作用的角度来考虑问题。不过，如果站在历史的角度，隋朝的灭亡，难道只应归咎于隋炀帝吗？作为隋朝开国之君，身负"明君"之誉的隋文帝杨坚，就真的没什么责任吗？

唐太宗注意到，隋文帝晚年持法尤峻，喜怒无常，过于杀戮，一改隋初相对宽松的施政风格和律令环境。这样的变化，与隋文帝本人生性猜忌有关。

文献记载，隋文帝"天性沉猜……不达大体……惟妇言是用"。尽管隋文帝主持制定的《开皇律》相对宽松，但他经常法外用刑。一些大臣因在朝堂之上话语有失，被当众责打，甚至当场打死。又诸如偷粮一升，就要本人处斩、家属没为奴；三人合伙偷瓜一个，就可不经审判，就地正法。甚至一些官员的服装、佩剑穿戴不齐，也有可能被处死。生活在隋文帝后期，或许人们根本感受不到"盛世"的幸福，看到的只是皇帝越来越严重的神经质。

除了性格乖张导致的杀戮过多，隋文帝至少在八个方面的策略上还存在错误。

一是用人失误。隋文帝晚年，"猜忌苛察，信受谗言"，对帮助过他登基创业的老资历功臣越来越不信任，甚至严加提防，不惜逐个铲除。最糟糕的当属排挤高颎，重用杨素，听信谗言，废长立幼，换掉杨勇，立杨广为太子。后来的事实证明，杨素做事自私自利，而高颎则处处以大局为重。显然，杨坚选错了股肱之臣。

二是夫妻不睦。杨坚与发妻独孤氏，曾相濡以沫多年。他们不仅是恩爱夫妻，而且是政治婚姻。独孤氏背后的鲜卑贵族政治势力，成为杨坚取北周而代之的有力后盾。两人的感情好到什么程度呢？杨坚"与后相得，誓无异生之子"，发誓只跟独孤氏生孩子，不跟别的女人生孩子，也就是只对皇后专宠。

然而，当政权巩固且独孤氏人老色衰后，杨坚对这句誓言有些后悔了。他开始宠幸别的女人，又对独孤皇后的强悍与嫉妒有所顾忌。遗憾的是，他跟尉迟迥孙女的地下私情，很快就传到了独孤皇后的耳朵里，惹得后者妒火中烧。

杨坚当然对独孤皇后有所提防，但不可能二十四小时都把尉迟氏带在身边吧。就在他上朝的时候，独孤皇后派人把这个姑娘杀了。事后，杨坚大怒，但却敢怒不敢言，只好半夜独自骑马，在山谷中狂奔二十余里，发泄胸中郁闷。一代开国之君，仰天长叹，自己虽贵为天子，却在感情生活上得不到半点自由。此后，他跟这位贤内助便貌合神离。

杨坚和独孤氏的同床异梦，使杨坚的内心更加孤寂。或许，晚年的擅杀也跟这种心境有关。

三是父子反目。长子杨勇虽然生活奢侈，但辅佐杨坚登基有功，是他的得力助手，无论在政治上，还是年资上，当太子都没争议。杨坚和独孤皇后一共有五个儿子，除了杨勇，其他四个儿子分别封为晋王、秦王、越王和汉王。

随着年龄的增长，太子和这些藩王的势力逐渐坐大，身为皇帝，杨坚却隐隐感受到来自儿子们的威胁。于是，他渐次做出了调整：

废黜杨勇，改立杨广为太子，其他儿子也都被免职幽禁，下场凄凉。可以说，经此折腾，隋文帝的家庭已经四分五裂，后院不宁，哪还能耐心处理朝政，推动隋朝的事业继续前进？

四是先天不足。跟西汉、东汉、唐朝、明朝、清朝相比，隋朝建立前，全国没有经历过大规模农民起义的洗礼，社会关系延续了南北朝后期的格局，因而对既得利益集团的洗牌难度很大。因此，统治集团缺乏农民起义涤荡的切肤之痛，也就难以真正汲取历代王朝的经验教训，其走向奢侈腐化的步伐就可能加快。更重要的是，由于没有农民战争的冲击，土地兼并问题在隋朝没能有效解决，只是靠延续北魏以来的"均田制"缓解社会矛盾。隋王朝的生存基础就相对薄弱。

五是编户争夺。南北朝时期，士族地主拥有大片庄园，隐匿土地和人口，为己服务，导致国家控制的纳税土地和人口长期处于低水平。为了富国强兵，隋文帝大力推行检括户口政策，将士族地主此前隐匿的私家荫户纳入国家户籍管理体系。这样一来，士族地主利益受损，跟中央政府的矛盾逐渐激化。后来，相当一批士族出身的中低级官员，走上了反对隋炀帝的道路，甚至加入农民起义军，这从一定程度上反映了官府与士族豪门斗争的复杂性和长期性。

六是正统之争。隋文帝虽然开创了"开皇之治"，但在盛世背后，不同利益集团之间的矛盾依旧不可调和。隋朝是汉化鲜卑人建立的，其执政基础就是关陇贵族集团。跟山东的传统士族集团比，关陇集团根本上不了台面，顶多算后起之秀。然而，关陇贵族以皇权优势，迅速垄断了中央政权的要缺，占领制高点，双方为争夺政治资源的斗争日趋白热化。隋朝本身是篡夺北周政权而建立的，其正统性并未得到全社会各阶层认同，一旦有些阶层利益受损，他们就会相互勾结，揭竿造反。

相比之下，隋炀帝为调整这类矛盾，主动放弃关中本位政策，迁都洛阳，政治上开始倚重南方士族和庶族地主，如此一来，关陇贵族和北方士族地主又有不满。于是，统治集团内部南北对立的裂痕越来越深。

七是税负沉重。中国历史上任何一个王朝，都不可能在立国之初就积累起巨大财富，隋朝也不例外，何况立国前十几年，还打了几仗，没少花钱。可是，开皇年间，国泰民安，经济繁荣，百姓安居乐业，出现盛世局面。开皇十二年（592年），户部官员奏报，说府库已经堆满了粮食布帛，实在没地儿放了，都堆到走廊和房下了。隋文帝只好下令制造新库房。没多久，新库房也堆满了，隋文帝只好传旨，告知郡县：寓富于民，不藏于府，免除今岁租赋，赏赐百姓。

早在灭陈之后，隋文帝就宣布对江南豁免十年租赋，气魄确实很大。不过，政府财政收入如此充盈，从另一角度也表明，隋朝的税率并不低，老百姓的负担并不轻。

八是军改失败。隋文帝对北周的府兵制进行了调整补充，将二十四军的全部士兵改组为十二府，实现战区化管理。设立总管府，作为各个战区的指挥部。总管作为战区主帅，由中央委任。这就是隋朝府兵制的外在表现。

北周时代，军人作为特殊职业被单独管理，士兵是可以世袭的。然而，北周的军队来源五花八门，整编难度大，通常指挥失灵。杨坚上台后，宣布"凡是军人，可悉属州县，垦田籍帐，一与民同"。这就消除了军人世袭制，将军队恢复到义务兵的状态。由于各方面配套政策不到位，得到土地的年轻人压根对当兵没兴趣，客观上限制了隋军战斗力的提升。

八个方面充分说明，隋文帝晚年已经开始用力过猛，隋炀帝只是让他的缺点显得更突出一些而已。

当然，为了实现和巩固统一局面，隋文帝还做了很多工作。比如确立三省六部制、简化地方官制、修订《开皇律》、开凿广通渠、修建首都大兴城（长安）等，这些措施对"开皇之治"的形成打下了良好基础。而这些，跟隋文帝的勤政风格分不开。据说他每天从早忙到晚，饭菜凉了再热，热了再凉，到了废寝忘食的地步，是不折不扣的"工作狂"。

更可贵的是，隋文帝生活节俭，每顿饭只吃一肉；宫廷用物，残坏的能修补的绝不新换；独孤皇后衣着朴素，不尚丽服艳饰。由这两口子带动，整个贵族阶层也都以节俭为时尚，便衣多穿布帛，少见穿金戴银的情况。这在中国历史上非常罕见。

然而，勤政、俭朴与国家治理水平和治理能力的改进，并没有必然联系。隋文帝虽然优秀，但非圣人，他个性上的弱点和为政的失误，不知不觉地为隋王朝埋下了地雷。

不管怎么样，隋朝的大厦已经倒塌，历史即将进入一个新的时代。

让我们回顾唐代诗人皮日休的《汴河怀古》和周昙的《隋门·炀帝》，这两首作品可以作为对隋王朝两代君王相对公允的评价：

汴河怀古

尽道隋亡为此河，至今千里赖通波。

若无水殿龙舟事，共禹论功不较多。

隋门·炀帝

拒谏劳兵作祸基，穷奢极武向戎夷。

兆人疲弊不堪命，天下嗷嗷新主资。

二、唐太宗：从善如流到不再纳谏

贞观初年，官场贿赂横行，吏治腐败。唐太宗李世民想由此入手，整饬朝纲，就准备抓几个典型，杀一儆百。然而，反腐败要讲真凭实据，短时间内拿到这样的把柄，难度很大。于是，李世民想了个歪点子：秘密安排亲信故意向一些官吏行贿。

果然，有人中招。一个守门官收了一匹绢，撞在了枪口上。李世民很生气，当即传旨将他处死。民部（户部）尚书裴矩获悉此事，当众劝谏道：这种做法是引诱别人违法犯罪，是不正当的。守门官罪当受罚，但不至于处死。

李世民听罢，觉得很有道理，转怒为喜，赦免了守门官的死罪，当众表彰了裴矩。

裴矩，何许人也？他曾是隋炀帝很中意的大臣，工作能力很强。不过，隋炀帝是个刚愎自用之人，听不进劝谏，还对谏净之臣大开杀戒。裴矩很聪明，摸准主子的喜好，处处承颜顺旨，绝不唱反调。他甚至还怂恿隋炀帝炫富西域、远征高句丽，实属佞臣。然而，归降唐朝以后，他却经常在朝堂上跟皇帝争论得脸红耳赤，成为贞观年间的铮铮铁骨。

同样是裴矩，在两位帝王手下当差，为何言行判若两人呢？显然，裴矩没变，变的是皇帝。也就是说，唐太宗和隋炀帝的办事风格大不相同。

唐王朝是在隋朝灭亡的尸骨堆和废墟里建立起来的。作为王朝的缔造者，李世民经常反思隋亡的原因，深知"水能载舟，亦能覆舟"的道理。上台以后，他每每追溯前朝教训，鼓励大臣们上书言事，批评他的决策和为政风格。其中，魏徵劝谏二百多次，在朝堂上直陈皇帝过失，多次让皇帝下不来台。

李世民深知"良药苦口利于病，忠言逆耳利于行"的道理，总体上还是虚怀若谷、从谏如流，在皇帝群体里属于为数不多的几个能对自己言行不断反思和克制的帝王。不过，良药毕竟苦口，忠言毕竟逆耳，多了也烦。

这天，李世民心情愉悦。给他带来快乐的，是一只鹞鹰，雄健俊逸。这新近得到的宠物，令李世民爱不释手。然而，当他将鹞鹰架在胳膊上，像土匪头子那样把玩的时候，忽然看见老臣魏徵进门。他知道，这老家伙最爱进谏，如果看见他在玩鹰，一定会数落他玩物丧志。可是，回避已经来不及。他只好把鹞鹰藏在怀里。反正衣袍宽大，藏得下鸟，魏徵肯定看不见。他估计魏徵一会儿也就汇报完了，忍着吧。

也许是故意耽搁，也许是公务真的太多，魏徵在李世民面前汇报个没完。唐太宗急得满脸是汗，担心鹞鹰会闷死，但又抹不开面子，不敢得罪魏徵，只好待着不动，耐心听魏徵摆事实讲道理。

魏徵总算说完了，拱手告退。唐太宗舒了一口气，放手再看，鹞鹰已死。他长叹一声，无可奈何。

这样的事已经不是第一次了。终于有一天，他回到后宫，面带怒色，愤愤自语："朕一定杀了这个乡巴佬！"

长孙皇后听到这话，非常惊讶："谁人又忤逆了陛下？"

"还能有谁？就是魏徵老儿，每每在朝堂之上跟我争执，让朕不得自在！"唐太宗还在气头上。

这时，只见长孙皇后退出寝宫正殿，片刻工夫，她换上朝服，庄严走来，跪下道喜。李世民见状，有些吃惊，忙问缘故。皇后从容应答道："臣妾听说君圣臣忠，如今陛下圣明，魏徵才敢忠心直言，臣妾怎能不道贺呢？"

听了这话，李世民才转怒为喜。

然而，无论是怒，是喜，李世民的内心都是备受煎熬的。

众所周知，李世民是靠政变上台的，杀兄屠弟的骂名要背一辈子，怎么都回避不了。从他提着血淋淋的宝剑，冲进父皇李渊宫殿的那一刻，这对父子的感情已经彻底决裂。尽管父皇主动让位，退居太上，儿子执意营建大明宫，为父亲避暑，但谁都知道，这只是李家父子维系帝国不因权力交接而动荡，不因父子反目而闹得满朝失和的行为艺术而已。

事实上，李世民对退位后的李渊不算太坏，但也说不上好。贞观六年（632年）春，监察御史马周不留情面地批评李世民"大不孝"。他说，皇太子的宅邸尚在宫城里，太上皇却只能住在宫城之外狭窄潮湿的大安宫，这不像话。陛下不仅长期不去看望年事已高的太上皇，而且连前往九成宫避暑这种事，也不让父皇沾光，而是将其搁置在湿热的大安宫煎熬。这实在是太过分了。

马周的话很刺耳，李世民听完很不舒服，又不好反驳，只好特邀老父亲跟自己一起去避暑。没想到，李渊是个好面子的人，以隋文帝死在九成宫为由，直接拒绝了。

因此，新建大明宫，就成了李世民解决这场"大不孝"纠纷的补救方案。他没有想到，真正开始享用这座宫殿，将其作为号令天下的中枢和避暑胜地的，却是儿子李治，以及李世民的小妾兼儿媳妇——武则天。

李渊没有等到大明宫落成的那一刻，就溘然长逝。他死得郁闷，却安详。尽管李渊的献陵规模还不如李世民的正房长孙皇后的大，看起来更像是儿子在对父亲赌气，但这个开国皇帝起码在历史上留下一个还算善终的结局、一个尚可的评价。可是，李世民的赌气非但没有让自己释然，反而陷入了更大的痛苦。他必须为自己发动的"玄武门之变"找到合理合法的外衣。为此，他做了两件事：

首先是制造舆论。把自己打造成帝国的实际创业者和缔造者，把老爹李渊打造成坐享其成者，把李建成和李元吉打造成无能且嫉贤妒能者，把玄武门之变打造成积怨爆发、主动自卫的正义行动。

其次是篡改历史。要把对自己不利的记载统统抹掉，换成"高祖许诺以秦王为太子"之类的记载，让"天可汗"的光辉永远洒满帝国的天地，让后人把李世民当作帝王楷模，至少是得到后人的宽容和谅解。

制造舆论要用嘴吹，篡改历史要用手写。这些都离不开儒家知识分子。然而，这两点却是逾越儒家道德底线的。因此，李世民必须想办法笼络他们，甚至要拿出一些东西，跟这些儒生重臣交换。

这个交换物，就是虚怀若谷地纳谏。毕竟，士为知己者死。知识分子的诤言，如果能被当权者听进去，吸收了，便是好事。

然而，既然要纳谏，就必须做到两点：一是克制自己的欲望，二是容忍不同的声音。这样的事，坚持一天两天还好，长年累月地坚持，把无限的皇权关进有限的牢笼里，对皇帝来说就很难受。李世民也一样。

贞观二年（628年），秋老虎肆虐，宫里湿热难耐。大臣们联名上书，奏请修个干燥避暑的阁楼。可是，李世民却婉拒了。他的说法是，尽管自己有气疾，不适合长期住在湿热之所，但修个阁楼花销更大。当年汉文帝听说修个露台要耗费十户中产家庭的资产，直接就放弃了。现在朕还不及汉文帝，怎么好意思花销比他还多，怎么有脸面做百姓的父母呢？

两年后，他又信誓旦旦地跟身边大臣表示：大造宫殿、池苑、台阁，皇帝肯定喜欢，百姓肯定不喜欢。朕贵为帝王，富有四海，凡事皆取决于朕。不过，朕能够自我控制，只要百姓不喜欢，朕一定会顺从他们的意愿。可是，这番自夸之语言犹在耳，李世民就传旨大兴土木，兴建东都洛阳的宫殿。面对大臣张玄素咄咄逼人的质问，李世民只好以"洛阳位于天下之中，建宫殿方便各地朝贡"为理由来搪塞。

进谏的官员得到了赞赏，但洛阳宫还是修了起来，穷极富丽，满足了他的私欲。可是，当官员们一而再，再而三地指责洛阳宫过于奢华时，他又开始顾及自己"仁德"的名声，爱惜起羽毛来了。于是，他把将作大匠叫过来训了一顿，免了官，把刚刚落成的宫殿拆掉了。也许，这就是他对"劝谏—纳谏"的程式化往复早已审美疲劳，转而用这种看似矛盾的做法寻求的宣泄吧。

于是，"劝谏—纳谏"变成了一种形式主义与功利主义的游戏。大臣们极力压制皇帝的私欲，要将他拉入"内圣外王"的所谓正确轨道，所以频繁劝谏；李世民则是要追求从善如流的好名声，于是逢谏必纳，鼓励谏诤，奖赏谏臣，但行动上依旧我行我素，该打猎打猎，该修宫殿修宫殿。因此，李世民的"内圣"是假的，是痛苦的。

细心的魏徵看出了门道。他对李世民直言不讳："陛下如今不再喜欢直言了。虽然还勉强接受，但早已没有了往日的豁达。"显然，他已经看出来，李世民仅仅沉迷于纳谏这一形式，而对谏言的内容不感兴趣。因此，不光是发牢骚，魏徵还做出了实际行动。他开始给自己找借口，以眼病为由，屡屡上书，奏请退居二线，"求为散官"。连魏徵这样较真的诤臣都退缩了。

儒臣们改造李世民的梦想，终究只是个梦想。就连李世民自己，到了执政中期以后，也不再相信纳谏能给自己带来什么真正的实惠。贞观十一年（637年），李世民对魏徵发了一次牢骚："大臣们都批评朕游猎频繁，但朕认为，虽然如今天下无事，可武备不能松弛，所以时而在后苑狩猎，又没有劳民伤财，能有什么错？"

面对李世民的无奈，魏徵也只好安慰道："陛下既然让大家进谏，也应该允许畅所欲言。如果说得对，陛下采纳了，对国家自然有好处；如果说得不对，陛下不予理会，也没什么损失啊。"

这段对话，清晰地展现了李世民对谏言的抗拒。显然，对他来说，纳谏只是政治作秀。

按照通常惯例，皇帝是不能看起居注的。史官撰写的当代史，不容当事者篡改，这是春秋后期以来流传的史家操守和通行规矩。然而，李世民就想破这个规矩。

贞观九年（635年），他就提出要看看国史，被谏议大夫朱子奢挡了。四年后，他又问褚遂良起居注的内容，担心自己的缺点被如实记录在案。尽管褚遂良一再劝他不要干预史官写史，但他还是在房玄龄手里看到了国史，并提出了自己的修改意见。显然，他渴望给子孙后代留下"内圣"的光辉形象，又背离了"内圣"的起码境界。本来，如果达到了"内圣"状态，就完全没必要关心别人如何评价自己。李世民就在这样的矛盾中寻求自己的历史定位。

贞观十五年（641年），羽林军哗变，卫士们"夜射行宫，矢及寝庭者五"。士兵们用兵谏的方式劝诫李世民不要再游猎巡幸、花天酒地了，得到的却是"大逆"处死的下场。四年后，门下侍中刘洎只是说了几句真话，便被视为贬低李世民，后来竟被扣上"谋执朝衡"的罪名，不得不自杀了。

李世民变了。早年一直在说"水能载舟，亦能覆舟"，到了后期，口头禅变成了"百姓无事则骄逸，劳役则易使"。李世民没变。或许，后者才是李世民的真情呈现。

三、宋孝宗的 AB 面

跟北宋王朝相比，南宋开国虽然皇帝换了人，首都搬了家，但面对北方民族时胆怯屈膝的一贯作风，就像瘟疫一样，从北宋太宗皇帝赵光义在高粱河的那次惨败开始，一直延续到宋高宗赵构的绍兴和议。很多人都认为，相比于乃兄宋太祖赵匡胤的智勇双全、大开大合，赵光义不仅智商逊色，而且情商低下，把赵宋皇帝谱系的基因彻底搞坏了。

经验告诉我们，一个只会屈膝和苟安的偏安小朝廷，很难长久。无论是甘当儿皇帝的后晋，还是一成立就在闹内讧的南明弘光政权，都是这样。前者享国十一年，后者不过一年，都倒在了北方民族的铁骑之下。不过，面对走马灯一样变换的北方骑兵不断的冲击，南宋能维持一百五十多年，其秘诀恐怕不光是领域纵深宽广，资源丰富，打仗输得起那么简单吧。

事实上，南宋从第二任皇帝起，似乎就有转运的迹象。而这位被后世尊为"宋孝宗"的第二任，甚至得到了"卓然为南渡诸帝之称首"的高度评价，俨然"中兴之主"。巧合的是，宋孝宗赵昚不是宋高宗的亲儿子，而是养子，他的祖上，则是宋太祖赵匡胤一系。这是否意味着赵宋王朝要转运了？

赵昚是个好皇帝，但在他身上体现的，不光是"好"，或者"孝"，还有多面的元素。可以说，他是一个很值得同情的皇帝：内政做得不错，外战一塌糊涂；拥有一腔热血，但对手太强，队友太次，导致壮志未酬；对养父孝顺却换来一片尴尬，对儿子宽容却换来一腔郁闷。

——胸有大志。宋高宗赵构早年在逃亡途中，患上了不育症，虽然自己长寿，但膝下无子。这也成了他心头永远的痛。当年决定干掉岳飞的原因之一，就是这个将军多次劝立太子，戳痛了赵构的难言之隐。

生育不成，那就收几个干儿子吧。宋太宗这一系，经过靖康之变，几乎全军覆没，就剩赵构一根独苗了。于是，赵构只好在宋太祖一系找养子。赵匡胤的后裔多达千人，大多数已是平民百姓，赵构从中选了一胖一瘦两个孩子。一开始，宋高宗对瘦的并无好感，而是更青睐胖的。可是，一件意外的小事，让这两个孩子的命运在岔路口拐了个弯。

一天，宋高宗把这一胖一瘦两个孩子叫到一起时，恰有一只猫闯了进来。瘦的全神贯注地听皇上训话，根本没受猫的影响；胖的看见猫，显得很惊慌，连忙用脚去踢，显得很粗鲁，当然也就无心听皇上讲话。于是，胖小孩为他所做的一切付出了沉重代价——离开皇宫，继续去当放牛娃。瘦子留在宫里，他就是赵伯琮。

按说，皇储大位非瘦子莫属了。可是，他在宫里待了二十年，却什么名分也没有。究其原因，无外乎两方面：

其一，他毕竟不是宋高宗的亲生儿子。对于传宗接代这件事，宋高宗还有一丝期待，希望奇迹出现，能有个亲生儿子当太子。

其二，尽管几年后，赵伯琮被赐名赵瑗，但宋高宗的母亲韦太后并不喜欢他，而更喜欢另一个养在宫里的孩子赵璩，多次向宋高宗推荐将赵璩立为太子。这时，宋高宗有点犹豫，不知该怎么办好。

几经努力，还是得不到亲生儿子，随着年纪日渐衰老，宋高宗不得不关注这两个孩子。究竟立谁为太子？在大臣的点拨下，他端出了一个既让太后信服，又能考验孩子的万全之策。

皇上传旨，给两个孩子的寝宫各送去十名容貌标致的黄花闺女。半个月后，再把这些佳丽召回，认真查验，看还是不是处女。结果出人意料，送给赵璩的十个女孩全都不再是处女，而送给赵瑗的十个女孩则完好如初。这件事，让宋高宗的天平彻底向赵瑗倾斜。

韦太后去世了，赵瑗上位的阻力彻底消失。于是，宋高宗给他赐名赵玮，立为皇子，正式确立了名分。

绍兴三十二年（1162年）五月，在金朝完颜亮大兵压境的危难关头，宋高宗再也不愿背负抗敌重任，决定将这个已经成年的瘦孩子立为皇太子，改名赵昚。当然，用一个不常见的字当名字，或许是为了老百姓避讳方便。几次改名的背后，全是套路，各种波折。其中的辛酸，只有赵昚自己懂得。

他是个有心人，无论是猫，还是美女，都没能动摇他的心志。他有更大的抱负，那就是恢复中原，成为中兴之主。

几天后，宋高宗决定内禅。赵昚登上了皇帝宝座，时年三十六岁。这就是宋孝宗。以下几方面值得一说。

——志大才疏。三十六岁，正是一个干事创业的黄金年龄。赵昚上台后，在短短的一两个月内，就做出了几项大快人心的决定：

召回老将张浚，共商恢复大计。这是绍兴和议前活跃在抗金前线的将军中唯一在世的一位。虽然年近七旬，虽然当年老打败仗，但"蜀中无大将，廖化作先锋"，瘸子里面挑将军，也只有他声望最高，最有号召力和标志性意义。

传旨平返冤狱，恢复岳飞名誉。岳飞蒙冤死后，狱卒隗顺冒险将其遗体偷偷背出杭州城，埋在城外九曲丛祠旁。隗顺为此一直保密，直至临终前才将此事告诉其子。赵昚宣布对岳飞平反后，隗顺之子才将此事公开。于是，朝廷出面，将岳飞以礼改葬西湖栖霞岭。又恢复官职，召回流放在外的岳飞家属，以及其他受牵连的官员。①

---

① 对于岳飞名誉的恢复，宋孝宗只完成了第一步。真正将岳飞的地位抬高，则是宋宁宗时代，外戚韩侂胄出于举兵北伐和提高自己威望的政治需要，再度将岳飞抬出，追赠"鄂王"。至于全国多地建岳王庙，则是在南宋中叶以后，直至明清时代了。

做这两件事，释放了一个重要信号，那就是国家的基本路线和指导思想变了。屈膝投降、偏安一隅成为过去，宋孝宗要准备收复失地了。而这位新皇帝的榜样，并不是宋高宗，更不是宋太祖，而是"天可汗"唐太宗。世道似乎要变了。

可是，如果旁观者足够清醒，就该明白：眼下压根就不是举兵北伐的好时机。

有句俗话很毒辣，却也道出了实情："高宗之朝，有恢复之臣而无恢复之君；孝宗之朝有恢复之君而无恢复之臣。"

确实，南宋这边，以前强悍的抗金将士，早已被秦桧摧残得一塌糊涂。如今的军队，保家卫国尚且勉强，主动进攻毫无胜算。将领当中，张浚早已衰老，没法亲临前线；李显忠虽然勇猛，但宋孝宗出于对"祖宗家法"的笃信，当然不可能把全国军队交给这一个人。于是，第二年的隆兴北伐，则是由李显忠和邵宏渊共同指挥。殊不知这两人矛盾重重，后者嫉妒前者的战绩，总在挖墙脚，不配合，最终导致前者孤军深入，招致符离战役大败。北伐之事，就此偃旗息鼓。

金国那边，女真人早已在中原扎下根来。取代完颜亮的金国皇帝完颜雍（金世宗），绰号"小尧舜"，推行一系列积极措施，开辟了金国历史上政治稳定、经济恢复的治世。宋金之间的力量对比趋向平衡，谁也占不了上风。宋孝宗无隙可乘，扼腕不已。

隆兴和议，虽然疆土未变，但也让宋金关系发生了些许变化：金宋之间由君臣关系改为叔侄关系，宋给金的文书由"奏表"改为"书信"，南宋皇帝辈分降了，但政治地位高了，南宋在礼仪上基本追平了金国；岁币减至每年二十万两匹，虽然南宋不缺这点钱，但能省一点是一点；绍兴和议中遣返"归正人"这条，在隆兴和议里不提了，辛弃疾等从北方到南方的抗金义士，才得以留下来善终。更重要的是，金人一改此前对南宋的傲慢、轻视的态度，金世宗完颜雍多次告诫大臣，要积蓄钱谷，加强边防，因为他担心宋人的和议最终靠不住。没有宋孝宗矢志不移的北伐理想，或许金国也不会时时忧心忡忡，从而暂时断了再打南宋的念头。

宋孝宗改年号"隆兴"为"乾道"，看起来他是打算闭门造车，发展经济，不追求速战速决了。然而，老师史浩的那句"若一失之后，恐陛下终不得复望中原"犹在耳，如芒在背。不过，采石之战的功臣虞允文坐上了宰相大位。他不仅仅是"返聘"的老臣，而是要跟皇帝一起策划中长期的恢复大计。

君臣两人议定东西双线出击，有点类似诸葛亮"隆中对"给刘备策划的北伐路线。虞允文统率西路军，宋孝宗亲率东路军。为了这一天的到来，宋孝宗开始卧薪尝胆，积累财富，治理内政，维持法治清明、政风宽和的局面，还经常检阅军队，时时提醒自己勿忘北伐。在这个阶段，辛弃疾、陆游都得到了重用。然而，"出师未捷身先死"，还没等北伐兴兵，虞允文就病逝了。宋孝宗的北伐梦想，就此彻底幻灭。①

既然北伐梦断，继续把梦做完似乎还是可以的吧。于是，宋孝宗再次把岳飞抬了出来。他钦赐岳飞"武穆"的谥号，还多次安抚岳飞后人。当然，岳飞生前两次向宋高宗建议为他正名，夸他是

---

① 宋宁宗时代的韩侂胄北伐，基本上就是因循虞允文规划的方案进行的，但西线主将吴曦叛变，东线先胜后败，最终这场开禧北伐以失败告终。或许，南宋的国力真的只适合守土安民。

"中兴基业，其在是乎"，宋孝宗这么做无可厚非。不过，他如此大肆褒奖岳飞，或许更多的还是寄托自己那些未竟的愿望，特别是恢复中原。他多么渴望麾下能有岳飞这样的将领。然而，那个"中兴四臣"的时代，一去不返了。

——家庭不睦。宋孝宗的后半辈子，是在理想幻灭的憋屈中耗完的。跟他相比，五十多岁就宣布退休的宋高宗活得很滋润，八十一岁高寿，在中国历代皇帝中排行第四。

宋高宗的快乐晚年，得益于儿子宋孝宗的"孝"。然而，毕竟不是亲生父子，生活志趣也不一样。这种"孝"与"和"都只是表面的。背后的暗流涌动，时时摧残着宋孝宗那颗急于求成的心。

隆兴北伐失败，让宋孝宗的雄心壮志泄了气。宋高宗的势力卷土重来，秦桧同党汤思退出任宰相，主持和谈大计。这不是宋孝宗希望看到的，但又不得不暂时接受。还好，宋高宗基本上是"裸退"，插手朝政的情况寥寥。

为岳飞平反，既是宋孝宗彰显与前任不同的标志性事件，也是形势所迫，不得已为之。绍兴和议之后，由于南宋向金称臣，金国使臣每次来临安，都要对宋高宗任意谩骂，让南宋君臣丢脸。这就不得不让人们对岳飞更加怀念，对主和派更加愤恨。因此，为岳飞平反，势在必行。可是谁都知道，杀岳飞是宋高宗拍的板。为岳飞平反，就意味着打宋高宗的脸。如何处理好这层关系，成为摆在宋孝宗面前的难题。

于是，秦桧就成了替罪羊。宋孝宗将冤杀岳飞的责任，一股脑地推给了奸相秦桧。于是，后来在各地的岳王庙里，总会有秦桧夫妇和党羽赤裸上身、双手反绑的跪像。奸相秦桧当然脱不开干系，但冤杀岳飞的拍板人宋高宗，则被选择性忽略了。这种罔顾事实的做法，大概也是宋孝宗尽孝的一种表现吧。

类似的事，宋孝宗还办过一件。《西湖游览志余》记载，宋高宗退休后，带人到西湖游玩，来到灵隐寺，一位行为反常的僧人负责端茶倒水。只见他虽着僧衣，却面有书卷气，发鬓犹存，看起来很特别。一问才知，此人自称原系郡守，"得罪监司，诬劾赃，废为庶人。贫无以糊口，来从师舅觅粥延残喘"。此话暗示，他丢官的原因，就是不懂得给上头进贡。为官清廉，一贫如洗，才落得到寺院谋生。

赵构心生恻隐之心，回去就跟宋孝宗打招呼，要求给这人安排工作。可是，宋孝宗派人一查才知，此人"宰相谓脏污狼藉，免死已幸，难以复用"。然而，耐不住太上皇一再打招呼，宋孝宗只好"尽复原官予大郡"，不仅给这人官复原职，而且派到比以前油水更多的地方去当官。为了哄养父高兴，置一郡百姓福祉于不顾，这只能算是"愚孝"了。

宋孝宗虽然善待养父，却没有得到自己亲生儿子的善待。《西湖游览志余》记载，太子赵惇年届四旬，眼看父皇依旧在位，心有不甘。他想到父皇曾在三十六岁时接受宋高宗内禅登基，便也希望父皇循前例，把皇位传给他。然而，这样的想法，他不好意思说出口，便多次找太后暗示。

太后经人点拨，悟出其中深意，便找机会跟宋孝宗说："官家可否传位予太子，自己也好早点休息取乐。"没想到宋孝宗这样回答："我早就想这样做了，但太子年纪尚小，又没有经历，所以还不能传位给他。"太后一时语塞，不再勉强。赵惇听到这些话，非常郁闷，难道四十岁了，头发都白了，还算"年纪尚小"？

或许宋孝宗意识到了这个问题，或许他已经厌倦了虚度光阴的帝王生活，就在高宗去世两年后，他主动腾出皇位。赵惇继位，这就是宋光宗。

相比于赵构退休后颐养天年的状态，赵昚虽然退位，却有些失落。毕竟，赵构是主动交权，而他多少是被儿子逼迫的。一天，宋光宗找他请示，能否立嘉王赵扩为太子。赵扩是宋光宗的儿子，一般情况下，这种请示都只是礼节性的，太上皇自然乐见其成。可是，宋孝宗却冒出这么一句："你排行老三，按说当初应该立你二哥，就因为你英武如我，才绕过他立了你。如今你二哥的儿子尚在，你看着办。"

这话里有两层意思。第一，宋孝宗膝下的儿子里，老大夭折，老三赵惇当了太子，老二非常郁闷，就病死了。为此，宋孝宗对老二很歉疚。第二，宋孝宗觉得赵扩"不慧"，老二的儿子"早慧"，便有意抬举后者。宋光宗不敢忤逆父皇，立太子的事先搁置了，但心里的疙瘩总还是解不开。毕竟，那是老二的儿子，不是自己的儿子。

如果仅仅是父子之间的矛盾，大不了面和心不和。糟糕的是，宋高宗当年为了善待岳飞后人，把岳飞部将李道的女儿李凤娘选为太子妃。如今，太子妃升格为李皇后，反倒越发跋扈。宋光宗宠幸黄妃，她竟敢趁光宗离宫祭天之机，把黄妃杀了，再派人到祭天的圜丘，谎报黄妃病逝。无独有偶，次日凌晨，圜丘发生火灾，宋光宗被烧伤。紧接着风雨大作，祭坛上的黄蜡烛全部浇灭。几件事交织在一起，让这位中年皇帝内心深受重创，神经崩溃，"噤不知人，张口呓言"。用今天的话说，就是精神失常了。

宋光宗患上了间歇性精神病。神志清醒时，还能理政；神志不清时，要么目光呆滞，干脆"不视朝"，要么神情恍惚，胡说八道。这就给李皇后挑拨后宫关系提供了空间。那么，李皇后是怎么跟宋孝宗结下梁子的呢？

按照《齐东野语》的说法，李氏出身将门，天性悍妒，当太子妃的时候就容不得太子身边有别的女人，一再跑到宋孝宗那里告状。宋孝宗让她学点当后妃的女德，甚至敲打她说："如再争吵，宁可废掉你。"当了皇后，她非但不思悔改，反而专擅朝政，任人唯亲，不敬婆婆（谢太后）。婆婆训她，她还顶嘴说"我与皇帝是结发之妻"，言外之意是讽刺谢太后当年只是宋孝宗的妃子而非皇后。显然，当初选李氏当太子妃，无疑是不明智的。

谢太后很生气，就把这话学给宋孝宗听。尽管宋孝宗已经退居太上，但听罢还是怒不可遏地叫来李皇后，声称如若不思悔改，有失皇后风范，定当废黜。当宋孝宗看望儿子，发现宋光宗陷入精神病的困扰不能自拔，便更严厉地敲打李皇后说："皇上为社稷之重，你不好好照顾，使他发病如此。万一不能恢复，当族灭你李氏！"

到此为止，宋孝宗与李皇后的矛盾已经不可调和。

李皇后也非善茬。宋光宗几次想去重华宫看望父母，都被李皇后阻拦。当宋孝宗费尽周折，找到秘方良药，配成药丸，准备赐给宋光宗服用治病之际，却被李皇后说那是毒药，是太上皇打算毒死光宗，另立光宗兄长之子为帝。一病不起的宋光宗，头脑混乱，对李皇后的话深信不疑。于是，良药没吃，重华宫也不想去了，病也就没好。

活在这样的家庭里，宋孝宗有福难享，晚景凄凉。回望他这一辈子，舒心的日子怕是不太多。他既不像英雄豪杰，活得痛快；也不像大奸大恶，活得猖狂。他就是个中不溜的人，能力平平，境遇不佳，却又胸怀大志，不甘平庸，这样的状态才是最累的。

四、成吉思汗及其子孙的中原之路

12世纪末，大漠深处，斡难河畔。天苍苍，野茫茫，风吹草低见牛羊。

蒙古游牧部落相互攻杀，昏天黑地；女真骑兵定期"减丁"，杀戮无度。草原民族面临生死考验。内忧外患，迫使这个民族必须走向统一。当然，统一不是自动的，而是强人政治的结果。这个强人，就是铁木真。

1206年（南宋开禧二年，金泰和六年），草原上召开了忽里勒台大会，贵族们推举铁木真为蒙古大汗，称为"成吉思汗"。这是一个至高无上、吉祥如意的名号，"成吉思"有多种解释，意为"强者""天子""海洋""天赐"，等等。

在这片草原上，匈奴、鲜卑、突厥、回鹘都先后做过主人。如今，这个叫"蒙古"的草原民族异军突起，在成吉思汗的带领下，超越前人的伟业。

事实上，"蒙古"并非新民族，最早是室韦的一支，秦汉时代属于东胡。秦汉之际，东胡是匈奴冒顿单于的手下败将。他们被打散后，有些逃到大兴安岭，成了蒙古人的祖先。在成吉思汗横空出世之前，这个民族一直没有主子，不分尊卑，愚昧、野蛮而落后，形同一盘散沙。然而，成吉思汗改变了这一切。蒙古有了国家，有了文字，有了法典，散漫惯的牧民集合起来，拧成了一股绳。

成吉思汗之所以立国，跟金国的长期威胁有直接关系。金世宗、金章宗统治时期，金人一方面对蒙古人横征暴敛，另一方面又严加防范，蒙古人不是当出气筒，就是当炮灰。蒙古各部先前的仇杀，背后大多离不开金人的挑拨；成吉思汗的先人俺巴孩，就是在仇杀中被敌对部落俘获，献给金人，钉死在木驴上的。累积日久的耻辱感，让蒙古人对金国有一种与生俱来的仇视情绪。

金章宗死了，金国的使者送来诏书，告知新帝登基，要求成吉思汗跪拜接旨。然而，当成吉思汗听说新帝是以"柔弱鲜智能"闻名的卫王完颜永济，他严词拒绝了下跪。没过几年，在克鲁伦河，他向长生天发誓，挥师南下，找金国算账。

以民族复仇为号召，蒙古将士自然摩拳擦掌。几年光景，金国首都中都（今北京）陷落。金人退保中原地区，却误判形势，对北方蒙古人采取守势，全力进攻南宋，寄希望失之东隅收之桑榆。然而，南宋虽然疲软，也不好欺负。金国骑兵再不是靖康之变时的勇猛之士了，长期的安逸生活使他们逐渐忘记了什么叫危机感，什么叫民族性。于是，金人非但没占到什么便宜，还空耗了实力，得罪了南宋。

蒙金之战打了二十多年。1234年，宋蒙结盟，攻陷金国最后据点蔡州。金哀宗上吊自杀，即位不过半天的完颜承麟阵亡。金国以惨烈的失败退出了历史舞台。

在成吉思汗的一生中，对外战争打了三场。

灭金是重中之重，承载了他民族复仇的梦想。他生前没有看到这一天，临终前仍念念不忘，蒙古骑兵实力有限，灭金还要联合南宋，向其借道，南北夹击，方可收效。

灭西夏是清除西进的肘腋之患和绊脚石。在他去世前后，那个北宋怎么也打不过的西夏，被彻底摧毁了。

灭花剌子模是西征的序曲。一个正在从野蛮状态向文明状态飞跃的王朝就要追求速度，领土扩张是其"跨越式赶超"最有效的物质保障。于是，在成吉思汗的直接擘画下，西征开始了。

中亚的花剌子模因屠杀蒙古商人而招致首轮打击，被彻底击垮。紧接着，蒙古人的势力向西拓展，直至欧洲大陆东部和中东地区，像阿拉伯帝国这样的大国，在顷刻间灰飞烟灭。当然，西征进行了三次，成吉思汗生前只看到了第一次。可是，在西方人的记忆里，恐怖的蒙古铁骑被视为上帝的惩罚。由于当时意大利有互相抽鞭子祈求上帝宽恕的习惯，因而蒙古人席卷一切的做法，又被称为"上帝之鞭"。

不管"上帝之鞭"有多么厉害，这个庞大的帝国还是无力控制如此广袤的疆域，于是，就像旧时代的大户人家那样，几个儿子分家，分别建立起钦察汗国、察合台汗国、窝阔台汗国、伊尔汗国，各自经营。

"上帝之鞭"曾在欧洲所向披靡，但在东亚似乎就不那么灵敏了。蒙古人进攻越南、日本都曾吃了败仗。因而在毛泽东的《沁园春·雪》中，成吉思汗不过是"只识弯弓射大雕"的"一代天骄"，如此而已。

成吉思汗骨子里是个武夫。一次，蒙古人攻打西夏，战果颇丰，尤其是俘虏了西夏制弓良匠常八斤，让他得意扬扬。面对他的谋臣耶律楚材,他很自豪地表示:"国家方用武,耶律儒生又有何用?"

耶律楚材虽然是契丹贵族后裔,但他没有贵族脾气,而是从小博览群书、潜心钻研,在天文、地理、医卜、释老、音律、书画等方面都有造诣,堪称多才多艺。这位曾经的金国旧臣,在归附蒙古后,官居相位多年,辅佐成吉思汗和窝阔台卓有成绩。蒙古汗国的政体、法令、制度等,大多出自其手。可以说,耶律楚材是蒙古汗国的大设计师。

面对成吉思汗的"读书无用论",耶律楚材不紧不慢地答道:"治良弓尚需能工巧匠,治理天下难道就不需要治天下的能工巧匠吗?"

这句摆事实讲道理,带有轻松调侃意味的话,令成吉思汗大为佩服。他竟当着窝阔台指着耶律楚材说:"这是上天赐予我们的良匠,以后军国大事都可以委托他。"

在蒙古进占中原之初,立国理念混乱、路线不清的情况下,耶律楚材以聪明才智,为中原经济社会发展最大限度地减少了损失。

成吉思汗死后,拖雷监国两年,窝阔台继位。大臣别迭认为汉人对国家没用,建议将汉人赶走,腾出耕地改为草原,让蒙古百姓去放牧。蒙古族是游牧民族,娴于畜牧,疏于农耕,对统治人口众多的汉人也缺乏信心。因而,有这样的想法或许无可厚非。不过,中原汉地一旦真的废耕为牧,对中华文明的负面影响恐怕无法想象。耶律楚材敏锐地意识到,这种做法是误国之道,会招致中原汉人的激烈反抗,危及蒙古贵族对中原的统治。

如果直接劝阻,窝阔台肯定听不进去。于是,耶律楚材策略性地将领导者的所思所想掺入了合理化建议中。他说:"陛下即将南向伐金,军费之需甚为可观。臣估算,如向汉民征收赋税,每岁可得白银五十万两、布帛八万匹、粟四十万石,可足兵用。怎么能说汉人无补于国呢？"

窝阔台将信将疑，但还是批准耶律楚材试试。两年后，窝阔台拿到了征税簿册，与耶律楚材当年说的情况大体差不多。作为军事统帅，他当然很在乎后勤供应，既然保留农耕能带来如此巨大的收益，"废耕为牧"的念头自然可以休矣。

蒙古铁骑剽悍嗜杀，每克一城，稍遇抵抗就会屠城。当其包围开封，遭遇激烈抵抗，久攻不下时，大将速不台再次建议屠城。又是耶律楚材出面制止，他端出的理由是：打仗的目的在于获得土地和人民，如果得地而无民，地也没用。显然，他说服了窝阔台。前线蒙古将士得到了最高指令：只降罪金朝皇室，其余一律不准擅杀。于是，开封一百四十七万百姓得以活命。此后，尽管屠城事件仍时有发生，但有所减少，蒙古人开始重视管理新附人口，而非只是抢掠财物。

耶律楚材的贡献，在于推进蒙古汗国决策层的汉化。在农业社会的大背景下，游牧民族要想在中原实现全方位扎根，汉化可能是唯一选择。而汉化的关键，不是接受中原王朝的生活方式，而是其经济发展方式，以及建筑其上的政治制度和理念。显然，耶律楚材在蒙古汗国走向汉化的过程中，起到了衔接和协调的作用。

耶律楚材不是神，他的光芒离不开窝阔台的抬举。作为一个从草原大漠走出来的君主，窝阔台赏识耶律楚材的才干，听得进合理化建议，能做到闻过则喜，在那个帝王唯我独尊的年代，在那样的文明发展程度，是很不容易的。

蒙古大汗在学，在变，尽管相对于清朝皇帝，他们对汉文化的理解和接受度还很不足。有一个例子，可以说明这种"变"在逐步积累，实现量变到质变的飞跃。在窝阔台去世二十年后，拖雷的儿子忽必烈登上汗位。他深刻认识到四大汗国正在走向独立发展的道路，自己虽贵为宗主，实则鞭长莫及。于是，他把工作重心彻底转向中原和江南。他大量重用契丹、女真和南宋的降臣，开始筹划建立全国性政权。国号"元"就取自《易经》里"大哉乾元"的概念，意思是宇宙万物都始于乾元，它是统一天下的根本。

定国号这件事，成为中国历史上民族融合进入新高潮的缩影。由此，蒙古统治者真正放弃旧俗，改取汉法，跨入了农业文明的行列。

这几本书值得读一读：

1.〔唐〕吴兢：《贞观政要》，长沙：岳麓书社，2016年。

2. 袁刚：《隋炀帝传》，北京：人民出版社，2016年。

3. 刘善龄：《细说隋炀帝》（第2版），上海：上海人民出版社，2014年。

4. 胡戟：《隋炀帝的真相》，北京：北京大学出版社，2011年。

5.〔日〕宫崎市定：《宫崎市定说隋炀帝：传说的暴君与湮没的史实》，杨晓钟等译，西安：陕西人民出版社，2008年。

6. 刘恩铭：《唐初谏议大臣——魏征》，上海：上海大学出版社，2007年。

7. 汪篯：《唐太宗与贞观之治》，北京：中共中央党校出版社，2011年。

8. 崔英超：《宰相群体与南宋孝宗朝政治》，广州：暨南大学出版社，2014年。

9. 陈国灿、方如金：《宋孝宗》，长春：吉林文史出版社，1997年。

10. 虞云国：《宋光宗　宋宁宗》，长春：吉林文史出版社，1997年。

11. 宋时修：《虞允文传》，成都：四川民族出版社，2016年。

12. 刘晓：《耶律楚材评传》，南京：南京大学出版社，2011年。

13. 韩儒林主编：《元朝史》（修订本），北京：人民出版社，2008年。

14.〔法〕勒内·格鲁塞：《草原帝国》，李德谋等译，南京：江苏人民出版社，2011年。

15.〔德〕巴克霍森：《成吉思汗帝国史》，林孟工译，上海：上海社会科学院出版社，2016年。

第十一章
走上前台的"女神"

"女神"一词曾专属于圣母玛利亚、百花仙子、女娲等神话人物，如今却广泛地指代聪慧、美貌、优雅且受世人仰慕的女性。站在历史的角度看，"女神"一词的出现，折射了中国女性社会地位的沧桑巨变。

曾几何时，人们生活在"只知其母不知其父"的母系氏族社会，女性在生产生活中居于主导地位。然而，随着生产力的发展，男性在劳动中的优势开始显现，"有为"造成"有位"，逐渐占据主导，从而导入父系氏族社会。直至今天，父系社会的状态依旧存在。

世系、财产继承和社会分工都由男子支配，女性的活动范围则逐渐缩小，局限于家庭，生育和家务成为其主要社会责任，形成所谓"男主外，女主内"的格局。久而久之，男女社会地位的差异越来越大，还制定种种清规戒律，以"礼教""纲常"的名义全方位压缩女性的生存空间，不断巩固男性的统治地位。"女子无才便是德"，成为几千年来大多数时期的社会共识。

女性的觉醒，大概要到近代以后。无论是解放小脚、解放足不出户，还是解放大辫子、解放内衣，这些外在的些许变化，经过多年沉淀和积累，逐渐推进到文化和社会领域，比如一夫一妻写入《婚姻法》，男女同工同酬写入《劳动法》，"女士优先"成为社会普遍认知等。"美女""女汉子""女神"等称谓的出现，也成为新时代尊重女性、保护女性的标志性词语。

不过，即便在漫长的封建社会，女性也并非默默无闻。唐宋时代，政界如武则天，文坛如李清照，军界如佘太君，制造业如黄道婆，各行各业都涌现出一批雁过留声的女中豪杰。她们的成就，显现了唐宋转型时代女性主张权利和彰显社会存在的呼声；她们的昙花一现，也昭示着唐宋转型之后女性影响力持续衰退的遗憾。

只不过，经过千年口耳相传，她们的事迹早已变味儿。历史学家要做的，就是为她们和她们的传奇正名。

一、高阳公主和她的不伦之恋

唐永徽四年（653年），高阳公主走到了人生的终点。

再不见父皇的震怒与宽恕，再不见夫君的怜爱与冷漠，再不见情人的回眸与不舍。一切都结束了。

宣判她死刑的，正是他的哥哥李治，唐王朝第三任皇帝。当然，死的方式保留了公主的体面——赐白绫自尽。

在许多文学作品中，人们往往对高阳公主与辩机和尚的不伦之恋更感兴趣，对她的生活作风颇有指摘。然而，事情绝不仅仅这么简单。

按照《新唐书·公主传》的顺序，在唐太宗李世民膝下的二十一个女儿(不含夭折的)里，高阳公主排行十七。按照《旧唐书》的说法，"初，主（高阳公主）有宠于太宗，故遗爱特承恩遇，与诸主婚礼秩绝异"。似乎在人们的印象中，高阳公主是很得唐太宗恩宠的，因而他的夫君房遗爱也得到了特别的厚待。实际情况真是这样吗？

先说说房遗爱所在的清河房氏家族。这是山东高门士族，在唐初还是很有影响的。这个家族的掌门人房玄龄，以宰相身份辅佐唐太宗二十多年之久，成为贞观之治的股肱功臣。高阳公主能嫁到这样的人家，也是自抬身价。

尚高阳公主后，房遗爱确实得到了新官职，他担任的太府卿从三品官，掌金帛财帛，算得上一般的驸马都尉可望而不可即的肥缺。不过，再看看杜如晦的儿子杜荷，尚城阳公主而得封正二品的郡公。别忘了，房玄龄跟杜如晦可是以"房谋杜断"齐名。虽说对于房家来说，尚公主当然是双赢的事，但也无法证明高阳公主在父皇身边的待遇，就像固伦和孝公主在乾隆身边那样得宠。

从嫁人的第一天起，高阳公主就要面对房家内部错综复杂的人事关系。房玄龄的夫人范阳卢氏，性格刚烈，人称"千古风流一坛醋"，这样的婆婆够高阳公主喝一壶的。按照文献记载，房玄龄的子女里，长子房遗直是家产接班人，其夫人杜氏名不见经传，第三子房遗则娶了荆王李元景之女，唯一的女儿嫁给了韩王李元嘉做王妃。算上考古出土的房氏墓志里记载的第四子房遗义（官至太子舍人、谷州刺史）、第二女（嫁给莱州刺史郑仁恺），房家不仅儿女双全，而且个个攀龙附凤，地位显赫。

不过，家家有本难念的经，贵族家庭也不例外。随着时间的推移，房遗爱的优越感"与日俱降"。同样是凌烟阁功臣的儿子，眼看着长孙冲、杜荷等人脱颖而出，快速提拔，萧锐、高履行等人承袭乃父的一品国公爵位，更在乎政治待遇的房遗爱，只能眼巴巴地看着哥哥房遗直承袭房家最重要的"家产"——梁国公。尽管在唐太宗临终前，曾授予房遗爱右卫中郎将（正四品），但得到这样的职位，靠的是父亲的面子；而这样的职位，又不足以弥补失去家产继承权的遗憾，不足以超越那些同辈。

房遗爱陷入了纠结。他曾力争家产继承权，却功败垂成。他曾天真地以为高阳公主会像大多数女人一样，喜爱男人的阳刚之美，于是"诞率无学，有武力"，勤学骑射，经常带着公主一起打猎。遗憾的是，他太不了解自己的这个妻子了。两个人的审美观发生了重大偏差，不及时纠正，只能南辕北辙，越走越远。

这时，有个和尚闯进了高阳公主春心萌动的私生活。他就是辩机。

公主一旦嫁人，很少抛头露面，怎有机会跟僧侣熟识？

据《新唐书·公主传》载，当高阳公主随行郊猎，体力不支之际，房遗爱把她送到附近的草庐休息，然后径自继续打猎去了。那草庐就是辩机和尚的居所。或许房遗爱认为和尚有戒律，把老婆交给和尚，安全系数足够高。可是，在高阳公主短暂的情感经历里，可能从未见过像辩机这样外表儒雅、气质内敛的男人。她发现，这才是她心目中的白马王子。故而，高阳公主"见而悦之，具帐其庐，与之乱"。

对辩机来说，高阳公主的闯入，是幸福，也是劫难。一向循规蹈矩、志在修行的他，面对新鲜而刺激的诱惑，在理性与欲望的纠结中饱受折磨。公主的身份，高级别的艳遇，令他无路可逃。一段为期六年的孽缘开始了。

这是一段地下孽缘，没有第三个人知道。因此，辩机才有机会成为玄奘法师的助手，翻译经文，撰写《大唐西域记》。高阳公主眼光的确很毒，她看中的这个来自婺州（今浙江金华）的年轻人不简单。玄奘的助手都是从全国精选的，只有二十多位，辩机是最年轻的。由于足够优秀，他又成为最核心的九名译经团成员中的佼佼者。"远承轻举之胤，少怀高蹈之节，年方志学，抽簪革服。"僧侣的身份、渊博的学识和独特的气质，让辩机年少成才，声名鹊起。

没有不透风的墙，但谁也没想到，事情会毁在一个不起眼的蟊贼手里。

御史破案，抓了个小偷，在核对赃物时发现了一个金宝神枕。御史一眼认出，这是宫里专用物品，一经审问，小偷供认是从辩机的房里偷出来的。

辩机被押到大堂，接受问话。他坦承这是高阳公主送给自己的礼物。

天子千金，给驸马爷戴了六年绿帽子，偷情的对象竟是个和尚！"枕头门"事件的爆炸力，震惊满朝。

现在问题来了。这个金宝神枕是怎么回事？

在我们能看得到的古代文学作品中，提到男女偷情，女孩都会带上自己的枕头。这么做大概有三个原因：一是鸳鸯枕上枕鸳鸯，二是玲珑枕枕上留香，三是金宝神枕赠神童。这些因素说明，枕头既是男欢女爱的见证，也是爱情的信物，作为不太大的生活用品，还便于携带。沧海桑田，多少玄机，尽在枕边风云。

面对金宝神枕，辩机没有辩白，没有掩饰，而是从实招来。他这么做，也许有三种可能：第一，僧人本性诚实，道德底线告诉他不能说谎；第二，房里藏的公主赠物太多，随时可能被搜出，再辩白也于事无补；第三，他幻想公主能运用权力，大事化小，救他一命，毕竟，这是皇室丑闻，他认为皇帝会顾及面子压下来，低调处理。

可是，高阳公主不是武则天，她再骄纵，也不可能左右父皇的情绪。辩机失算了。

按《唐律》，"诸盗御宝者绞"。可枕头是公主送的，要判死刑的是小偷，不是辩机。辩机最大的不是，就是违反僧人戒律，跟有夫之妇高阳公主私通，这是道德问题，罪不至死啊。然而，气头上的唐太宗以君王之威，直接法外加刑，将辩机处以腰斩。除此之外，还杀了公主身边十几个奴婢。

为了那份六年的情愫，辩机付出了生命代价，高阳公主也彻底失宠。她恨父皇，恨他腰斩了心仪已久的情郎，也就腰斩了刻骨铭心的爱情。父皇的葬礼上，她脸上看不到半点哀容；她的情感生活越发放浪，枕边多了不少和尚道士。

这些宗教人士能被公主看上，自然都有些特长。惠弘和尚据说有能看到鬼神的特异功能，智勖和尚会算命，李晃道士擅长医术。当然，她并非严格意义上的道德沦丧者，更多的是一种自甘堕落的破罐破摔，是对朝野上下冷嘲热讽的任性反抗，像极了《白鹿原》里的田小娥。那些和尚道士，只是填补辩机死后她内心空虚的暂且慰藉。

"问世间情为何物？直教人生死相许。"金代文人元好问的这句诗，或许可以作为对高阳公主和辩机不伦之恋的最好注脚。《新唐书》和《资治通鉴》绘声绘色地记载了这段风月故事。然而，《新唐书》成书于宋仁宗时期，与《旧唐书》相比，增列了大量章奏和后人追述，还有不少笔记小说、杂史碑刻，史料来源广泛而复杂。《资治通鉴》的撰写，则是充分参考了《新唐书》的内容。因此，出自这两部著作的传奇故事，包括高阳公主的这段风流韵事，其真实性就很值得怀疑了。

事实上，高阳公主的这段孽缘，在《旧唐书》和《太平御览》里均未提及。《旧唐书》中记载，房玄龄病重期间，还通过高阳公主给唐太宗上表。这至少说明，高阳公主还有资格接触其父皇，应该还没失宠。永徽三年（652年），房玄龄墓碑上还记录了唐太宗和高阳公主的对话，以及高阳公主晋封长公主的内容。如果唐太宗在世期间公主就已失宠，这些内容不仅不可能存在，也不可能记录在房家大家长的墓碑上。

唐代僧侣管理制度很严，和尚进出寺庙都有登记，不可能无缘无故离庙不归。辩机作为当时中国佛教界的青年翘楚，受万众瞩目，在寺外草庐长住，甚至与公主苟且，实属违法，不可能不被发现和惩戒。然而，《新唐书》和《资治通鉴》却没有类似记载。许敬宗曾为《瑜伽师地论》作后序，其中详细提及辩机。考虑到此序曾由唐太宗详细过目，如果辩机与高阳公主的情事在贞观年间便露馅，许敬宗何等聪明之人，怎敢再提辩机？

不要忘了，高阳公主的婆婆卢氏个性悍妒，怎能容忍自己的儿媳妇在外风流？房家关系错综复杂，跟皇室联系千丝万缕，高阳公主如果真有丑闻，怎会捂得住？

高阳公主是失宠了，诱因却未必是情事。有一种说法是，高阳公主曾让掖庭令陈玄运在宫里帮她向鬼神祈福，推演星宿排位。在汉唐时期，在宫里搞这样行巫蛊、窥天象的做法形同谋逆。汉武帝时期的太子刘据、唐玄宗时代的王皇后，莫不是因此倒台，高阳公主也概莫能外。

不管怎么样，高阳公主和辩机的故事依然令人津津乐道。

贞观二十三年（649年），唐太宗驾崩，唐高宗李治继位。作为哥哥，李治上台后还专程拜访高阳公主，意在笼络。可是，新皇帝上台不到四年，高阳公主竟然遭到灭顶之灾，这是怎么回事？

这皇帝原本轮不到李治来做。唐太宗膝下子女很多，仅长孙皇后就育有三子。长子李承乾，八岁立为太子；四子李泰，封魏王；九子李治，封晋王。儿子们成年后，李承乾荒唐无耻，李泰多才多艺，李治胆小仁弱，孩子们的品质高下立见。于是，唐太宗起了废立之心。

一旦动了这个心思，原先稳定的接班人格局将会打破。李承乾为保住自己的地位，联合汉王李元昌（李世民七弟）、陈国公侯君集、驸马都尉杜荷（杜如晦之子）密谋政变夺取皇位。结果，谋泄被揭，政变流产，李承乾废为庶人，李元昌、侯君集等人被处死。

李承乾倒台，刺激了魏王李泰谋求储位的念想。尽管唐太宗也有此意，但国舅长孙无忌、宰相褚遂良认为他为人张扬，不知收敛，对此表示不满。他们提醒李世民，若立李泰，必杀李治，否则极有可能祸起萧墙。后来，唐太宗权衡利弊，还是立李治为太子，但时时教诲，怕的是李治柔弱，罩不住这个庞大的帝国；为此，他还把李承乾和李泰安置在外地，以消除内斗的隐患。

李治上台后，长孙无忌以元舅身份辅政，由辅佐逐渐转为专权，开始罗织冤狱排斥异己。吴王李恪为唐太宗第三子，文武双全，相貌堂堂，深得唐太宗喜爱。他最大的劣势，就是并非嫡子，而是出身隋朝公主的杨妃所生，因此，长孙无忌坚决反对立他为储。考虑到长孙家族在朝中的势力，特别是对长孙无忌这样的开国功臣加皇亲国戚格外倚重，唐太宗不得不遵从这个夹带私心的意见。

尽管李恪没有当上太子，但他"名望素高，甚为物情所向"，对李治皇位的稳定构成了较大威胁。为了自己的外甥，长孙无忌豁出去了，处心积虑找茬干掉李恪。这个"茬"，就跟房遗爱和高阳公主有直接关系。

李治的柔弱，让很多野心家都动了心思。遗失了真爱的房遗爱，从此心中再无小家，而是把注意力放在了"大家"上。这个"大家"，就是帝国的最高权力。

贞观年间，房玄龄与长孙无忌素来不睦。如今，长孙无忌大权在握，而房玄龄早已故去，房家面临家道衰落，甚至遭到政敌报复的危险，一直不能子袭父爵的房遗爱耿耿于怀，决心背水一战，想一举把局面扳回来。此时，历经变故的高阳公主已经生无可恋，对哥哥唐高宗也并无好感。在政治理想上，这两口子似乎想到了一起，就是要改变现状。

于是，小两口便开始四处拉人，准备发动政变。作为驸马，房遗爱自然而然地跟驸马圈子里与李治不和的人勾结在一起。尚唐高祖第十五女丹阳公主的薛万彻、尚唐太宗第七女巴陵公主的柴令武（霍国公柴绍次子），都跟唐高宗不和，从而走进了房遗爱的阵营。他们打算废掉唐高宗，谋立唐高祖第六子荆王李元景为帝。然而，计划泄露，涉案人员全部被抓，落到了长孙无忌手里。

正愁找不到收拾李恪借口的长孙无忌，刚好利用此案罗织罪名，把李恪卷了进来。于是，李元景、李恪、房遗爱、高阳公主、薛万彻、柴令武、巴陵公主等人，全被处死。

长孙无忌一石三鸟，既干掉了李恪，又清洗了政敌房家，更牵连了大批李唐宗室。以至于武则天上台后摧残李唐宗室时，已经没人有能力出面阻止了。至于长孙无忌和褚遂良，虽然暂时排斥了异己，但最终还是没能善终，栽在了武则天手里。

政治是残酷的。高阳公主将死之际，一定会心存遗憾：奈何生在帝王家。在她眼前，与辩机缠绵的画面或许还历历在目。也许，那才是她一生最幸福的时光。

二、道不完的上官婉儿

唐麟德元年（664年）的一天，宰相上官仪宅邸的卧房里，一个孕妇睡得迷迷糊糊。

在梦境中，她见到一个巨人送来一杆秤，并嘱咐说："持此，称量天下！"醒来后，她把这段梦中奇遇告诉了夫君上官庭芝。

上官庭芝是上官仪的儿子。父子俩一合计，认为能"称量天下"之人，肯定是未来在皇帝身边工作，且有话语权能拍板的人物，大概腹中胎儿当为男娃吧。不想分娩时呱呱坠地的竟然是个女婴。上官仪父子有些失望，却又无可奈何。至于儿媳妇郑氏的这场梦，就当它只是个梦好了。

话说女婴满月，郑氏抱着她，戏言道："汝能称量天下士么？"没想到，女婴呀呀地相应。郑氏很惊讶，但也没太当回事。

上官是个罕见的复姓，但在历史上出了不少人才，比如西汉的上官桀。上官仪就是他的后代，几代人在朝为官，衣食无忧。然而，对于这个刚出生的女婴来说，好日子没过几天就到头了。

皇后武则天上位以来，迅速干掉了朝中重臣，并借唐高宗眼疾不能视事之机，一跃成为唐帝国的实际主宰者。身处大权旁落的窘境，唐高宗李治不得不为李唐社稷担忧，走投无路之下，他打算利用手中仅有的一丁点权力，废掉武则天，实现局面翻转。上官仪对李唐皇室赤胆忠心，看不惯武则天专擅大权，便主动承担起草废后诏书的事。可是，事情还没办成，就走漏了风声。于是，上官仪、上官庭芝父子被杀，郑氏带着刚刚出生的这个女婴，没入掖庭，给官家为奴。

当宫廷奴仆的滋味，比宰相府的儿媳妇要差远了。然而，在血雨腥风的宫廷斗争里，失败的一方能捡回一条命，已算万幸。郑氏是有心人，脏活累活自己扛，还把膝下女婴抚养成人，让她熟读诗书，接受正统教育，学会吟诗撰文，了解宫内事务。

眼看女婴长成了亭亭玉立的少女，聪慧异常，在宫里小有名气。这事终于传到了武则天的耳朵里。时光荏苒，此时的武则天离称帝只有几步之遥，上官仪发动未遂政变的记忆早已渐行渐远。于是，上官仪的这个小孙女得到了这位杀父仇人的召见。

武则天当场出题，这位少女文不加点，一气呵成，文意通畅，辞藻华丽，言语优美。这样隽永的文风，秀美的文笔，还有谁能不被征服？武则天亦然。于是，少女脱去了官奴的外衣，换上了女官的服饰。从此，她奉命以"才人"的身份，掌管宫中诏命，成为武则天的御前"文胆"。要知道，武则天在唐宫里的起步身份，也是才人。

这一天，武则天可以向百官隆重推荐这位十四岁的才女——复姓上官，小字婉儿。

作为御用写手里的新人，上官婉儿在宦海沉浮，摸索历练，有时也会犯错，惹天子生气。她额头上的乌黑印记，正是犯错的代价——黥面。这种近乎毁容的刑罚，让她时刻提醒自己：后宫如战场，处处加小心。

黥面的遭遇，在段公路的《北户录》里有详细记载："天后每对宰臣，令昭容卧于床裙下，记所奏事。一日宰相李对事，昭容窃窥，上觉。退朝，怒甚，取甲刀扎于面上，不许拔。昭容遂为乞拔刀子诗。后为花子，以掩痕也。"

意思是说，武则天每次与重臣问对，都让上官婉儿藏在桌案后面做记录。一次，宰相们讨论公务，上官婉儿偷听，被唐高宗发现。退朝后，这位已经病入膏肓的皇帝怒不可遏，取匕首扎在上官婉儿脸上，不许她拔出。为了求皇帝开恩，允许拔出匕首疗伤，上官婉儿作了一首《乞拔刀子诗》，这才获救。

在宫中，一个有"原罪"的女人，如果只靠文笔和才气，背后没有靠山，很难在各种风浪中稳坐钓鱼台。在如此险恶的环境中，上官婉儿唯有拿出自己的另一样法宝来护身，那就是姿色。用今天的话说，这么做就是"权色交易"。她有这个本钱。

十六岁那年，风情万种的婉儿倒在了皇太子李显的怀中。唐高宗死后，李显只当了一年皇帝就被废黜，举家搬到房州。婉儿又勾搭武则天的亲侄子武三思，甚至利用自己作为武则天身边秘书的便利，大讲武三思的好话，贬低李唐皇室成员。武家人当然听着顺耳，但李家人个个怒不可遏。

武则天称帝后，对上官婉儿使得更加顺手，干脆引为心腹。民间传言，这位年迈的女皇帝，私生活一点也闲不住，包养了多名小白脸，甚至跟男宠张昌宗在床榻交欢之时，即便婉儿在场也毫不避讳。武则天可以不在乎，年轻的张昌宗可未必。天天相见，难免心猿意马。某日，武则天发现婉儿和张昌宗独处调戏，妒心顿起。传说武则天拔出金刀，扎进婉儿额头，还臭骂道："汝敢近我禁脔，罪当处死。"张昌宗跪倒求情，婉儿再幸免一死，额头上的梅花疤痕就是这么来的。本来，在伤口刺梅花只为遮掩，谁知却更加娇媚，宫女们以之为时尚，纷纷在前额点胭脂效仿，从而形成了一种新的装束风格——红梅妆。

纵然婉儿曾违忤旨意，武则天终究舍不得杀她。武周代唐，诏敕大多出自婉儿之手；通天元年（696年）起，婉儿又开始以"内舍人"身份处理各类奏表，参与政务决策，权势膨胀。她深知，自己拥有的一切，来自武则天，也随时有可能会被武则天剥夺。因此，她精心伺候这位女皇，曲意逢迎，讨其欢心。

神龙元年（705年），宰相张柬之等人发动神龙政变，逼迫武则天退位，拥立唐中宗李显复位。作为前朝旧臣，婉儿非但没有倒霉，反而得到这位老情人的垂青，专掌起草诏令，继续参与决策。

唐中宗将其封为"昭容"，加封婉儿母亲郑氏为沛国夫人。要知道，"昭容"是九嫔中的第二级，享受正二品待遇。按照唐制，"（内命妇）二品之母，为从四品郡君"，而沛国夫人是正一品。由此可见，唐中宗和韦后对上官婉儿相当重视。

除此之外，婉儿死去的祖父和父亲，也得到平反和追封。祖父上官仪追赠中书令、秦州都督、楚国公，父亲上官庭芝追赠黄门侍郎、岐州刺史、天水郡公。至此，上官婉儿的政治影响力达到了顶点。

神龙元年之后的八年间，是唐代中叶宫廷政局分外动荡的时期。李显懦弱，韦皇后和安乐公主专擅朝政，跟张柬之等老臣矛盾渐深。上官婉儿审时度势，认为韦皇后背景深厚，便主动投靠。在此期间，她做了四件事：

第一，劝韦皇后行武则天故事。一方面，韦皇后处处效法武则天，政治野心大，婉儿这么做，就是为了迎合她；另一方面，武则天在位时期，颇有政绩，效法她做些善事，有利于韦皇后收拢人心。于是，朝廷颁布法令，要求如果被父亲休掉的母亲去世，当子女的必须服丧三年。另外，缩短"丁"的年限，改为二十三至五十九岁，减轻百姓劳役负担。

第二，导引武三思进入高层。有婉儿的举荐，武三思进入皇宫，这位曾经无限接近皇储的武家后人，很懂玩弄权术。他迅速搞定李显和韦皇后，排挤张柬之等复辟功臣。至此，武三思与韦皇后、安乐公主结为联盟，权倾朝野，不可一世。此时，无论是皇帝，还是权臣，都是婉儿的情人，李显暗弱，武三思弄权，使婉儿处在非常有利的政治位置。于是，在她草拟的诏令中，多次推崇武氏，贬低唐家，从而招致了一些李唐皇室成员的不满，其中的代表人物就是太子李重俊。

第三，平定李重俊兵变。面对武三思和安乐公主咄咄逼人的架势，李重俊很担心有朝一日会丢了储君大位，甚至死于非命。他决心先发制人。景龙元年（707年）七月，李重俊联合左羽林大将军李多祚，矫诏调动羽林军发动政变，攻破武三思等人府邸，将其杀死。

而后围攻皇宫，捕杀上官婉儿。虽然这样的刀光剑影见过多次，已司空见惯，但矛头指向自己的还是头一回。婉儿起初有些慌乱，逃到后宫；不过，她毕竟是见过世面的女人，情绪很快就稳定下来，对唐中宗李显和韦皇后添油加醋地讲道："太子之意，是先杀上官婉儿，然后再依次捕弑皇后和陛下！"

李重俊并非韦皇后亲生，本来就不太受宠，只是靠年龄与资历上位。韦皇后一直将其视为自己通向权力之巅的重要障碍。如今，铲除他的机会来了。在韦皇后和上官婉儿的联合忽悠下，李显决定大义灭亲，派右羽林大将军刘景仁率骑兵抵达太极殿，以七倍于李多祚的兵力闭门防御。结局毫无悬念——太子李重俊兵败自杀，重演了汉武帝后期太子刘据的悲剧。整个过程，历历在目，上官婉儿是这场变局的亲历者和参与者。

第四，反对立皇太女。太子自杀，储位空置，唐中宗与韦皇后所生的安乐公主，便做起了女皇梦。在这个问题上，母女俩结成了统一战线。韦皇后不仅自己吹枕边风，还联合一些大臣多次上书，形成朝野推戴安乐公主的气氛。这次，上官婉儿没有站在韦皇后那边，而是先后四次上书劝谏，反对立安乐公主为皇太女。劝谏的方式也很独特，从检举揭发，到辞官不做，再到削发为尼，甚至喝毒药以死相谏，幸而太医急救，才捡回一条命。

上官婉儿为什么要这么做？或许，她看到了韦皇后和安乐公主根基不深，不具备武则天的气质、背景和手腕，面临的政治形势比武则天时期复杂得多。姚崇、宋璟等实力派老臣对立皇太女一事，或不置可否，或直接反对。朝野汹汹，韦皇后虽然看起来势大，其实是少数派。更何况，拥李显的弟弟相王李旦当"皇太弟"的呼声也很高，妹妹太平公主也是个女强人。这些因素，婉儿不得不有所顾忌，她要为自己留条后路。

安乐公主终究没能成为皇太女，但韦皇后也没因为这件事跟上官婉儿翻脸。毕竟，她还要倚重婉儿的才智。有唐中宗夫妻罩着，上官婉儿在那几年确实红得发紫。

官场得意，让婉儿的文化素养和文学天才有了更多施展的余地。除了帮皇帝处理奏疏、起草诏书，婉儿还别出心裁地办了很多文学活动。在她的倡议下，天下大兴文学之风，赛诗沙龙就像今天的"真人秀"一样风靡一时。皇宫里更热闹，婉儿代替皇帝和皇后，带头撰写诗文，"采丽益新"，还既当出题人，又当裁判，王公贵族争先恐后，挥毫泼墨，去争一下大奖——金爵。奖品值钱，但更有面儿。母亲郑氏万万没想到，怀孕时的梦居然成了现实，上官婉儿果然做到了"称量天下士"。

能成为文坛领袖，上官婉儿靠的当然不光是帝后恩宠，她有家学渊源。据《旧唐书·上官仪传》载，祖父上官仪就是唐初文坛雅士，"时太宗雅好属文，每遣仪视草，又多令继和，凡有宴集，仪尝预焉"。到唐高宗时，上官仪撰写了《笔札华梁》，形成了名噪一时的"上官体"。父亲上官庭芝也工于诗文，有所造诣。有这样的血脉传承，婉儿的文学修养自然不是虚的。

那么，上官婉儿在中国文学史上，究竟留下了怎样的印记？

唐玄宗时代的宰相张说在《唐昭容上官氏文集序》中这样写道："每豫游宫观，行幸河山，白云起而帝歌，翠华飞而臣赋，雅颂之盛，与三代同风，岂惟圣后之好文，亦云奥主之协赞者也……虽汉称班媛，晋誉左嫔，文章之道不殊，辅佐之功则异。"

张说既是政治家，也是大文豪。不过，在他的言语间，浸透了对这位小女子的推崇与赞赏。显然，上官婉儿的文学造诣不一般。

唐初文坛，继承了柔靡轻艳的南朝文风。上官婉儿撰写的作品，注重形式技巧，关注声辞之美，擅长体现事物图貌的细腻和精巧。无论是情感表达，还是恢宏气势，都与前代有很大不同，显得更真实，更绵长，更清新自然，更别具一格。即便是歌功颂德的诗篇，虽有华丽辞藻堆砌，但展现了"才思鲜艳，笔气疏爽"。且看《驾幸新丰温泉宫献诗三首》之一：

> 鸾旗掣曳拂空回，羽骑骖驔蹑景来。
>
> 隐隐骊山云外耸，迢迢御帐日边开。

字里行间，勾勒了广阔雄浑的盛唐气象，表现出春风得意的皇家气派。上官婉儿把这样的文风带进了宫廷赛诗沙龙，以此为评判标准去影响人，感染人，塑造人，从而形成了新一代的文风。难怪谢无量在《中国妇女文学史》这样评价："婉儿承其祖，与诸学士争华藻，沈、宋应制之作多经婉儿评定，当时以此相慕，遂成风俗，故律诗之成，上官祖孙功尤多也。"《新唐书·上官婉儿传》则称："当时属辞者，大抵虽浮靡，然所得皆有可观，婉儿力也。"

文化素养是需要靠书和景来积淀的。上官婉儿酷爱读书，藏书多达万卷，皆用香薰之。百年后，其书散落民间，仍然芳香扑鼻，没有虫蛀。传说她喜欢在花前读书，尤其是夏日傍晚，伴着玉簪的幽香，细细品味书中的辞章妙句。

她曾驻足长宁公主的宅院，这座在唐太宗之子魏王李泰的旧宅基础上翻建而成的院落，仅池塘就有三百亩，其间搭建的亭台楼榭，光木料和石材就花费二十亿钱。面对如此奢华胜景，婉儿文思泉涌，《游长宁公主流杯池二十五首》一气呵成，展示了一幅绚丽多彩的园林山水长卷。

别人的院落再美，终究是别人的。上官婉儿对自己的宅邸也很上心。这座宫外私宅，穿池筑岩，穷极雕饰，成为文人墨客饮宴之所。在宫里，她跟皇帝眉来眼去，跟武三思勾搭；在宫外，她同样交际广泛，其中不乏追求者、投机者。食色，性也，女人也不例外。在宫外私宅，吟诗唱和间，一些风流才子拜倒在婉儿的石榴裙下，"邪人秽夫，争候门下，肆狎昵"。婉儿得到了肉体的满足，也会借给他们一个香肩，帮其上位。在这些花花公子中，最有名的当属崔湜。

崔湜跟婉儿相识时不过二十出头，而婉儿年过四旬，半老徐娘，红颜不再。两人如胶似漆的地下恋情维持了好几年，崔湜也不含糊，厚颜无耻地推荐了三个崔姓哥们，都是更年轻俊秀的。久而久之，崔湜不仅继续得宠，而且步步高升，乃至做到中书侍郎。即便遭遇弹劾，贬官外地，也没关系。婉儿拉着安乐公主，在唐中宗和韦皇后面前说崔湜几句好话，以前的违纪行为就能一笔勾销，被重新召回京城，官复原职。

果然是巾帼不让须眉，无论是诗文才华，还是人品是非，上官婉儿都做到了极致。就算后人把她定位为"红颜祸水"，但至少，她还是这个时代文坛的引领者。

上官婉儿的好日子，随着唐中宗的突然驾崩戛然而止。种种迹象表明，韦皇后和安乐公主已经按捺不住了，她们要赶在李旦和太平公主动手前，先行抢班夺权。她们看似成功地毒杀了唐中宗，隐瞒死讯，秘不发丧，让自己的族人和党羽全面控制了全国军政要缺和禁军指挥权，却埋下了别的隐患。

上官婉儿早就在给自己留后路。她跟太平公主早在武则天后期就有合作，主要是向太平公主通风报信，传递情报。这一次，她又秘密联络太平公主，合作草拟遗诏，以李重茂为皇太子，请李旦出面辅政，请韦太后临朝摄政，以平衡各方势力。糟糕的是，韦太后根本不接茬，她要效法武则天称帝，并拒绝李旦辅政。

李重茂上台了，年号唐隆，实为傀儡。韦太后对长安城进行了严密控制，甚至包围了太平公主府。在这千钧一发之际，身在潞州的临淄王李隆基适时出现了。

景龙四年（710年），获悉长安发生政变的消息，李隆基立即与太平公主取得联系，率军秘密潜入长安，发动政变，杀死韦后、安乐公主一党，拥立其父李旦登基。

在这目不暇接的政变中，原本上官婉儿已经为自己准备了后路，如今，她连夜迎接入宫的李隆基军队，并向刘幽求展示她与太平公主草拟的遗诏，自证站在李唐皇室一边，跟韦后一党有隔阂。刘幽求带着遗诏去找李隆基报告，请求开恩免死，但遭拒绝。于是，夜幕中刀光一闪，上官婉儿惨叫着倒在了血泊里，时年四十七岁。

在李隆基发动的这场唐隆政变中，上官婉儿并非计划内处决人员。然而，纵观其一生，她给李唐皇室留的印象实在有点差，被李隆基视为隐患。在那个年代，政治站队的长期错误，无论如何都不可能用短期的站队和文学领域的高水平造诣来弥补。然而，她的死，对中国文学来说，不啻是个损失。

太平公主对她的死深表哀痛，出绢五百匹，帮她下葬。不久，唐睿宗李旦传旨为她平反，复封为昭容，谥号惠文。这是唐朝仅有的两个有谥号的嫔妃，可见婉儿地位之高。

李隆基当了皇帝后，对当时杀红了眼手刃上官婉儿颇有悔意，便让人收集婉儿的诗作，编成了二十卷文集。今天这套文集已经失传，只有《全唐诗》收录了她的三十二首诗作，或许从中也能窥出这位奇女子的与众不同。

我们再来欣赏一下她的诗作：

彩书怨

叶下洞庭初，思君万里余。

露浓香被冷，月落锦屏虚。

欲奏江南曲，贪封蓟北书。

书中无别意，惟怅久离居。

奉和圣制立春日侍宴内殿出翦彩花应制

密叶因裁吐，新花逐翦舒。

攀条虽不谬，摘蕊讵知虚。

春至由来发，秋还未肯疏。

借问桃将李，相乱欲何如。

驾幸新丰温泉宫献诗三首之一

三冬季月景龙年，万乘观风出灞川。

遥看电跃龙为马，回瞩霜原玉作田。

上官婉儿传奇的一生，或许可以跟吕温的《上官昭容书楼歌》
对照着看：

　　汉家婕妤唐昭容，工诗能赋千载同。

　　自言才艺是天真，不服丈夫胜妇人。

　　歌阑舞罢闲无事，纵恣优游弄文字。

　　玉楼宝架中天居，缄奇秘异万卷余。

　　水精编帙绿钿轴，云母捣纸黄金书。

　　风吹花露清旭时，绮窗高挂红绡帷。

　　香囊盛烟绣结络，翠羽拂案青琉璃。

　　吟披啸卷终无已，皎皎渊机破研理。

　　词萦彩翰紫鸾回，思耿寥天碧云起。

　　碧云起，心悠哉，境深转苦坐自摧。

　　金梯珠履声一断，瑶阶日夜生青苔。

　　青苔秘空关，曾比群玉山。

　　神仙杳何许，遗逸满人间。

　　君不见洛阳南市卖书肆，有人买得研神记。

　　纸上香多蠹不成，昭容题处犹分明，令人惆怅难为情。

三、与众不同的鱼玄机

　　唐咸通九年（868年）的一天，女文豪鱼玄机在自己的咸宜观宴
客。客人席间内急，去后院方便，偶然发现后院有片区域，苍蝇聚

集，好生恶心，于是下意识驱散。没想到，驱而复来。他近前观瞧，发现并无污物。

这时，客人有股不祥的预感，但没敢跟鱼玄机讲，而是稍后悄悄告诉了自己的仆人。原以为仆人是身边人，哪说哪了，没想到仆人的嘴太松，又告诉了其兄。仆人的兄长在官府当差，曾跟鱼玄机借钱未成，怀恨在心。按照职业习惯，他猜测其中可能有命案，便跑到咸宜观门外偷窥。

其间，他听到了一些传闻，说是鱼玄机的女弟子绿翘失踪多日。后院的苍蝇和失踪的绿翘，在他脑海里反复盘桓，不由自主地联系在一起。于是，他决定冒个险，叫来衙门里的同伴，闯入咸宜观，直扑后院，挖土掘地，真相大白：招来苍蝇的正是绿翘尚未腐烂的遗体。

鱼玄机难逃一死。面对众多官员的求情书信，京兆尹温璋犯难了。他只好把皮球踢给唐懿宗，让皇上来决断。

杀人偿命的道理，贵为天子也难以违背。案子延宕多年，二十八岁的鱼玄机还是走上了刑场。她悄悄地离去，却留下了许多传奇。跟那个年代默默无闻的大多数女性相比，她似乎过于开放，走出了另类的女性之路。

会昌四年（844年），鱼玄机出生在长安城郊一个落魄士人之家。那时她的名字叫鱼幼薇。父亲饱读诗书，却运气不佳，一辈子功名未成。尽管幼薇是女辈，父亲还是对她悉心培养，教她读书习字。小幼薇很争气，五岁便能背诵几百篇诗章，七岁就能写诗，十一二岁时撰写的诗文就开始在长安文人中传诵。这样的经历，令人想起两个词："神童""早熟"。

无论长幼，无论男女，一旦出名，粉丝必然纷至沓来。有一位著名粉丝就慕名登门，他就是大诗人温庭筠。在长安城东南角的平康里，温诗人终于找到这位仰慕已久的神童。然而，眼前的这一幕，让他有些惊讶：平康里是长安有名的贫民窟和红灯区，娼妓云集，房屋低矮。幼薇的父亲已经谢世，母女二人住在一个破旧的小院里，靠给青楼做些针线活和浆洗活维持生计。

温庭筠说明来意，请小幼薇即兴赋诗一首，试试她的才气是否如坊间评价那样神奇。至于题目，温庭筠想到来时路上，柳絮飞舞，吹拂面颊，颇有感触，便出题曰"江边柳"。只见鱼幼薇略作沉思，便速速作出一首诗文，捧给温诗人指点：

翠色连荒岸，烟姿入远楼。

影铺春水面，花落钓人头。

根老藏鱼窟，枝底系客舟。

萧萧风雨夜，惊梦复添愁。

显然，无论是词句，还是意境，这首诗都堪称上乘。温诗人佩服得五体投地。从这以后，他经常造访这个小院子，与鱼幼薇亦师亦友亦父女，不收学费，却指点提携，时时资助，帮她成长。这是前辈对才女的爱惜。

温庭筠有自己的事业，师徒交游总有散席的那一刻。老师远走湖北，给襄阳刺史当幕僚；学生感觉失去了些什么，思念之情全部注入笔下的诗文。

且看她的《寄飞卿》：

> 阶砌乱蛩鸣，庭柯烟露清。
> 月中邻乐响，楼上远山明。
> 珍簟凉风著，瑶琴寄恨生。
> 嵇君懒书札，底物慰秋情。

再看她的《冬夜寄温飞卿》：

> 苦思搜诗灯下吟，不眠长夜怕寒衾。
> 满庭木叶愁风起，透幌纱窗惜月沈。
> 疏散未闲终遂愿，盛衰空见本来心。
> 幽栖莫定梧桐处，暮雀啾啾空绕林。

飞卿是温庭筠的字。尽管他相貌丑陋，形似钟馗，几年共处却让幼薇终生难忘。情窦初开的她，对温诗人的心思早已超出师生之谊。对此，温庭筠何尝不知，但他思前想后，依旧不敢跨越那条红线。直至咸通元年（860年），温庭筠才回到长安，渴望在新帝登基的当口找到更好的发展机会，也见到了对自己朝思暮想的幼薇。两年多不见，幼薇早已少女初成，亭亭玉立。师生相见，分外激动，虽然那层窗户纸谁也不敢捅破，但总算重逢了。

一日，两人相伴前赴城南崇贞观游览，兴致所至，题壁一首：

> 云峰满月放春晴，历历银钩指下生。

自恨罗衣掩诗句，举头空羡榜中名。

　　幼薇此诗，题于一群新科进士的题壁诗之后，既有雄才大志，也有些许遗憾——遗憾自己身为女人，空有满腹经纶，却无法像这些读书郎那样，挥毫考场，快意人生。

　　题壁后她扬长而去，却没想到这诗引得一个新粉丝的注意。

　　这个新粉丝名叫李亿，江陵名门，初来长安，出任祖上恩荫的左补阙头衔。公事办完，他便开始到处走动，拜会京城亲朋故旧。巧的是，他跟温庭筠还曾以文会友，打过笔墨交道，神交已久。他特地登门，由此结识了那首题壁诗的作者——鱼幼薇。

　　温庭筠陷入了彷徨。他从李亿微妙的眼神中，猜出了这位年轻人的小心思。也许是出于好意，想为幼薇找个好归宿，也许是出于私心，想尽快找个替身，让自己脱身，总之，在温庭筠的撮合下，一乘花轿，鱼幼薇被迎入了李亿专门置办的林亭别墅中。

　　初嫁的岁月短暂，却是一段美好记忆。不过，很快她就获悉，李亿并非单身，在江陵他还有个原配夫人裴氏。幼薇接受了这一切，甘心当小妾，但裴氏进京后，不仅死活不愿点头，而且一进林亭别墅，就让侍女们把出来迎接的幼薇摁倒在地，用藤条鞭笞一顿。

　　幼薇天真地以为，让原配发泄一通后，自己就能被接受了，没想到事与愿违。此后几天，毒打从未停歇，家里鸡犬不宁。李亿拗不过河东狮吼的威力，只好写下一纸休书，将鱼幼薇扫地出门。所谓"幸福时光"，只维持了三个月，还不如说是场闹剧。

　　在一千多年前，这种明媒正娶的小妾跟如今偷偷摸摸的"小三"

还是有本质区别的。鱼幼薇好歹也算是京城文化界知名人士，惨遭如此羞辱，丢的是李亿的脸面。从这个角度讲，裴氏不仅太小心眼，而且简直是"坑夫"没商量。

一纸休书并不代表李亿的真实心思。他依然想念幼薇，当然也不能辜负温庭筠的一番托付，否则在文坛就没法混了。思前想后，他决定捐一大笔香油钱，把幼薇悄悄送进位于长安曲江的一处名为咸宜观的幽静道观。他向幼薇发誓：这只是暂时的容身地，给他点时间，两人必会重逢。

做了道姑，自然要有个道号。观主给幼薇取了"玄机"的道号。于是，"鱼玄机"在历史上如雷贯耳。一代才女，可以权且孤伴青灯，但无法了却尘世姻缘。她思念李亿，把一腔情愫化作一首《寄子安》：

> 醉别千卮不浣愁，离肠百结解无由。
> 蕙兰销歇归春圃，杨柳东西绊客舟。
> 聚散已悲云不定，恩情须学水长流。
> 有花时节知难遇，未肯厌厌醉玉楼。

鱼玄机多么盼望李亿早点来看她，早点接她离开道观，回归以往生活。可是，裴氏不是一个人在战斗，裴家势力遍布京城，李亿纵有念想，也不敢轻举妄动。可怜鱼玄机朝思暮想，李亿依旧杳无音讯。她只能把表达思念之情的诗文扔到曲江里，任其随波逐流。

还好，唐朝皇帝姓李，经常把皇室视为老祖宗李耳（老子）的后人。于是，道教在唐朝很受重视，知名道观也成了游览胜地和交际场所。一些色艺双全的女道士，或不由自主，或半推半就，成了交际花。咸宜观的一清道姑，向来品行严谨，恪守规矩，让这个道观鹤立鸡群，还能保持清净。鱼玄机逐渐适应了这里的寂静。

可是，这样的生活也只维持了三年。冷清意味着没人气，渐渐地，道观中人去楼空，只剩鱼玄机孤身一人。她甚至听说，李亿早已离开长安，携妻赴扬州做官去了。顿时，她失落了，感觉整个世界都抛弃了她。在冷清的咸宜观，冷清的孤灯旁，她写下了这首《赠邻女》，诉说自己的惆怅：

> 羞日遮罗袖，愁春懒起妆。
> 易求无价宝，难得有情郎。
> 枕上潜垂泪，花间暗断肠。
> 自能窥宋玉，何必恨王昌。

接下来，鱼玄机要做的，就是跟以前的生活一刀两断。

她收养了几个穷家女孩当弟子，做起了为人师表的活计。她开始接待各路文人雅士、风流公子，品茶论道，煮酒谈心，遇到长得帅的、学问大的、看对眼的，就留宿观里，男女偷欢。特别是有个长得酷似李亿的落魄书生左名扬，深受她的钟爱；而她和咸宜观的大部分开销，则由做丝绸生意的另一位情郎李近仁包办。

温庭筠也来过咸宜观，与这位昔日的才子学生饮茶品酒，却依旧没有越雷池一步。

滥情，看似放荡不羁，但纵观鱼玄机的人生经历，又觉得她有些可怜。李亿的抛弃，令这个弱女子在情感荒凉、处境艰困的泥淖中挣扎。她很无助，渴望男人拉一把，却没人愿意搭把手。久而久之，情感的挫折累积起来，让这个曾经心高气傲、才思葱茏的女才子心态更加失衡。对她来说，滥情或许是排挤郁闷的方式，但也给她带来了杀身之祸。

这年春日，鱼玄机受邀参加一个春游聚会，临出门时吩咐贴身侍女绿翘："不要出门，如有客人来，可告诉我的去向。"

鱼玄机玩得很尽兴，直至天黑才回来。绿翘迎出来禀报说："陈乐师午后来访，我告诉他你去的地方，他没有下马就走了。"

这个陈乐师名叫陈韪，身材魁梧，相貌清秀，多次来访咸宜观，成了鱼玄机新的"盘中菜"。听罢绿翘的禀报，鱼玄机有点纳闷：自己经常外出，这个陈乐师是知道的，但他要么耐心等我，要么直接到我游玩的地方找我，怎么这次会急匆匆地走了呢？思前想后，她觉得其中有猫腻：是不是绿翘和陈乐师有私情？

尽管鱼玄机滥情，但她决不允许自己的"盘中菜"跟别人，特别是跟自己的侍女有瓜葛。于是，鱼玄机盯着绿翘，只见绿翘双鬓微偏，面带潮红，这让鱼玄机的疑心更重了。

接下来就是一通私下询问。鱼玄机质问、查身，发现绿翘乳房上有指甲划痕。绿翘矢口否认偷情之事，甚至对自己的主子反唇相讥，历数她的风流韵事。

鱼玄机被激怒了。她揪住绿翘的脖子，拼命往地上撞，直至这个侍女气绝身亡。

鱼玄机似乎从来没有如此乖戾、狠毒过。她之所以如此雷霆之怒，大概还是感情挫折带来的极度不安全。当她无力从看似强者的男人身上获取这种安全感时，便把这样的无奈转化为偏激的狂暴，施加到更弱势的人身上。我们相信，她原本无意杀害绿翘，但情绪裹挟了她，使得事态失控，覆水难收。

等到冷静下来，鱼玄机才发现自己惹祸了。于是，趁着夜深人静，在道观后院的紫藤花下挖了个坑，把绿翘的尸体埋了进去。鱼玄机以为此事神不知鬼不觉，殊不知，咸宜观和她本人都太有名了，人来人往，平白无故少了仆人，怎能躲得过好事者的眼睛？

关于绿翘命案，唐代皇甫枚在《三水小牍》里详细记载了上述情节。然而，也有学者专家对这段记载表示怀疑，认为有编造之嫌。特别是绿翘死前对鱼玄机的讥讽，完全不是十几岁的小女孩能说得出来的，看起来更像是京兆府刀笔吏的记述。联想到这起命案的判官裴澄追求过鱼玄机，却因与李亿之妻裴氏同姓而遭拒，个中蹊跷更令人浮想联翩。由于文献所限，绿翘命案至今仍是未解之谜。

鱼玄机结束了短暂的一生。虽然在她的生命中，情感的波折带来了诸多不幸，甚至是世人和后人的非议，但她开创了唐代平民女性的一代传奇，与李冶、薛涛、刘采春并称唐代四大女诗人，且名气比另外三人要大得多。她的诗作现存五十首，收于《全唐诗》，也可以在《鱼玄机集》中找到。

历史是公允的。即便在女权遭遇更大压抑的明代，文学家钟惺在《名媛诗归》中，对这位女才子还是给予了高度评价："绝句如此奥思，非真正有才情人，未能刻画得出，即刻画得出，而音响不能爽亮……此其道在浅深隐显之间，尤须带有秀气耳。"这种重视主流、淡化支流的方法，正是后人看待历史现象和人物的科学态度。

四、梁红玉的传说与现实

南宋建炎三年（1129年）十月，金兀术率金军南下，长驱直入，攻掠江浙，旨在吞灭南宋。宋高宗故伎重演，一路逃跑，从杭州逃到明州，又从明州入海，把小朝廷压缩到几艘船里，在海上漂了几天几夜。金兀术不依不饶，下海追了三百多里，实在是没追上，才悻悻而归。

此时，金军在江浙已经饱掠五个月，到处是汉族百姓起义的烽火，女真骑兵根本招架不住，搞不好会被"淹没在人民战争的汪洋大海"。金兀术决定见好就收，带着抢来的财货妇孺，徐徐向北撤退。

时间来到第二年春天，金兀术即将渡江。浙西制置使韩世忠长期活跃在抗金一线，不希望就这样便宜了敌人，获知情报就率八千水军急赴镇江截击。按照兵法上的说法，"归师勿遏"，因为这种军队思乡心切，谁拦着他们回乡，他们就有可能迸发出更强悍的战斗力。更何况，韩世忠不仅兵力薄弱，而且前不久刚跟金兵打了败仗，士气低落。在外人看来，如果韩世忠真要拦截金兵过江，无异于以卵击石。

金兀术大概也这么看，于是他给韩世忠下战书，约定日期开战。等到了日子，金兵大摇大摆地开始渡江，韩世忠的战船也出现在江面上。双方激战良久，喊杀声震天。

就在双方打得难解难分之际，只见镇江金山之巅的妙高台上，一位青年女子"亲执桴鼓"，擂鼓助战，指挥水军。这是战场上唯一的女子，豪气冲天，成为箭雨中的一抹亮色。宋军将士深受鼓舞，连续打退金兵十几次进攻，而后诱敌深入，直至把不熟悉水情地貌的敌人逼进黄天荡死水港，形成了关门打狗之势。

这是南宋初年最激动人心的时刻。在金兵面前连吃败仗的宋军，从未像此时一样扬眉吐气。而激励将士们做到这一切的，竟是这位女子。她是谁？她何以有如此胆魄？

她叫梁红玉，原籍池州（今属安徽），出身武将世家，自幼跟随父兄练就一身武艺，典型的"不爱红装爱武装"的女汉子。和平年代，这身功夫对于女孩子来说派不上用场，但谁承想北宋王朝到了宋徽宗宣和年间，陷入了风雨飘摇的境地。南有方腊起义，啸聚山民，连克州郡；北有女真，强势崛起，虎视眈眈。梁红玉的祖父和父亲作为北宋官军的将领，在镇压方腊起义的战争中贻误战机，战败获罪自杀。从此，梁家家道中落，梁红玉作为罪臣子女，沦为京口营妓，就是官府管理的娼妓。

这是梁红玉的人生最低谷，如果就此消沉，屈从于命运的摆布，这辈子也就完了。可是，她跟其他妓女最大的不同，就是精通文墨，体力强劲，能弯弓搭箭，百发百中，身上毫无娼妓的感觉。

宋代妓女并非没有从良的机会，借给官员当妻妾而恢复平民身份的案例不在少数。梁红玉也等来了属于自己的转机：方腊起义最终是被宦官童贯率军平定的。大军奏凯，班师回朝，行至京口，天色已晚，将军们摆下酒席，自然免不了要叫几个营妓陪酒作乐。梁红玉就参与其中。

席间，大家在吹牛与欢呼中畅饮，唯独一个虎背熊腰的将军闷闷不乐，引起了梁红玉的注意。而梁红玉不同旁人的飒爽英姿，也引起了这位将军的关注。两人各通殷勤，惺惺相惜，就此结识。不久，梁红玉成功赎身，成为将军的小妾。几年后，这位将军的原配白氏去世，梁红玉升格为正妻。

这位将军，就是陕西人韩世忠。

纳娼妓为妾，对一些读书人来说可能无法接受，但对韩世忠来说似乎是无所谓的。战火纷飞，戎马倥偬，能有机会娶妻生子已属万幸，更何况他为人耿直，热衷济人急难，帮娼妓从良，也是在做功德。韩世忠本人所娶的另外几位夫人里，有两位也是出身娼妓。

其实，说到"梁红玉"这个名字，一些史学家是抱着怀疑态度的。无论是宋代正史，还是笔记小说，韩世忠的这个小妾都记作"梁氏"或"梁夫人"，至于叫什么，没记载。

"梁红玉"这个名字的来历，大概最早见于明代大学士张四维撰写的传奇《双烈记》，其中有"奴家梁氏，小字红玉"的自报家门之语。南宋李心传《建炎以来系年要录》在对黄天荡之战的记载中，有这样一段话："有一人红袍玉带，既坠，复跳驰而脱。诘二人者，即宗弼也。既而战数十合，世忠妻和国夫人梁氏在行间亲执桴鼓，敌终不得济。"宗弼就是金兀术。这段话里恰有"红"和"玉"二字，张四维的灵感是否由此而来，不得而知。

《建炎以来系年要录》是南宋人记述的南宋历史中学界公认较为可信的通史著作，其中讲到跟梁红玉相关的有四件事：

——平定叛乱。建炎三年（1129年）三月，御营统制苗傅、威州刺史刘正彦发动叛乱，逼迫宋高宗退位，隆佑太后临朝，幼子登基。当时，梁红玉及其膝下儿子就在临安，被叛军扣为人质。

尽管叛军势大，但朝中暗中不服者甚多。宰相朱胜非与隆佑太后密商，派梁红玉出城到秀州，催促驻扎于此的韩世忠火速发兵勤王。同时，由太后出面秘密册封梁红玉为安国夫人，韩世忠为御营平寇左将军。商议停当后，朱胜非必须给梁红玉找个出城的理由。他向苗傅讲了这么一番话："韩世忠听说首都发生政变，没有立即前来勤王，说明他眼下举棋不定。如果派他的妻子前往迎接，劝韩世忠投降，您的实力将大增，何愁大事不成？"

苗傅虽然是叛军首领，但毕竟是武夫，脑子没太多弯弯绕绕，三下两下就被这个宰相给忽悠了。其实，他对叛乱之后的区域形势也是心中忐忑，能争取到韩世忠当然是好事。于是，梁红玉便被释放。

临行前，梁红玉接受太后召见。太后对她耳语："国家艰难至此，太尉（指韩世忠）首来救驾，可令速清岩陛。"于是，她不顾尚为人质的儿子安危，打着劝降的旗号迅速出城，来到韩世忠军营，传达太后密诏，告知临安虚实。韩世忠果断发兵，平定了苗刘叛乱。梁红玉为稳定南宋社稷做出了重要贡献，事后被加封为护国夫人，"给内中俸以宠之"，也就是给作为功臣之妻的她发俸禄。这在宋朝历史上是第一例。

——截击兀术。第二年的黄天荡之战，在梁红玉的擂鼓助威下，宋军将金兀术逼进黄天荡，已成瓮中捉鳖态势。这样的局面大大出乎金兀术的意料，他决定放下身段，派人跟韩世忠斡旋，以归还所有在江南抢掠的财物，以及向韩世忠赠送名马为筹码，希望宋军网开一面，给条生路。韩世忠已将敌人逼入绝境，怎会轻言放弃？当然直接拒绝，继续围困。

可惜，韩世忠麾下水军兵力单薄，缺乏陆军配合，主观上有些麻痹大意，加上有叛徒引路，金兀术率军偷偷凿通淤塞已久的老鹳河故道，逃之夭夭。事后，按照罗大经《鹤林玉露》中所述，梁红玉上书皇帝，非但没有请功邀赏，反而主动奏陈韩世忠"失机纵敌，乞加罪责"，要求承担错失战机的责任。这一义举令人感佩，传为美谈，朝廷没有追责，反而加封她为"杨国夫人"。

——共守楚州。绍兴五年（1135年），韩世忠担任淮东宣抚使，移师楚州驻扎。来到这里才发现，当地战乱多年，早已遍地荆棘，缺粮缺房，吃住都成问题。"（韩）世忠披荆棘，立军府，与士同力役。其夫人梁氏亲织薄为屋。"梁红玉去挖野菜充饥，在文通塔下的勺湖岸畔发现马吃蒲茎，亲自尝食，并发动军民采蒲茎充饥，缓解了缺粮难题。此后，蒲儿菜就被称作"抗金菜"。这些作为，展现了与夫君相濡以沫、同甘共苦的精神。而楚州在这对夫妻及其麾下将士的共同努力下，逐渐恢复了生机，成为一方重镇，尽管"兵仅三万，而金人不敢犯"。

——死后赐银。也许是楚州的生活环境太恶劣，也许是长期的颠沛生活损害了她的身体健康，就在韩世忠移驻这里五个月后，也就是绍兴五年八月二十六日（1135年10月6日），梁红玉去世。宋高宗对她给予了高度评价，称她"智略之优，无愧前史"，"诏赐银帛五百匹两"，给予了高规格后事安排。

关于梁红玉的死因，学界有三种说法：

其一，团圆。韩世忠与梁红玉功成身退，先后病逝，合葬苏堤灵岩山下。宋孝宗还下令竖碑建祠，让他们永享人间香火。这个说法可能源于张四维的传奇《双烈记》，可信度有待商榷。

其二，暗杀。绍兴五年（1135年）八月，金国奸细潜入楚州，在食物中下毒。梁红玉身染痢疾，衰竭而死。

其三，阵亡。还是绍兴五年（1135年）八月，梁红玉在楚州城下遭遇金兵围攻，在激烈的肉搏战中，小腹被创，肠子都流了出来。梁红玉索性撕下汗巾，裹住流血不止的小腹，继续奋战，直至阵亡。《英烈夫人祠记》还绘声绘色地描写了战场的场景："敌矢如雨，猬集甲上。梁氏血透重甲，入敌阵复斩十数人，力尽落马而死。金人相蹂践争其首级，裂其五体。"这位巾帼英雄，首级被敌人割走，曝尸三天，随即被送回宋军军营。将士们在为她"拼合之际，验梁氏全尸。创伤数十，致命者七，皆在身前也"。韩世忠抱住妻子遗体，放声大哭，面对心爱的女人，此生再无含笑并辔，再无并肩前行……

相比之下，第二种和第三种说法的可能性稍大。

从娼妓到女将军，梁红玉经历了人生的蜕变。如果说，在两宋时代，杨门女将是虚构的巾帼英雄，李清照是文化界的婉约女神，那么梁红玉给两宋女性带来的，则是这个时代罕有的刚强与力量。如果说唐代女性的势强，在一定程度上得益于民族融合背景下的汉人鲜卑化和鲜卑人汉化，那么在这个被称为"弱宋"的时代，在民族斗争异常尖锐复杂的背景下，像梁红玉这样的女汉子更难能可贵。或许，这也是唐宋转型的一抹特色吧。

这几本书值得读一读：

1.〔唐〕玄奘口述，〔唐〕辩机编：《大唐西域记》，季羡林等校注，北京：中华书局，2000年。

2. 李娜：《唐代公主的婚姻生活》，西安：三秦出版社，2007年。

3.〔唐〕上官婉儿：《大唐才女上官婉儿诗集》，王卢生注译，郑州：中州古籍出版社，2011年。

4. 宁业高等:《上官婉儿》,北京:华夏出版社,2014年。

5. 于赓哲:《巾帼宰相上官婉儿》,西安:陕西师范大学出版总社有限公司,2014年。

6. 陈忠涛、李彦祥:《难得有心郎:鱼玄机的诗与情》,北京:中国言实出版社,2014年。

7. 〔唐〕鱼玄机:《唐女郎鱼玄机诗集》,北京:北京联合出版公司,2016年。

8. 吴蔚:《鱼玄机》,北京:中国民主法制出版社,2009年。

9. 戈春源:《韩世忠传》,上海:上海古籍出版社,2010年。

10. 马允伦、马邦城:《韩世忠大战黄天荡》,杭州:浙江人民出版社,1986年。

第十二章
"外战外行，内战内行"

电视剧《芈月传》在2016年的电视荧屏上曾刮起一阵旋风。这是一部先秦题材历史剧，剧中人们为了权力去做各种事情，展现了人性深处的善与恶。钱理群先生认为，《芈月传》就是在讲窝里斗。

什么是窝里斗？通行的解释是，在一定环境里的病态竞争。斗的是什么？是对稀缺资源的支配权。这种资源，包括财富、权力、人、牲畜，甚至某种理念，等等。

为什么会有窝里斗？有人说是千百年来封建教化形成的"万般皆下品，唯有读书高"的传统，科举考场"千军万马过独木桥"，就是为了在权力的金字塔上谋得一席之地，越高越好。为此，天下熙熙，天下攘攘，你追我赶，你死我活。

站在意识形态的角度，每个人都有各自的道德标杆和认知想法，谁也不服谁，没有统一的规范标准，或是尊卑贵贱的等级秩序。于是，明争暗斗就难以避免。即便如唐宋这样的黄金时代，也依旧"内战内行，外战外行"。

诚然，斗争是推动社会发展的动力之一。然而，对于每一次"内斗"或"外斗"，都应相对客观地理解和看待。我们拿出隋唐时代和两宋时代"内斗"和"外斗"的典型案例，谈谈如何全面、客观、辩证地看待这些历史现象。

一、三征高句丽

毫无疑问，"三征高句丽"是隋末农民战争和隋朝覆灭的导火线。然而，发动这场战争的隋炀帝，却并非简单意义上的暴君。事实上，他是聪明人，如果不是当了亡国之君，或许会被后人以"雄才大略"盖棺论定，甚至拿他跟秦皇汉武相提并论。

"三征高句丽"绝非隋炀帝一时兴起的展示肌肉之举。纵观隋唐历史，从隋文帝起，历经隋炀帝、唐太宗、唐高宗，中原统一王朝与高句丽斗了四代皇帝，差不多七十年。这样的场景绝非偶然。四位皇帝发动战争的出发点，其实是大体一致的：一是重建秩序，二是解除边患。

早在西汉时期，朝鲜半岛北部和辽东地区，均已纳入中原王朝版图。汉武帝设立朝鲜四郡，就连当时的高句丽政权，也要向西汉称臣纳贡。可是，两晋南北朝时期，中原战火连绵，国家分裂内乱，高句丽的崛起才不受约束，并逐渐成为东北亚的地区强国。

方俞在《千年乱局：争霸东北亚》中就指出，西晋末年高句丽正式并吞汉朝设置的朝鲜四郡，"标志着中原汉族势力正式撤出朝鲜半岛，表示着汉人对半岛长达数个世纪主导地位的结束"。至此，高句丽似乎已经获得了与中原政权平起平坐的地位。

跟中原王朝通常面对的游牧民族对手不同，高句丽还学会了"远交近攻"。长期向南朝称臣，建立战略攻守同盟，利用南朝牵制北朝；拉拢突厥合作，形成高句丽-南陈-突厥的南北联盟，搞出一个有模有样的"反隋连线"。这么做，客观上就是在阻碍中国恢复南北统一。

这就是隋文帝杨坚在接手北周政权后，不得不直面的局面。

隋文帝、隋炀帝不是晋元帝，不会满足于偏安一隅，而是立志干一番事业。隋文帝完成统一、北击突厥，隋炀帝开凿运河、修建东都，都无一例外地体现了这种进取精神。这对父子的宏愿，就是要重建由中原王朝主导的东北亚区域秩序，也就是所谓"万邦臣服"的天下秩序。在他俩看来，这是大一统王朝的帝王不可推卸的职责。

灭南陈、稳突厥的工作告一段落后，解决高句丽问题就自然摆上了隋朝君主的议事日程。韩昇在《东亚世界形成史论》中，将隋炀帝三征高句丽视为隋朝重建"世界体系"的关键一步也就不奇怪了。

隋炀帝攻打高句丽，究竟找了哪些理由呢？

其一，高句丽"不臣"。《隋书·炀帝纪》记载了隋炀帝第一次征伐高句丽的诏书，其中说到"高句丽高元，亏失藩礼"。隋炀帝将高句丽视为边境小邦，没将其平等看待，只要不听话就可以开揍。

其二，所谓"自古"。据《旧唐书·裴矩传》载，隋炀帝的宠臣黄门侍郎裴矩表示，"高句丽之地，本孤竹国也。周代以之封箕子，汉时分为三郡，晋氏亦统辽东，今乃不臣，列为外域"。拿历史沿革做文章，强调高句丽的疆域自古以来就是中原王朝的辖区，现在动武，就是收复失地。

其三，继承遗志。开皇十八年（598年），隋文帝调集三十万大军进攻高句丽，结果陆军遭遇大雨，运输不继，军中缺粮，疫病流行，水师遭遇台风，船多沉没，还没怎么打，就几乎全军覆灭。这也是隋王朝成立近二十年来的首次军事失利，可谓丢人现眼。这个面子，隋炀帝一定想要捡回来。

跟唐高宗不同，隋炀帝从来没打算灭掉高句丽，只是迫使它称臣，承认东北亚区域秩序的领导者不是高句丽，而是隋朝。为此，他可以派兵，用刀枪逼迫；也可以在领土和经贸利益上做些许让步，换取政治上的至高无上。

为了打好这场仗，隋炀帝还是做足了准备。除了通过疏浚运河，解决后勤运输问题，还加紧建设涿郡，作为全军征伐高句丽的前沿基地。同时，迫使突厥保持中立，联系高句丽在朝鲜半岛的两个对手百济和新罗，在侧后予以牵制。战争打响前，隋炀帝摆出了一副儒家教育中"天子伐诸侯"的架势，对高句丽形成了战略孤立的压倒性态势。

然而，隋炀帝三征高句丽，为什么会输？其中暴露了哪些问题？

其一，人多无用。第一次出征，调集一百一十三万军队。隋朝虽然积累了大量物资，但一个农业国家在当时的交通条件下，短期内很难集结如此众多军队。事实上，真正参与前线作战的也就二三十万人。百万大军只是口号上、概念上的，没发挥实际用途。

其二，过于自信。隋炀帝坚信这是一场以大打小的非对称战争，隋朝的胜利只是时间问题，没有悬念。于是，他在各支军队里都设置了受降使者，好似隋军是去接收，而非真刀真枪干仗的。或许高句丽早就掌握了相关情报，一旦战场撑不住，就主动请降，那么隋军就要停止进攻，等待受降。高句丽军队趁这些日子赶紧休整补充，而后明确拒绝和谈，双方再打，如是者多次，靠打"政治仗"换取了多次喘息之机。

其三，战略失误。隋炀帝调集众多军队，就是要快速推进，压倒式碾压高句丽。然而，这一招在辽东地区实施起来困难重重。毕竟，高句丽是大国，领土纵深，很难速战速决。对付这种情况，只能稳扎稳打，以拖待变。此外，隋炀帝过多干预军令，指挥失误，对战局产生了很大影响。

其四，时机不当。隋炀帝出兵高句丽，是在"错误的时机做了一件正确的事"。汉武帝之所以能派军队打败匈奴，得益于几十年来和平环境对物质财富的积累，这跟汉初的休养生息分不开；隋炀帝在征伐高句丽前，修建了大量全国性工程，四处巡游，滥用国力过猛，国家承受劳役、赋税的抗压力接近极限，都在极度疲劳状态，得不到休息补充。这样的军队、这样的士气，怎能打得赢？

隋炀帝攻打高句丽虽然失败，但用一个王朝覆灭的代价，让高句丽失去了当东北亚霸主的最好机会。因而，隋炀帝始终将其放在自我认知的排头兵位置。

前方吃紧，后院起火。无论是杨玄感的叛乱，还是李密瓦岗军的起义，都跟征伐高句丽脱不开关系。事实上，这些政坛变动只是隋末各项矛盾不断累积的后果之一。隋征伐高句丽的战争，动用民力近四百万，大量工程的开工使许多青壮年农民不得不将田地抛荒，或者卖掉田地，进城务工，安身立命。

高句丽战争以高句丽方面上表称臣而结束。这是一场得不偿失的战争。拖垮了对手，也拖垮了自己。

二、满城尽带黄金甲

唐广明元年十二月初五日（881年1月8日），是长安城历史上的大日子。

这天早朝刚散，年轻的唐僖宗带着文武百官和宫廷眷属，从城西的金光门逃走了。不久，城东的春明门迎来了一群跟官军装束大相径庭的队伍，他们肩披长发，衣着锦绣，手持兵刃，井然而入。从洛阳到长安，"甲骑如流，辎重塞涂，千里络绎不绝"。再看军中最显眼的饰金软舆里端坐着一位年轻的统帅，眉飞色舞，意气风发。他就是黄巢，这支军队的领导者。

面对这支新军，长安底层百姓并没有东躲西藏，而是纷纷涌上街头，夹道围观，就连太极宫被皇帝丢弃的宫女们，也齐刷刷跑来欢迎。

面对这些心态各异的围观者，以及搞不清真心还是被迫的欢迎者，黄巢的将领尚让公布了一项新政："黄王起兵，本为百姓，非如李氏不爱汝曹，汝曹但安居无恐。"这支军队不仅没有四处剽掠，还向贫苦百姓发放衣物钱帛。

进城的第九天，黄巢在长安皇宫的含元殿举行登基大典，建国号"大齐"，年号"金统"，成为新政权的开国皇帝。跟着黄巢转战多年的功臣们，一个个加官晋爵。投降新政权的唐朝官员，四品以下全部留用，三品以上就地免职。

目睹这幕天翻地覆的场景，黄巢按捺不住兴奋之情，回忆起早年写下的这首《不第后赋菊》：

待到秋来九月八，我花开后百花杀。

冲天香阵透长安，满城尽带黄金甲。

曾几何时，这位盐商子弟胸有帝王之志，五岁时吟出"堪于百花为总首，自然天赐赫黄衣"的诗句，却没想到当年的随口一说，如今成了现实。

曾几何时，这位起义军统帅打算在体制内按部就班地找到位置，但文化功底稍逊一筹，令他屡试不第，从而与官场渐行渐远，走上了跟朝廷对抗的道路。

复盘黄巢起义，有四个问题或许值得关注：

其一，官逼民反，使起义成为必然。

唐僖宗上台那年，关东大旱，颗粒无收，但官府征收的赋税徭役不见减少，百姓被逼无奈，走投无路，怨气冲天。形势犹如干柴，只要有点风吹草动，就可能燃起熊熊大火。这样的情况，与大部分朝代末年农民战争的背景大体相似。

起义军首领王仙芝、黄巢都是盐商，平时游走四方做生意，结交各路豪杰，本人又有一些政治野心，想在乱世谋夺更多利益，很轻易地聚集起大量揭竿而起的百姓。

事实上，在王仙芝、黄巢起义之前，全国范围内已经发生了几起民变或兵变，虽然都被官府弹压，但这种反抗情绪积少成多，农民战争的爆发是迟早的。

其二，"天补""流动"，使起义影响深远。

王仙芝、黄巢起义之所以被称为唐末民变中历时最久、遍及最大、影响最深远的一场农民起义，其最显著的特点就是口号和战法。

长期以来，统治者的愚民政策使中国农民基本处于文化层次较低的状态，多数民变追求的目标，只是吃饱饭和求活命而已，能提出明确政治口号的起义，就算是水平很高的了。

不过，纵观中国两千年封建社会历史，农民起义的口号也在不断变化。

从陈胜吴广的"王侯将相宁有种乎"，到张角的"苍天已死黄天当立"，同是政治口号，却从追求跟王侯将相拥有平等的起跑线，到志在推翻"苍天"建立"黄天"，展现了对封建王朝从认同到不认同的转变。

然而，隋唐以来，在追求出身平等和夺取政权这种政治诉求的基础上，农民起义的经济诉求开始增多。比如隋末农民起义，虽然没有口号，但编了一首《无向辽东浪死歌》："长白山前知世郎，纯着红罗绵背裆。长槊侵天半，轮刀耀日光。上山吃獐鹿，下山吃牛羊。忽闻官军至，提刀向前荡。譬如辽东死，斩头何所伤。"其中反映了隋末经济社会问题给老百姓带来的灾难。而唐末王仙芝、黄巢起义，则把政治和经济诉求写进了领导者本人自封的官职上。

王仙芝自封"天补平均大将军"，黄巢在打进长安前自封"冲天大将军"，建年号"王霸"。这样的封号和年号表达了两层意思：政治上"冲天"，也就是推翻唐朝统治；经济上"平均"，对经济资源，特别是土地进行平均分配。占领广州期间，黄巢还提出了"禁刺史殖财产，县令犯赃者族"的主张，禁止官员贪腐和聚敛财富。同样是经济主张，同样是平均主义思想，王仙芝和黄巢的做法，便是"平均"思想的具体化体现。

为了实现这个目标，黄巢的做法也比较奇特。他采取流动作战，避敌锋芒，哪薄弱就打哪。

这么做，军事主力永远是野战军、一线部队，不用背负打一处守一处的负担，活动也自由得多；这么做，走到哪打到哪，就地抢掠，就地解决兵员和后勤问题，倒是省心；这么做，盘桓大半个中国，把当地的旧势力荡涤一番，也给当地经济带来很大破坏。

然而，黄巢领兵打了一圈，也没建立什么根据地，打下的城池前脚离开后脚沦陷，就像狗熊掰玉米。因而当他攻陷长安后，他的根据地也只有长安及其周边地区。控制区太小，很难确保充足的后勤补给和战略纵深；习惯流动的军队一旦停下来，就要出状况。

当他进入长安后，王公贵族就倒霉了，特别是对唐王朝怀念有加，甚至打算里应外合的公卿大夫，一旦被查实，就要遭到残酷镇压。政治站队出了错，就意味着方向走偏，旗帜打歪，做再多也是白做。于是，在唐代诗人韦庄的《秦妇吟》中，长安城出现了下列一幕：

> 华轩绣毂皆销散，甲第朱门无一半……内库烧为锦绣灰，天街踏尽公卿骨。

对于"杀人满街"的情况，黄巢已无力制止，甚至转为纵兵屠城。

其三，进退失据，流动作战终致败亡。

黄巢起义军的生命线就是"流动作战"，而这种作战方式的终极目标被设定为占领长安。一旦真的实现这个目标，便停止流动。按照黄巢年轻时的性格，他是坐不住的，但在长安，他真的一待就是两年。这两年里，他忙着称帝，忙着敛财，似乎已经满足于眼前的一切，误以为天下太平了，既没顾上扩张地盘，也没派兵追击逃往成都的唐僖宗。

这样的做派，用学术语言形容就是"农民阶级的历史局限性"，用更通俗的话讲就是"没眼光""没见识""没出息"。

黄巢可以无动于衷，唐僖宗君臣可没闲着。长安附近的藩镇迅速集结兵力，形成合围之势，准备反攻长安。值此危情时刻，镇守长安外围的起义军将领朱温叛变，倒向官府。尽管经历了拉锯与反复，长安还是没守住。

撤离长安的黄巢一路向东，且战且走，在李克用率领的沙陀骑兵和朱温率领的叛军的共同追击下，连战连败，再也没了流动作战的主动性。直至在山东阵亡，全军覆灭。

可以说，黄巢起义历时十年，基本没建立像样的根据地。

其四，荡涤天下，摧枯拉朽埋葬故国。

关于黄巢起义的破坏力，有人拿它跟安史之乱相提并论。其实两者差异还是很大。从某种意义上说，黄巢起义的破坏力，要比安史之乱更大。

安禄山毕竟是从体制内走出的叛将，熟悉中国政治文化，也有较为明确的目标，就是以清除杨国忠等人为幌子，取唐王朝而代之，在叛乱发动几个月后就称帝建政。黄巢虽然也有"冲天"的理想，但他毕竟只是盐商出身，没有那么高的觉悟，也没有为揭竿起义做长时间准备，攻打长安也不是最初的战略目标，人们看到的是，他在起义后的前五六年时间，基本上是四处游荡，走哪打哪，美其名曰"流动作战"。

安禄山虽然也屠戮唐朝的官员，但还是尽可能留用了一部分官僚机构。而黄巢则是对唐朝文官进行了大规模清洗，走到哪，杀到哪。黄巢起义军流动作战的足迹遍及唐王朝最富庶的区域，而这些区域往往是政治大族和官僚精英的聚居地。义军所过，这些城区残破，人口锐减，当地大族精英也遭到了毁灭性打击。特别是在黄巢军队突然兵临长安城下时，许多居住在长安的精英居民毫无准备，无法逃走，只能当俘虏，甚至丢了性命。其后朱温发动的白马驿之变，则将唐朝中央政权的宦官、朝臣一网打尽，掏空了唐朝的统治基础。

安禄山的叛军虽然占领长安，但主力还都在河北和洛阳，且在攻破潼关后没有迅速进军长安，给唐玄宗君臣和长安市民留出了十天逃亡的时间，黄巢则是把全军都带进关中，几乎不给京城居民逃跑的机会。

安禄山叛军的活动范围，基本是在今河北、河南、山西、陕西等地。张巡等人的拼死抵抗，以及郭子仪、李光弼、颜真卿等将领的牵制，使其无暇滋扰江南，唐王朝的征税重地总算是保住了，从而维系了朝廷平叛的经济来源。而黄巢起义席卷全国大多数富庶地区，对地方经济的破坏则是做到了极致。打到广州时，起义军曾放火烧毁沿街店铺数千家，其中有不少是阿拉伯人开的店铺。这一方面反映了当地商品经济发达，对外贸易繁荣，另一方面也表现了起义军对当地经济的破坏，不分青红皂白，玉石俱焚。在撤离长安向东败退的过程中，黄巢全军围攻陈州。如同《旧唐书·黄巢传》所载，三天之内，"关东仍岁无耕稼，人饿倚墙壁间，贼俘人而食，日杀数千。贼有舂磨寨，为巨碓数百，生纳人于臼碎之，合骨而食，其流毒若是"。所谓"人相食"的情况在当时普遍存在。

安史之乱期间，唐王朝名存实亡的均田制、租庸调制彻底走向了坟墓，可以说，安史之乱对唐王朝的深层次体制造成了一定打击。事后为了整理财税，实现收支合理化，朝廷推行以两税法为中心的财税改革，取得了一定成效。而黄巢起义造成的破坏，基本上是表层的。至于生产关系和租税政策，并没有太大的改变。五代十国的大多数时候，苛捐杂税依然多如牛毛。直到北宋建立后，土地兼并的问题依旧存在，佃农求作自耕农而不可得，只能退而求其次，为争取永佃权而努力，甚至不惜发动局部农民起义，跟朝廷分庭抗礼。

一些精英人士，或许是提前获悉情报，或许是人脉资源丰富，在混乱中逃出了长安。诗人韦庄就是其中一员。然而，逃难之路并不轻松。在他的《壶关道中作》诗中，体现的真可谓一把辛酸泪：

处处兵戈路不通，却从山北去江东。

黄昏欲到壶关寨，匹马寒嘶野草中。

韦庄不敢走惯常的大路——沿黄河进入汴渠，再一路向南——便选了一条迂回路线，即通过潞州附近的黄河隘口，逃往黄河北岸，以躲开战场和追兵。由于官府驿站体系崩溃，韦庄无从了解确切的路况信息，只能边走边摸，赶在天黑前找到一个相对安全的寨子暂且栖身。这样的逃难经历，无疑是高难度和前途未卜的。

一路之上，韦庄看到的场景甚是凄凉。《汴堤行》中写道：

> 欲上隋堤举步迟，隔云烽燧叫非时。
> 才闻破虏将休马，又道征辽再出师。
> 朝见西来为过客，暮看东去作浮尸。
> 绿杨千里无飞鸟，日落空投旧店基。

或许传统文献中提到的黄巢起义瓦解了唐王朝的统治，大概就是这么回事吧。

不管怎么样，生逢乱世，绝非百姓之福。

三、烛影斧声

这是一桩至今未解的千年悬案。

在开宝九年(976年)那个风雪交加的夜晚，宫闱之中若隐若现、模糊不清的烛光下，赵匡胤挥舞斧头的影子，似乎一直萦绕在值班宦官王继恩等人的脑海里。

确实，"斧声烛影"的传说中最让人忘不掉的，就是这把神奇的斧子。

赵匡胤用的这把斧子，当然不是李逵的大板斧，而是用水晶、玉器加上一些装饰物制成的柱斧，形制小巧，主要用于礼仪活动。

这不是一般的小斧子。赵匡胤对它爱不释手，甚至用它代替笔墨，成为军国大事决策的工具。据说，宋军攻陷成都，灭掉后蜀政权，主帅王全斌曾送西南边陲的地图到东京开封，向赵匡胤请示是否继续向南用兵。赵匡胤略做沉思，随即用这把小斧子在地图上沿大渡河画了一条线，对左右说道："此外非吾所有也。"从此，宋军不再考虑大渡河以南的地盘，客观上承认了大理国的存在。

这就是"宋挥玉斧"的典故由来。

这样的小斧子，能不能伤人性命？考虑到它的材质和个头，这玩意或许真能伤人。赵匡胤也随手抄起它打过两次人，只是打崩了对方的门牙而已。至于能否致人于死地，恐怕打一下是不够的，得反复用力打。

问题来了，如果真要这么打，动静肯定小不了，这事似乎就不大可能成为历史之谜了。既然小斧子是赵匡胤的心爱之物，而且他随手抄起极为方便，那么"斧声"的制造者，很可能不是赵光义，而是赵匡胤。

那么，在那个凄冷的夜晚，皇宫里究竟发生了什么？史料不全，前后矛盾，让赵匡胤的死成了千古之谜。我们唯一知道的是，五十岁的赵匡胤突然死亡，弟弟赵光义继承了皇位。

让我们看看，这位弟弟当上皇帝后，又发生了哪些故事吧。

故事一：金匮之盟。

赵匡胤和赵光义是一母所生。母亲是杜太后。老人家临终之际，曾召宰相赵普进宫记录遗命。杜太后拉着赵匡胤的手问他何以能得天下，赵匡胤回答说是托祖宗和太后的恩德。太后却说："你想错了，如果不是周世宗传位幼子，导致主少国疑，你怎能夺取天下？你当吸取教训，他日将皇位先传给光义，光义再传给廷美，廷美再传给德昭、德芳，如此则国有长君，乃社稷之幸。"

赵匡胤听罢，泣不成声，哪敢说个不字，只好接受母亲教诲。杜太后还让赵普把这份遗命写成誓书，藏于金匮之中。

　　事实上，杜太后的担心是多余的。杜太后死于建隆二年（961年），登基第二年的赵匡胤时年三十五岁，风华正茂，谁也不会预想他英年早逝。更何况此时赵匡胤的次子赵德昭已经十一岁，赵德芳也已三岁。按照开国皇帝的一般寿命，不出意外的话，赵匡胤再干十年没问题，届时赵德昭已经二十岁出头，正是干事创业的好年龄。按照嫡长子继承制的皇家传统，不存在主少国疑的可能性。

　　很多人说赵匡胤重用其弟赵光义，每次外出都会让赵光义留守京城，还让他参加军国大事的决策，但这并不能说明赵匡胤有意传位给其弟。就像雍正重用十三弟和硕怡亲王胤祥，几乎言听计从，却从来没打算把皇位传给他一样。

　　如果联想到赵普的为人，特别是贪财好货、溜须拍马的所作所为，以及他在赵光义继位后迅速上位的情况，这个故事由赵普杜撰的可能性很大。

　　故事二：赵廷美和赵德芳、赵德昭之死。

　　宋太宗赵光义继位后，按照"金匮之盟"，他必须考虑赵廷美接班的事情。赵光义上台后，很快就任命赵廷美为开封府尹。这是一个标志性职务。由于赵光义曾担任此职，后来成为皇帝，因而赵姓子弟担任此职，被外界视作基本明确为皇储的重要信号。

　　可是，就在太平兴国七年（982年），赵廷美突然被免去开封府尹，改任西京留守，搬到洛阳居住。不久，王爵也被免除，降为涪陵县公，安置到房州，理由是串通大臣，谋夺皇位。

　　按说，谋反是死罪，但赵光义并没有将其处死，而是赶出京城，安置地恰好是当年武则天废黜唐中宗李显后，将这个亲生儿子全家流放的地方。两年后，赵廷美就在郁闷与忧虑中吐血而亡，时年三十八岁。

赵廷美死了，按照金匮之盟，赵德昭和赵德芳作为宋太祖赵匡胤的"嫡子"，应顺位而上，走上台前。可惜这两个儿子不仅没有走上前台，他们甚至死得比赵廷美还早。

太平兴国四年（979年），赵德昭跟随宋太宗赵光义进攻北汉，在占领太原后没有休整，乘胜北伐契丹，兵临幽州城下。一天夜里，军中发生骚乱，大家都找不到皇帝，有人提议干脆立赵德昭为帝得了。当然，最终皇帝没丢，赵德昭也没当上皇帝。

对于赵德昭来说，完全没必要趁这个时候抢班夺权。因此，当皇帝这事，纯粹是躺枪。可是，宋太宗事后不依不饶，再加上高梁河战败，又气又急，回到京城后就没有对此前攻灭北汉的将士论功行赏。赵德昭找宋太宗说这件事，没想到得到的是一顿劈头盖脸的臭骂："等你当了皇帝，再行赏也不迟！"

这话出自皇帝之口，可不是闹着玩的。赵德昭感到后背发凉，精神压力骤增，退朝后想不开，竟然拔刀自杀了，享年二十九岁。

宋太宗听到这个消息，既惊又悔，跑去抱着侄儿的尸体，边哭边念叨："痴儿何必这样呢？"当然，赵德昭死后得到了很高礼遇，但人已不在，哀荣再多又有何用？

至于赵德芳，本就不是长子，活到二十三岁竟不明不白地病死了。尽管后人在小说中将他演绎为手持金锏，上打昏君，下打奸臣的正义化身"八贤王"，但这仅仅是个传奇。

关于赵廷美的突然倒台，《宋史·赵廷美传》直言不讳地讲，

"凡廷美所以遂得罪，（赵）普之为也"。赵普曾跟宋太宗讲传位问题时表示："太祖已误，陛下岂容再误邪？"显然，赵廷美被坑了。

廷美如此，难道德昭、德芳之死就没什么疑点吗？

不管怎么样，随着这三个当事人的先后故去，金匮之盟就没人再提了。赵光义可以心安理得地把皇位传给自己的儿子、孙子，乃至后代，直至宋高宗。

故事三：烛影斧声的记载与说法。

关于烛影斧声的说法，文献中的记载各有特色。

《宋史·太祖本纪第三》只简略地提到："癸丑夕，帝崩于万岁殿，年五十，殡于殿西阶。"至于宋太祖是怎么死的，略去了。

《宋史纪事本末》的记载要稍微详细些：

> 冬十月，帝有疾。壬午夜，大雪，帝召晋王光义，属以后事。左右皆不得闻，但遥见烛影下，晋王时或离席，若有逊避之状。既而上引柱斧戳地，大声谓晋王曰："好为之。"俄而帝崩。

文莹《续湘山野录》的记载更生动些，但又文辞闪烁：

> 御太清阁四望气……俄而阴霾四起，天气陡变，雪雹骤降，移仗下阁。急传宫钥开端门，召开封王，即太宗也。延入大寝，酌酒对饮。宦官、宫妾悉屏之，但遥见烛影下，太宗时或避席，有不可胜之状。饮讫，禁漏三鼓，殿雪已数寸，帝引柱斧戳雪，顾太宗曰："好做，好做"遂解带就

寝，鼻息如雷霆。是夕，太宗留宿禁内。将五鼓，周庐者
寂无所闻，帝已崩矣。太宗受遗于枢前即位。

上述两段记载，让赵光义背上了弑兄的重大嫌疑，也让烛影斧
声成了千古之谜。

司马光在《涑水记闻》中则为宋太宗极力辩解：

　　太祖初晏驾，时已四鼓，孝章宋后使内侍都知王继隆
（当为王继恩之误）召秦王德芳，继隆以太祖传位晋王之志
素定，乃不诣德芳，而以亲事一人径趋开封府召晋王。见
医官贾德玄坐于府门……乃告以故，叩门，与之俱入见王，
且召之。王大惊，犹豫不敢行，曰："吾当与家人议之。"
入久不出，继隆趣之，曰："事久将为他人有矣。"遂与王
雪中步行至宫门，呼而入。继隆使王且止其直庐，曰："王
且待于此，继隆当先入言之。"德玄曰："便应直前，何待
之有？"遂与俱进。至寝殿，宋后闻继隆至，曰："德芳来
邪？"继隆曰："晋王至矣。"后见王，愕然，遽呼"官家"，
曰："吾母子之命，皆托官家。"王泣曰："共保富贵，无
忧也。"

司马光的记载，回避了赵匡胤的死因，但至少说明了一个事
实：赵光义并非最初指定的接班人，他上台得益于宦官王继恩的
操纵。

如此一来，宋太祖赵匡胤的死因便有了三种说法：弑兄夺位

说，无法脱嫌说，偶然致死说。不管哪种说法更接近历史事实，宋太宗以早已淘汰的兄终弟及制取代实行两千年之久的嫡长子继承制，从而登上皇位，这本身就是不合常理的。然而，最接近真相的史料早已湮灭，甚至可能被篡改，烛影斧声之谜或许永远无法解开了。历史的奥妙就在于这些有说头却解不开的谜团，给人们留下了许多遐想的空间。

四、澶渊之盟

景德元年（1004年），萧太后、辽圣宗御驾亲征，辽国大军深入宋境，兵锋直抵黄河北岸。这是北宋开国四十多年来面临的首次生死考验。

在宰相寇准的一再推动下，宋真宗决定御驾亲征，各路勤王大军纷至沓来。辽军顿兵坚城之下，大将阵亡，形势不利。萧太后终于低下了高贵的头颅，邀请宋朝使臣前来议和。

十二月，和议达成，在宋辽结为兄弟之邦的基础上，双方互致誓书，约定了三条内容：

——雄州（今河北雄县）交割岁币。"以风土之宜，助军旅之费，每岁以绢二十万匹、银一十万两，更不差使臣专往北朝，只令三司差人搬送至雄州交割。"

——彼此互不侵犯。"沿边州军，各守疆界，两地人户，不得交侵。或有盗贼逋逃，彼此无令停匿；至于垄亩稼穑，南北勿纵骚扰。"

——停止修武防范。"所有两朝城池，并可依旧存守，淘壕完葺，一切如常，即不得创筑城隍，开掘河道。誓书之外，各无所求。"

　　长期以来，史学家们站在宋朝的立场上，对这次史称"澶渊之盟"的和议给予了批评，认为宋真宗仅以年龄优势换取大哥的虚名，却要每年拿出三十万岁币，开了用金钱买和平的苟安恶例。相对于汉唐"振长策而御宇内"的伟业，赵宋此举的确少了豪迈，多了怯懦。

　　雄州榷场，见证了宋使每年交割一次岁币的郁闷与屈辱。

　　事实上，和议达成后，宋真宗君臣并未感到屈辱，反倒满朝兴奋，"东封西祀，以告太平"。就连主战派代表寇准，也"以为功，有自得之色"。他们弹冠相庆并非虚妄。

　　宰相王旦坦言："国家纳契丹和好已来，河朔生灵方获安堵，虽每岁赠遗，较于用兵之费不及百分之一。"从算经济账的角度，缴纳岁币比打仗给宋人带来的好处更多。因此，宋朝君臣愿意跟辽国保持和平状态，随即在雄州、霸州（今河北霸州）、安肃军（今河北徐水）、广信军（今河北保定）等地开设了榷场，作为双方经贸文化交流的主渠道。

　　尽管宋朝摆出一副兄让弟的姿态，"契丹诣榷场市易者，优其直与之"，给予一定的让利，但仍凭借其经济实力的优势占据宋辽贸易的主导地位。据《三朝北盟会编·政宣上帙》载，北宋末年，大臣宋昭曾指出："祖宗朝赐予之费，皆出于榷场岁得之息，取之于虏而复以予虏，中国初无毫发损也。"通过与辽人互市，完全可以把端出去的岁币再赚回来。

　　辽人也并非一无所获。"自澶渊既盟之后，岁省用兵之费，国享重币之利。"岁币成为辽国稳定财政收入的一部分，而雄州等地的榷场贸易，缓解了其短缺的农产品供给压力。因此，辽国统治阶层意识到，只有与宋修好，才能保证财源滚滚。

尽管澶渊之盟的岁币交割方式，不同于传统宗藩体制中进贡与回赐的双向互动，而仅仅是单向的"逆朝贡"，更像是在破财消灾，但它给宋辽双方带来的和平红利却是长期的。嘉祐八年（1063年），司马光就盛赞"国家自与契丹和亲以来，五十六年，生民乐业"。苏辙评价澶渊之盟后，"修邻国之好，逮今百数十年，而北边之民不识干戈，此汉唐之盛所未有也"。

雄州榷场，见证了这一和平红利的百年历程。

就在澶渊之盟达成不久，雄州知州何承矩一面奏请开设榷场，一面与辽国新城榷场都监刘日新密切接触，商议重开双边贸易事宜。雄州榷场不是独属于某一政权，宋辽双方在各自控制区内，分别开设了若干榷场，将此前因战争时断时续、风险极大的宋辽边贸固定住并实现官方化。当然，雄州榷场仍属资格最老、规制最健全的典型。

宋辽双方在各自榷场设立机构，办理经商认证手续，稽查货物，收取关税，管理和维持秩序。通过榷场，宋朝的农产品、手工业品和海外香料，源源不断地运往塞外，而辽国的牲畜、皮货、草药、井盐等，也陆续进入中原百姓人家。双方官府也开辟了新的财税来源。当然，雄州等宋朝榷场的贸易额，远多于辽国一侧的榷场，税收也更丰硕。

榷场贸易受官府保护。为了维护既有的游戏规则，防止商人进行非法交易和走私活动，榷场内的商家要相互担保。到对方榷场贸易，必须十人一组，且只能携带一半货物。如此一来，为了完成交易全过程，把所有货物卖出去，以牙人为代表的中介应运而生。由官府指派的牙商（官牙），禁止贸易双方直接接触，并且当个二传手，做好货物成色居间检验，并抽取牙税（类似中介费）。

官牙的存在，对辽国的军用战马，宋朝的硫黄、硝、铜铁、弓箭等双方明令的违禁货物在榷场的流通，起到了一定的限制和阻遏作用。然而，越是限购的，越是对方迫切需要的，旺盛的需求使得民间走私势不可挡。宋朝官府急需战马补充军力，对能搞到战马的商人一律暗中支持。辽国官府也采取类似操作。这样一来，榷场外的走私贸易也异常活跃，扩大了双边贸易规模，榷场官员也因此多了灰色收入的进项。

对于老实做买卖的榷场商人，宋朝官府还是有些优待政策的。一方面，定向减税，税率仅0.5%。另一方面，允许商人参与官府采购和商品定价，对于采购和运销军马、矿石等紧俏急需战略物资，并以时令价转售给官府的商人，官府会给予适当奖励，以此调动商人协助官府调控紧缺物资供需，参与边贸活动的积极性。

边贸，改变了宋辽两国对对方的态度，世代仇敌化身商业伙伴，剑拔弩张变成了称兄道弟，商业的力量可谓伟大。对宋辽双方而言，不打仗便是最大的利益。

表面看来，各取所需的榷场贸易是一场共赢的游戏。可时间一长，差距就显现出来了：辽国从宋朝进口了大量物资，覆盖了日常生活的方方面面，更关乎国计民生，缓解了过日子所需物资的短缺局面，使辽国各阶层民众的吃穿用住，越来越依赖宋朝的供应；而辽国对宋朝的出口，只有牲畜、矿物等特产，商品种类单一。双方的经济发展阶段和水平高下立见。

以前辽国对出口物资限制较少，马匹在出口牲畜中比重很大。久而久之，宋军先前薄弱的骑兵部队渐成规模，机动性和战斗力大为改进，这让辽国决策层深感恐惧。于是，萧太后一声令下，私自贩马到中原者，格杀勿论。

马匹禁售令下达之后，辽国对宋朝的出口物资更加匮乏，双边贸易开始呈现一边倒态势，辽国在其中的逆差越来越大，即便把每年赚到的几十万岁币扔进去，也不足以弥补这个逐年扩大的缺口。辽国不得不倒贴钱财，导致本币在域内流通量不断减少。反倒是宋朝钱币，信誉度和价值更高，越来越多地进入辽国流通领域，得到各阶层的肯定。后来，辽国干脆放弃铸币权，域内全部流通宋币。

辽国的经济命脉，就这样沦陷了。

与此同时，大量中原书籍经由榷场流入辽国，潜移默化改变着辽国人的阅读习惯和思维方式，使其更接近中原汉族士民。

辽国的文化根底在软化和漏水，行将瓦解。

而这一切，都在榷场贸易中你来我往，展现充分。

一千年前，地处中原的宋朝，搁置政治争议，通过经济手段唤醒了雄州的边贸潜力。一千年后，在这里拔地而起的雄安新区，正站在新的历史起点上，开创着中国北方的经济新奇迹。历史的记忆与现实的梦想，在华北大地交相辉映。

这几本书值得读一读：

1. [德]傅海波、[英]崔瑞德编：《剑桥中国辽西夏金元史：907—1368年》，史卫民等译，陈高华等审校，北京：中国社会科学出版社，1998年。

2. 黄永年编著：《六至九世纪中国政治史》，上海：上海书店出版社，2004年。

3. 刘伟:《高句丽与东北亚诸国关系研究》,长春:东北师范大学出版社,2016年。

4. 刘炬、华阳、李爽、董健:《高句丽战争史》,长春:吉林人民出版社,2015年。

5. 杨秀祖:《高句丽的军队与战争研究》,长春:吉林大学出版社,2010年。

6. 方积六:《黄巢起义考》,北京:中国社会科学出版社,1983年。

7. 王东明:《唐末元初四百年》,北京:中国文史出版社,2015年。

8. 诸葛计:《唐末农民战争战略初探》,天津:天津人民出版社,1985年。

9. 胡如雷:《唐末农民战争》,北京:中华书局,1979年。

10. 吴蔚:《斧声烛影》,北京:中国民主法制出版社,2011年。

11. 包伟民、吴铮强:《宋朝简史》,福州:福建人民出版社,2006年。

12. 张希清等主编:《澶渊之盟新论》,上海:上海人民出版社,2007年。